世界遺産日光

World Heritage Nikko SANNAINOMICHI

<ruby>山<rt>さん</rt></ruby><ruby>内<rt>ない</rt></ruby>の道

主要道の沿道状況と名称変遷

「山内遠望」(鳴虫山中腹より望む)

雪を被る女峰山2464mから南東に尾根が伸び、末端に恒例山^{こうれいさん}（772m・降霊山とも）が位置し、その南麓の緩傾斜地に「二社一寺」（日光東照宮・日光二荒山神社・日光山輪王寺）のある「山内」が老杉の中に広がる。山内地域全体に昌源（輪王寺 44 世権別当。15c 後）植林と伝える杉の大木が眺望を遮るが、写真中央に南北に伸びる表参道、その東に輪王寺三仏堂が見える。尚、山内の鬼門に当たる北東の小山は毘沙門天を祀る外山^{とやま}880m。

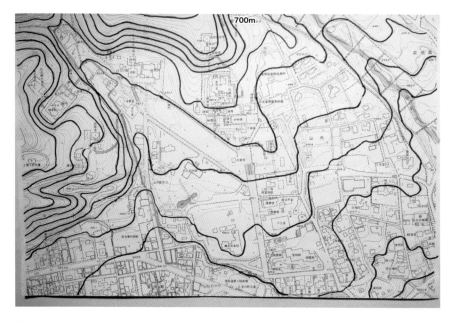

「**地形図で見る山内**」（日光市発行1/2500地形図。太線は10m毎）

恒例山南麓の緩傾斜地中央に表参道が位置。主要堂舎等の標高は、東照宮奥宮御宝塔705m、陽明門661m、表参道南端624m、二荒山神社650m、二ツ堂付近643m、大猷院御本殿674m、奥院御宝塔692m。山内は小さな尾根・谷が交互に展開し、地域名で三山（西山・中山・東山）、五谷（東山谷、仏岩谷、善如寺谷、西山谷、南谷）。

「**日光山古図　元和寛永写**」
（日光東照宮蔵）

「元和創建」後の山内を描き、「寛永大造替」（寛永13年〈1636〉）で一変する以前の山内の様子がわかる。上部に男体山等の日光連山を素描し、稲荷川・大谷川に挟まれ恒例山南麓に展開する山内及び西町を詳細に描き貴重である。

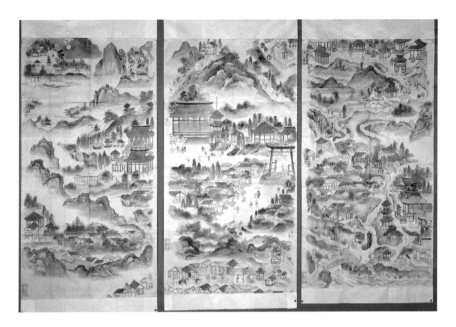

「日光二荒山之図」（東京国立博物館蔵　Image：TNM Image Archives）

中世期末の山内を描いたと考えられる唯一の絵図。東照社「元和創建」（元和3年〈1617〉）で堂舎配置は一変したが、それ以前の神仏混淆・聖俗混在状態の山内地域及び今日の鉢石町周辺の様子も描かれ、山内・山下（外）地域の様子が知られ貴重。

「表参道　秋　早朝」（東照宮石鳥居より望む）

表参道は地域中央に位置し、幅は南端で7間・北端で11間、延長140間、標高は南端で624m・北端で640m、高低差16mの江戸期では突出した大道。道路中央に石造・蓋なしの「水道」が存在したが、明治38年（1905）道路両脇石段下に移設。東照宮神域入口の石造「千人枡形」（「武者溜」）は、幅は下段で25尺、上段で22尺、延長60尺である。名称は江戸期〜大正期「町表」マチオモテ。

「上新道　冬」（東照宮五重塔より望む）

現下新道造成の慶安2年1649迄、表参道地域と二荒山神社新宮・日光山金堂を結ぶ唯一の道路。東照社「寛永大造替」により、東北側石垣は東照宮の簓子塀を載せ、南西側は低い野面乱層積石垣の切り通し構造。灯籠は東照宮350年祭時に建立、奥は二荒山神社楼門（昭和52年建立）。道路としての歴史は古く、名称は明治中期迄「新宮馬場」シングウババ。

「下新道　冬至頃　早朝」

山内の主要道路で唯一誕生が明確な道路。常行堂・法華堂の現在地移転と同時期の慶安2年1649に、低い切り通し構造の道路として造成。後、大猷院造営（承応2年1653）等、山内西部地域での堂舎集中が進み道路としての重要性大。名称は明治中期迄「新道」シンミチ。

「西参道と安養沢　秋」

大猷院裏の御堂山を水源とする安養沢と西参道の急坂部分。道路右の高台が字「安養台」で、二荒山神社別当安養院が神仏分離期（明治4年1871）迄位置。昭和初期に「西参道」と改称される迄、江戸期より「安養沢」に因み「安養坂」。

世界遺産日光

山内の道

～主要道の沿道状況と名称変遷～

刊行によせて

　この度、岸野さんが数年に渡り「大日光」（日光東照宮発行）に連載されておられました、世界遺産地区「山内」に展開する主要道についての論考を纏められ、刊行されますことを心よりお慶び申し上げます。

　顧みますと、日光市山内の「二社一寺」（日光東照宮・日光二荒山神社・日光山輪王寺）の建造物と境内地は、1999年12月2日、ユネスコ（国連教育科学文化機関）より「日光の社寺」(The world heritage "Shrines and Temples of NIKKO")として世界文化遺産に指定されました。私事になりますが、日光二荒山神社に奉職し、当事者として世界遺産指定を一日千秋の想いで待ち望んでいた身と致しましては、指定の瞬間の慶びは忘れられません。

　1200年余の悠久の且つ多彩な歴史が息づく「山内」の社寺と点在する103棟（国宝9棟、重要文化財94棟）の社寺建造物を求めて、毎年国内外より多くの参拝者・見学者等の方々が訪れます。「山内」を訪れるそれら多くの方々は、中世期に遡るとされる老杉の大木や朽ちた杉の切り株

址等の間に展開する建造物やそれらを彩る彫刻群に感嘆の声を上げられます。

　しかしながら、岸野さんがいみじくも「まえがき」で述べられておられますように、社寺の立派な建造物等に至る過程＝道路は、どうも参拝される方々の関心外の事になるようです。社寺に至る道路がどの様な状態であったか、沿道の様子はどうであったか、道路の名称は何と言ったか等は、記憶の範疇の外に追いやられてしまいます。

　読者の皆様が本書を手に取ることにより、従来看過されてきた感の強い「山内」の五本の主要道路（表参道・中山通り・上新道・下新道・西参道）の名称や沿道状況等に付いて、認識を新たにされますことをご期待申し上げます。

　　令和2年9月

日光二荒山神社名誉宮司

吉　田　健　彦

まえがき

　世界遺産「日光の社寺」(The world　heritage「Shrines and Temples of　Nikko」) の位置する"山内"に関する論考は、先学諸兄の弛まぬ努力により極めて多彩且つ深いものがある。しかし研究者や参拝者の関心は、威容を誇る二社一寺（日光東照宮・日光二荒山神社・日光山輪王寺）の建造物（社殿堂宇又は堂舎）やその彫刻・絵画等、或いは社寺そのものの来歴等に専ら向かう。結果として、点在する社殿堂宇（堂舎）を結び、多くの参拝者が往来し且つ地域住民が日常的に利用する地域の血管とも言うべき"道"に関しての論考は極めて少ない。"道"は人々の諸活動に不可欠であるにもかかわらず、人々の興味・関心の対象外となり、その必然的な帰結として、"道"そのものに関する論考や地図類等から軽視・無視される。

　現在、世界遺産地区山内には、東照宮・輪王寺への且つ地域のメインストリートである"表参道"、旧日光市西町地域から二荒山神社・輪王寺大猷院への参道である"西参道"、東照宮五重塔地域と二荒山神社とを結ぶ"上新道"、表参道と西参道とを結び大猷院や常行堂・法華堂（通称"二ツ堂"）の参道である"下新道"、そして長坂を上った地点と表参道とを結ぶ"中山通り"の、５本の主要な道路がある。そこで本論は、従来看過されてきた世界遺産地区山内のこれら５本の主要道に関し、時代と共に変化する沿道状況を踏まえた名称の変遷を辿る。

　本論は先ず東照宮造営以前の山内地域での諸堂舎の展開状況から道的空間を探り、次に東照宮の元和創建・寛永大造替の２回の大規模造営を

中心に山内の諸堂舎の展開状況から主要道の沿道状況及び名称を探究し、最後に陰に陽に山内地域に大きな影響を与えた変化著しい近代以降における日光の政治・経済・観光・交通等の諸状況から主要道の沿道状況と名称の変遷を探究する。

　ところで、本書を纏める切っ掛けは極めて単純なものでした。山内が掲載されている地図を開くと、社寺の参道とも言うべき直線の大きな道路が否応なく目に飛び込みます。直線の道路は人工的であり計画性と権力を想像させ、加えて“上新道”の発音が、例えばウワシンミチ・ウエシンミチ・ウエシンドウ等、市民の間で異なることでした。これらの立派な道路は何時頃どの様にして成立し、その名称はどの様になって今日に至っているのか。本書はこれらの言ってみれば極めて素朴な疑問を解消しようと考えたのが一歩でした。

　本書は、小生が日光東照宮機関誌「大日光」に平成26年より寄稿した5本の論考及びその後の若干の補足を加え編集したものです。兎に角浅学非才の小生故、乱文等粗雑な点が多々あるかと思いますが、ご容赦の程宜しくお願い致します。

　　　令和2年11月 吉日

日光市御幸町の“知足庵”にて

岸　野　　　稔

世界遺産日光

山内の道
<ruby>山<rt>さん</rt></ruby><ruby>内<rt>ない</rt></ruby>

〜主要道の沿道状況と名称変遷〜

Contents

第1章

近代以前の主要道の状況と名称

　勝道上人（天平 7 年〈735〉 – 弘仁 8 年〈817〉）が天平神護 2 年（766）
大谷川を渡り、紫雲立寺（後の四本龍寺）を建立して以降、今日の "山内"
の地には古くからの山岳信仰に奈良・平安仏教が加わり多くの堂舎が建
立され、神仏渾然とした宗教状態の中で "日光山"（保延 4 年〈1138〉"日
光山" の初見）の宗教的権威はいよいよ高まる。この様な中で例えば源
義朝は保元元年（1156）には日光山造営の功により下野守に重任され、
文治 2 年（1186）には源頼朝が山内の常行堂に寒川郡（現小山市）の
田地 15 町を三昧田として寄進する等、"日光山" は源氏・鎌倉幕府と
の関係を深める。その結果として貴族（建長 5 年〈1253〉の尊家）・皇
族（延慶元年〈1308〉の仁澄～天授 6 年〈1380〉の聖如まで 7 代の座主）
出身座主を迎えるなど、その宗教的権威と世俗的権力は盛期を現出する。
　例えばこの時期の日光山及び所領に関し「日光市史」は次の様に記す。
　「～日光山は第十八代別当弁覚の時代（1210–1251）に非常な発展を
遂げたとみてよいであろう。山内は、新宮・金堂・常行堂を中心として
中禅寺・滝尾にも造営が行われ、僧坊は光明院を中心として衆徒三十六
坊、支坊三百余と称された。三十六坊とは、座禅院・三融院～（中略）
～安楽坊の三十六坊で、しだいに周囲の豪族達の子弟が養われてその坊
主となり、各豪族の菩提所となった～（中略）（「大過去帳」）～。これ
にともなって日光山の所領も増大し往古社領六十六郷と称されるように
なった。[注①]」
　或いはまた、連歌師宗長（文安 5 年〈1448〉 – 天文元年〈1532〉）
が宿願であった奥州白河関探訪の為駿河国を発ち、鹿沼から日光に入っ
た永正 6 年（1509） 8 月の「東路の津登」の次の一文は、[注②]かなり誇張
された部分もあると思われるが、中世末期の山内及び近隣地域の繁栄・
賑わいを端的に表して余りある。
　「鹿沼より寺（日光山）までは五十里の道、此のごろの雨に、人馬の
行きかよいとをるべくもらあざりしにや、寺の坂もとまで、所々よりい

でくる、過分なりしこと也、坂本の人家は、数をわかず続きて、福地と
みゆ、坂本より京・鎌倉の町有りて市の如し、ここよりつづらおりなる
岩にもつたひて、よじのぼれば、寺のさまあわれに、松杉雲霧まじはり、
槙桧原の峯幾重ともなし、左京の谷より川流出たり、〜中略〜あくる日
本堂権現拝して、滝の尾という別所あり、滝のもとに不動堂あり、滝の
上に楼門有、廻廊あり、〜中略〜寺より廿余町ほど大石をたゝめる、な
べての寺の道、石をしきて滑なり、これより谷谷をみおろせば、院院僧
坊およそ五百坊にも余りぬらん〜」

　ところで、中世末期〜近世初期と考えられる日光山及び周辺地域を描い
た絵図の類も非常に稀であるが、殆ど唯一のものが（**第1図**）である。
図中央の広い空間とその奥の基壇上の大きな両部鳥居、三体の仏像を納
めた三仏堂（金堂）、繋ぎ廊下により結ばれた常行堂と法華堂（両者を
通称“二ツ堂”）や二荒山神社新宮・本宮及び四本龍寺等を中心に、木々
の間の多くの堂舎・僧坊・民家等、そして神橋左側には軒を連ねる鉢石
の民家等を詳細に描き、日光山の隆盛の一端を見事に示す。ただ図は、
図中央のシンボリックな大きな鳥居と前面の大きな空間、図中の他の建
物と比較しても一際大きい金堂（しかも堂中の三体の仏像迄明確に描く）
等、山澤が指摘するように、社寺を中心に日光山及び周辺地域を概念的・
象徴的に描いていると考えられる。それ故に残念ながら堂舎と堂舎の
距離関係や位置関係が曖昧であることや、民家と堂舎との判別が明確に
はつかないなど、山内の“道的空間”（図より“道”と規定するには曖
昧である故に）に関し得られる事実は限定的にならざるを得ないが、注
目される事項を次に列記したい。

　先ず、図中央には2本の柱脚に四脚の控柱（稚児柱）がつき、柱脚上
部には貫・額束があり、島木・笠木はやや曲線でその両端は反りを見せ
る形状をした典型的な大きな両部鳥居と、その鳥居前面の広大な空間と
が注目される。この広大な空間が道路か広場か判然としないが、似たよ
うであるが三仏堂前の大きな空間と比較する時、大鳥居前の空間に面し
て並ぶ四つ足門構えの家屋と鳥居前空間に平行する木立そして通行人と
思しき人々から、この広大な鳥居前空間は機能的には広場と言うよりか
なり幅広の“大きな通り”と考えるのが適切であろう（以後“大通り”

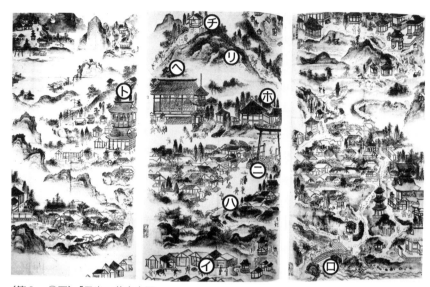

（第1−①図）「日光二荒山之図」

イ.鉢石　ロ.神橋　ハ.現表参道　ニ.大鳥居　ホ.二ツ堂　ヘ.三仏堂
ト.新宮　チ.行者堂　リ.恒例山

（第1−②図）「日光二荒山之図」（部分拡大）

と呼ぶ）。

　次に何と言っても先に指摘した"大通り"奥の大きな鳥居に注目しなければならない。第1図と同じ原図を模写した「日光山志」の絵図（第2図）と併せ考える時確定できるが、この大鳥居の形式が神仏混淆の神社に典型的に見られる両部鳥居であり、当時の日光山の宗教状態を良く示している事が注目される。そして更にこの大鳥居が他のものを圧するが如くかなり高い石積みの基壇の上に立ち、当に日光山の宗教的特徴を示すシンボル的な役割を果たしていたと考えられよう。

　ところで、第1図と第2図の絵図では、"大通り"の手前側に橋が架かり、両図ともに小川らしき"小さな流れ"を確認できる。但し、原図は同一であるが両図ではその形状が異なり、前者は小さな太鼓橋状、後者は平板状をなす（なお、原図を同じくする〈第3図〉には"大通り"や流れ・橋もない）。この"小さな流れ"が自然のものなのか人工的なものなのか、両図ともに流れが大通り末端に突然現れており図からは即断出来ない。しかし"大通り"地域は現在の表参道地域と考えるのが素直であり、さすればこの地域は地形上は東照宮北方の恒例山から続く小

（第2図）注④「日光山古図　三幅對大懸物之縮図　其二」（「日光山志　巻之一」より）

（第3図）注⑤「日光山古圖　御本坊蔵　三幅對大懸物之縮図」（「下野国誌　三之巻」より）

高い尾根筋（江戸期以降の地名では"中山（なかやま）"）にあたり、自然の小川が
そこを流れることはあり得ない。とすると、この"小さな流れ"が人工
的な水路となるが、その場合何処から引水したか問題となる。現在の表
参道両側の人工的な流れ（側溝）は、恒例山（こうれいさん）北方の天狗沢から引水し、
東照宮の御供水として利用されたものの末端である。が、それには長い
導水路が必要であり、第1図の描かれた当時果たしてその様な大土木工
事が可能であったのかが問題であり、先ず地域そのものの整備がなされ
ている事が前提とされる故、人工的流れは否定される。更にこの御供水
の導水路以外に別ルートが中世末期に存在したのか、残念ながら現時点
ではその史料を確認し得ない。なお、存在自体が疑問となる大通り末端
のこの"小さな流れ"と、寛永大造替（かんえいだいぞうたい）で構築された大通り中央の水道（みずみち）(明
治38年に現在の如く大通り両側に改変される。第2章第1節②参照)
との関係が連続するのか疑問として残る（注⑥）。
　次に、第1図で大鳥居とその左方（＝西方）の金堂・新宮との間の"直

線的空間 "は、第２図の絵図と併せ判断すると、明らかに広場でなく道路と判断される。この道路としての整備状況は両図からは不明であるが、周囲の地形・堂舎配置から判断すれば、今日の上新道と考えるのが妥当であろう。この道に関して、第２図では北方から南西流し図中「善女寺谷」方向に流れる二筋の "流れ" とそこに架かる太鼓橋を確認できるが、同一物を模写した第１図では流れや橋さえ確認出来ない。更に、現在の上新道付近の地形から判断しても、この地域に自然の流れを想定する事は不可能であると考えられ、第２図の二筋の "流れ" の存在は否定的にならざるを得ない。ただ、第２図の下方（南方）で "善女神谷" と記されている事実から、今日のこの地名の残る地域の地形から大胆に類推することが許されるなら、図中二つの流れと橋のうち左方のものは、今日の安養沢の流れを示しているのかも知れない。

　ところで、第１図では図中央の大鳥居左奥に二ツ堂と数棟の小さな建物を確認できる。これらの位置する地域が恒例山から続く緩傾斜地形であることから、今日でも堂と道路の間にある程度の段差の存在を類推できるが、第２図の絵図では二ツ堂と（現在の上新道とした）道路との間に明確に崖或いは急傾斜状地形が描かれている。とすると、第１図及び第２図から、二ツ堂の位置は現上新道から北方に左程離れず地形的にやや急傾斜地の上方に位置したと推測されよう。^(注⑦)

　なお、第１図及び第２図において、三仏堂の後方（＝北方）に位置する行者堂から２本の道路が左右に延び、左側（＝西方）の道路は三仏堂の西に至り、一方右側（＝東方）の道路は第１図に明確のように開山堂（仏岩地区にあり勝道上人の墓石前）に至る。特に左側の道路は第２図の絵図ではかなり太く立派な道路として描かれこの道の重要性を想像させ、且つ両図ともに現上新道と考えられる道路を介して図中央の大鳥居からこの行者堂への道と接続する。つまり、大鳥居から現上新道を通り三仏堂・新宮地域に至り、其処から行者堂への道を通り行者堂・滝尾神社へ至る一連の道路として描かれている。なお、今日では二荒山神社から行者堂へ至る道は、二荒山神社の塀により画されているが、神社最大の祭典である弥生祭では、４月14日に二荒山神社本社より滝尾神社に渡御した滝尾神社神輿が16日に本社に還御する際には塀は開けられ、行者

堂・滝尾神社に至る道と二荒山神社境内は一体化する。[注⑧]

　以上第１図及び第２・３図より、中世期末〜東照宮元和創建以前の山内における主要な"道的空間"は、大きな両部鳥居前の現表参道と考えられる"大通り"、大鳥居と新宮地域とを結ぶ現上新道と考えられる"道的空間"、及び長坂を上り切った地点より"大通り"迄の現中山通りと考えられる"道的空間"を確認できる。

　しかし、現西参道及び現下新道の道路はその存在を確認できない。

　更に、これら絵図よりは、"道的空間"の名称は確認できない。

　この時期における山内の"道的空間"に関し要約する。

【要　約】

1　東照社元和創建以前の時期、山内の中央部地域に現表参道と考えられる幅員の広い大きな通り（"大通り"）が存在した。"大通り"の奥（＝北方）には石積の高い基壇上に、神仏混淆の神社に見られる大きな"両部鳥居"が立ち、日光山の宗教的あり方を象徴的に示している。"大通り"両側には僧坊か民家か判然としないが多くの建物が立ち、大通り西側には四つ足門構えの立派な建物が並び、道路両側には大きな樹木が点在する。

2　大鳥居の背後から山内西部に位置する新宮・金堂地域に至る現上新道と考えられる"道的空間"が存在した。この"道"？は三仏堂・新宮地域を経て、行者堂から滝尾神社に至る滝尾神社の参道（江戸期"滝尾下向道"）と接続する一体的存在であった。

3　第１図で"大通り"と長坂が明確に確認出来ることから、両者を繋ぐ中間に位置する道路として現中山通りはその存在を十分推定出来る。

4　"大通り"の手前（＝最南部）に一箇所（第１図及び第２図）、大鳥居から金堂に至る"道"に２カ所（第２図）の橋の架かる"小さな流れ"が確認されるが、その存在は疑問である。

5　この時期山内で確認できた３本の"道的空間"（現　表参道・上新道・中山通り）の何れも、残念ながら道路名を確認出来ない。また、この時期現下新道・西参道は存在しない。

【注 記】

① 「日光市史　上巻」の引用する「大過去帳」とは下記で、「輪王寺史」も引用する。

　　　＜「日光山常行三昧堂新造大過去帳」永正甲戌仏涅槃日　天台沙門　寶海叙述

　　　　　　　　　　　　　　（栃木県史　史料編　中世四　昭和54年）＞

　　また、「日光市史」「いまいち市史」等は「日光山往古社領六拾六郷」として「石那田郷、大矢那久郷〜（中略）〜瀬尾郷」まで郷名を列挙するがその出典は下記である。

　「日光山本房并惣徒旧跡之記」

　　　元禄四年辛未年五月日　日光山御堂別当四世　前教城院大僧都天祐

　　　　　　　　　　　　　　　（「日光市史　史料編　上巻」昭和61年）

　　　　　　　　　　　　　　　（「いまいち市史　通史編Ⅰ」昭和57年）

② 「東路の津登」柴屋軒宗長　永正六年（1509）

　　　　　　　　　　　　　　　　（「日光市史　史料編　上巻」）

　　　　　　　　　　　　　　　　（「いまいち市史　通史編Ⅰ」）

③－1 「日光山古（絵）図」（第1図）

　　　　　　　（「日光市史　上巻」。江戸末期の模写、原図不明。東京国立博物館蔵）

　　本図の作成時期に関し、「元和3年（1617）に東照社が造営される以前の山内の景観を描いたものの写。寛政12年（1800）大猷院殿150回御年忌法会に際し登山した幕府勘定奉行中川飛騨守忠英の模写。絵図の原本は「日光法王宮所蔵」。中略。中世の日光山の景観を知る唯一の絵図。」

　　　　　　　　　　　　　（「日光参詣の道」栃木県立博物館　1984年）

③－2　山澤は本図の作成時期・意図について次の通り記す。

　「本図は天正三年以降、かかる日光山惣山における故実編纂の一環として、現況を説く為に作成された図と考えるのが妥当」

　　　　　　　　　　　　（「日光東照宮の成立」山澤学　思文閣出版　2009）

④ 「日光山古図　三幅對大懸物之縮図　其二」（第2図）

　　　図は3分割されたものの2番目の図

　　　　　　　　　　　　　（「日光山志 巻之一」　植田孟縉　天保八年〈1838〉）

⑤ 「日光山古圖　御本坊蔵　三幅對大懸物之縮図」（第3図）

　　　　　　　　　　　　（「下野国誌　三之巻」河野守弘　嘉永元年〈1848〉）

　　注④⑤はほぼ同時期に成立し原図を同じくする。両図ともかなり簡略化されれているが、注⑤より注④が詳細で図中には著者植田の考証による堂舎名を記す。

⑥　寛永大造替の社殿等造営の詳細記録の「造営帳」（後述）には、水道構築に関する記録はあるが、大通りのこの"小さな流れ"（小川・水路？）の撤去に関する記録はない。この流れの有無は他の史料でも確認出来ず、更に第4図には描かれず、"小さな流れ"の存在がかなり疑問である。加えて第1図の模写は寛政期であり、この時には現表参道中央に寛永大造替で構築された水路が存在しており、その事が図の模写に影響し"小さな流れ"を描かせたとも考えられる。

　　山内中央部のこの地域に住する住民・社寺関係者にとり水を如何に確保するのかは大

きな問題である。第2図「其の一」では、滝尾神社近くに「白糸の滝」・「天狗沢」が描かれ、この流れが「開山堂」付近まで続き、「仏岩谷」「東山谷」では建物の陰になり流れを確認出来ないが、末端は地形的に図中の神橋横の"流れ"となり大谷川と合流すると考えられる。恒例山南麓の尾根筋東側斜面下の東山谷を流れていたであろう天狗沢からの流れが、東山・大通り地域でも生活用水や社寺の諸用水として重要な役割を果たしたかも知れない。

⑦　日光山にとり極めて重要な施設である"二ツ堂"の位置に関して、下記史料はやや曖昧である。

・「〜恒例山　佛岩山ト名ク　南ノ岸ヲ引テ建堂　普賢菩薩ノ尊像　自刻彫刻シテ中央安置〜」

　　　＜「日光山　満願寺勝成就院　堂社建立記」以後「堂社建立記」と略記。

　　　　　（宝永5年〈1708〉　日光山御別当四世大僧都天祐）「日光市史　史料編　上巻」＞

・「〜同恒例山南岸　立常行・法華堂　修正並常行三昧之引く聲念仏　法華三昧等之法儀〜」

　　　＜「圓仁和尚　入當山記」

　　　　　　　（齋衡二年〈856〉上野国権講師尊鎮記。「日光山輪王寺史」昭和41年＞

・「嘉祥元年四月　天台の僧圓仁當山に入りて（中略）なほ　恒例山の南に常行堂、法華堂を造る。今の二ツ堂なり。」　　　　　　　（「二荒山神社」大正6年）

下記は上記より場所をやや限定し今日の東照宮仁王門と陽明門の間の空間とする。

・「元和二丙辰年（1616）四月十七日（中略）大工頭鈴木近江登山　常行堂ノ後　仏岩山ノ南岸ヲ御社地ト見立・・」

　　　　　　　＜「旧記」宝暦3年（1754）。教城院二十七世天全。（「日光山輪王寺史」）

次も位置に関し東照宮仁王門前付近かもしくは左程離れない位置とする。

・「元和三年巳四月　東照宮御鎮座　去歳引地形　於テ仁王門前大杉下掘出一銅器　奉行異之発覗　中有瑠璃壺〜」

　　　　　　　　　　　＜「堂社建立記」（「日光市史　史料編　上巻」）＞

⑧　滝尾神社より行者堂を経て竜光院・常行堂地域へのかなり急な石坂道の名称は、古代より栄えた滝尾神社との関係もあり滝尾下向道（たきのおげこうどう）と言う。

「筋違橋（すじかいばし）　此所が境地の限にて、是より下向道なり。此橋は御用水路にて　茲より滝尾入口ゆえ、大小便其余不浄を禁ず。〜」

「地蔵岩　滝尾下向道を出でて、竜光院表門前より、新宮の方へ坂道を下る〜」

　　　　　　　「日光山志　巻之二」（植田孟縉　天保8年）

【掲載図一覧】

第1節は内容的に第2節と関係するため、掲載図は第2節の最後に掲載する。

第2節

元和創建～寛永大造替以前の主要道状況と名称

①元和創建

　徳川家康は、元和2年（1616）4月17日の巳刻、駿府城に於いて激動の75年の生涯を閉じた。日光山では家康遺骸改葬の為の社殿造営（所謂東照社"元和創建"）の準備が進む。「幕府は元和二年十月に天海僧正を日光に遣はして、奉行藤堂和泉守高虎、本多上野介正純と共に適当な地を選定いたさせましたが、その結果当時の常行堂の後、仏岩山の南岸、即ち今の本社の地を見立てて、之を図に表して、将軍の上覧にいれ」、造営が開始される。[注①] 10月26日 社地選定・縄張、翌元和3年（1617）1月22日 居礎、2月21日「東照大権現」の神号勅賜、3月中（4月2日又6日？）上棟・竣工。そして、日光山遷霊のため同年3月15日家康霊柩久能山出発、4月4日 霊柩日光山座禅院到着、同月8日 霊柩を奥院石窟中に安置、同月14日夜 神霊を仮殿へ移し、東照大権現の神号宣命（遷宮）[注②]、16日 将軍秀忠（12日江戸発）日光山到着、17日日光東照社正遷宮（宣命使・奉幣使等参列）、18日 秀忠社参奉幣の儀、19日 本地薬師堂供養、20日 秀忠江戸へ出発し一連の葬儀は終了した。[注③]

　以上が徳川家康の薨去から日光山への改葬の概要であるが、それは時の国家権力による文字通りの国家的一大祭事であった。この結果、所謂"神仏混淆"の宗教状態により神社・寺院が混在し且つ社殿堂宇と民家が混在する所謂"聖俗混在"の山内地域に、新たに国家的格式と規模を誇り幕藩体制の精神的支柱となる別格の神社が創建された事になる。この事は必然的に山内の地域空間を大きく改変する事になる。つまり本論の目指す山内地域の"道"の探究にとって重要で明確な最初の大きな出来事が東照社鎮座（創建当初の神社名は東照社。正保2年〈1645〉宮号宣下により東照宮となる）である故、先ず東照社の"元和創建"を概括的に検討し、続いて山内地域の主要な"道"が如何なる状況にあったかを素描したい。

②堂舎配置と主要道の状況

　"元和創建"により東照社が新たに創建される地域には、例えば第1図や第2・3図に見られたように既設の多くの堂舎等が存在し、新神社の創建はそれらの移動や新たな社殿建設に伴う地形改変等が必要な大きな事業であった。東照社の造営費用等その詳細は必ずしも明確でないが、後年の"寛永大造替"と同様に幕府の直接的負担によりなされた。造営の総奉行には本多上野介正純、建築工匠には幕府の大工頭中井大和守正清（但し元和5年1月21日没）、元和5年以降は鈴木近江守長次らがあたった。この元和創建による社殿等の構成は、「本殿（御本社・本宮）・拝殿・瑞垣（水かき）・廻廊（くわいろう）・楼門（ろう門）・本地堂（本堂）・鳥居・御供所・厩（御馬屋）・御仮殿（かりとの）・同拝殿」であった（尚、これらを撤去し全面的に建替るのが"寛永大造替"である）。この後、元和4年（1618）4月に水盤舎（手水屋。鍋島信濃守勝茂献納）、同月「十七日」に石鳥居（黒田筑前守長政献納）、更に神庫（中神庫棟木に元和5年の銘）、経蔵（心柱に元和6年11月の銘）が加わり、奥社廟塔として木造宝塔・拝殿・唐門・透塀が同8年4月に竣工した（尚、同年4月17日　東照社7回神忌　将軍秀忠社参）。

　では、これら元和創建による諸堂舎は山内地域に具体的にどの様に配置されたのか。限りある史料のうち注目されるのが、描かれた時期が「元和末年から寛永造替工事まで」或いは「寛永初年頃」と推定される「日光山古図」（第4図）である。

　図は全体に薄く着色され、図の上部（北）に左方より男体山・太郎山・大真名子山・小真名子山・女峰山等の日光連山が線描され、図の右半分下部に外山とその周辺が簡単に描かれ、図の左半分下部に日光山と周辺集落が描かれる。大谷川・稲荷川を青色太線でその他小河川を青色細線で、主要道路を赤色細線で描く。日光連山から連なる尾根筋に一際高く恒例山が聳え、その南麓の大谷川と稲荷川に挟まれた山内地域の堂舎・民家集落と今日の西町地域集落を俯瞰する。

　第4図において、大谷川を渡り現長坂を上り山内入口（現浄土院門前・現勝道上人像前）に、やや高い石垣と思われる白色の部分を確認できる。

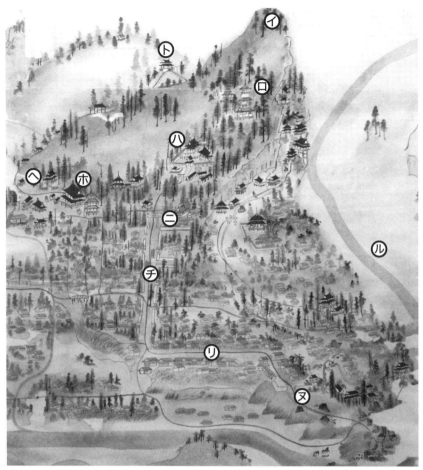

（第４－②図）「日光山古図」の山内部分拡大

イ.恒例山　ロ.奥宮宝塔　ハ.本社　ニ.石鳥居　ホ.金堂　ヘ.新宮　ト.行者堂　チ.町表
リ.中山通り　ヌ.長坂　ル.稲荷川

※第４－①図「日光山古図」（日光東照宮蔵）は口絵写真参照。

其処より両側に密集した人家（民家？）のある大きな直線の道（現中山
通り？）となり、家並みを過ぎると道は右折し図の上方に伸びる直線の
大通りに出る。大通り両側には白色に着色された石垣？が通りと四つ足
門構えのやや大きな家屋（僧坊か？）を明確に区分する。前項の第１図
で問題となった大通り末端の"小さな流れ"と橋であるが、第４図では
その存在を確認出来ず、前項で記したこれらの存在に関する否定的私見

が再確認されたと考える。(蛇足ながら、恐らくは模写時期が江戸期末期である故に、寛永期以降存在する大通り中央の水道（みずみち）の存在との混同ではないかと推測できる)。

　大通りの奥（北方）に一際大きな鳥居が立つ。しかし大鳥居は第１図で確認された両部鳥居とは明らかに形状が異なり、明神鳥居の形状である。元和期以降江戸期を通してこの地域での鳥居建立の記録がない事から、この大鳥居が元和４年黒田筑前守長政献納の石造大鳥居と推察される（注⑨）。明神鳥居の右方（東方）の今日の東照宮御仮殿或いはその南の地と推定される地域に、白色に着色された堅固な石垣？に囲まれた２カ所の空間が確認される。北側の空間には数棟の建物が密集し、それらの内１棟はかなり大きな建物を確認できる。この大きな建物の描き方は、屋根の形状等が重要建築物である堂舎の描き方と酷似し、且つ明瞭に描かれており、これが「旧記」や「晃山編年遺事」の標す日光山の本坊の建物ではないかと考えられよう。（注⑩-1）何故なら、光明院（仁治元年〈1240〉～応永元年〈1394〉頃）の中世期の日光山における重要な地位からすれば、その確たる位置は他史料でもやや不確定であるが（注⑩-2）、山内の中心地域であり且つ象徴的な石鳥居近くの位置を占めても不思議でなく寧ろ当然と考える。しかも天海の日光山入山以降の存在の大きさと東照社鎮座以降の本坊機能の重要性、そしてまた日光山最高の地位にある座主の活動拠点としてあった光明院の跡地を継いだ本坊の構えは、粗末な建築物ではあり得ない。（注⑩-3）

　石鳥居をくぐると参道は直線の大通りと異なり緩傾斜の地形をやや曲折し、小規模な鳥居（現銅鳥居の辺？）に至る。（注⑪）鳥居奥の階段状の部分（図において階段が明確に示されるこの部分のみ）を上ると、明らかに構造が二層となった楼門（現陽明門の地？）に至り、楼門と繋がる廻廊を廻らせた最重要空間に至る。（注⑫）廻廊内に建物が２棟建つが、御本社と思われる建物は更に簡単な囲の中にあり、本地堂（？。神としての家康の本地仏である東方薬師瑠璃光如来を祀る）は本殿の囲と楼門と繋がる廻廊との間にあり、重要建物であるが果たす役割により明確に区別されている。（注⑬）この区域より更に奥、恒例山（仏岩山）中腹の木立の中に宝塔と２棟の建物が描かれる（現奥の院及び拝殿等か？）。なお、石鳥居から

楼門に至る参道の左方（西方）に２棟の建物を確認出来るが、２棟が繋がれている独特の形状から常行堂・法華堂（通称"二ツ堂"）と考えられる。但し、これら２棟は元和創建以前の時点（第１図）では両部鳥居の直ぐ左後方に描かれていたが、第４図では石鳥居よりやや離れた後方の林地に描かれ、元和５年（1619）に移動した後の状態を示していると考えられる。尚、この事より本図作成の時期は、注⑨で「元和４年もしくは７年から〜」としたが、「元和５年もしくは７年〜」と考えられよう。

　ところで、石鳥居の左方（西方）木立の中に、大きな金堂（二仏堂？）と三重塔（正保２年〈1645〉四本龍寺東に移転）を確認できる。図ではそれらの前面にやや広い空間と近接して小さな建物が数棟あり、門のある塀に囲まれた空間に二荒山神社新宮と考えられるやや大きな建物が確認される。石鳥居から山内西方地域の金堂・新宮に至る道は、木立に遮られながらもかなり明瞭に描かれ、第１図ではこの"直線的空間"を"道的空間"として滝尾神社への参道（江戸期"滝尾下向道"と呼ぶ）と直結する一体的状況を記したが、これが現在の上新道の前身と断定出来ると考える。

　一方、石鳥居周辺地域から右方（東方）へ伸びる道は、先述の本坊とした建物前方より現在勝道上人の墓所や開山堂の位置する仏岩谷地域に抜ける道と思われるが、残念ながら木立に遮られ判然としない。更に、石鳥居から金堂・新宮に至る道（今日の上新道と推定）より分岐し、木立の中に点在する僧坊・俗家の間を抜け図下方（南方）に平行して伸びる３本の道（図中朱線。道路と言うより林地を通る小径かも？）が描かれている。しかしながら、江戸期に山内を描いた地図類でもこれら道（小径）は確認出来ず、更にこの地は明治期に保晃会により"浩養園"が造成され地域は大きく改変された為、江戸期及び近代以降を含めてこれら３本の道の存在は確認不可能である。

　図中今日の上新道と推定した道より下方に伸びる朱線で示された３本の道（小径）の左方（西方）に、山内地域と西山地域とを画するように南流し大谷川に達する小河川（図中青線）があるが、付近の地形及び蛇行する流路より判断すると現在の安養沢と考えられる。今日この河川に沿い西町地域より二荒山神社に至る西参道があるが、残念ながら本図の

描かれたと推察される元和期時点では、本図以外の史料よりも、それと考えられる道を確認できない。現西参道の成立には元和期以降暫くの時間が必要であり、具体的には山内西方地域への堂宇（大猷院・慈眼堂・二ツ堂等）の集中がある正保期～承応期を待たねばならない（第2節参照）。

【石垣関係】

　東照社"元和創建"での一連の造営により、新たに多くの社殿が建立され或いは既存堂舎の移転がなされた。これら諸堂舎の建立・移転は、山内地域全体が恒例山南麓の緩斜面と言う地形的特色故に、必然的に地形の改変を伴うものであった。具体的には堂舎建立には切り土或いは盛り土をして水平の地盤を造成しなければならず、それには石垣の構築が必須である。"元和創建"は、「地形縄張りは天海が直接当たり、藤堂高虎・本多正純が十月九日日光山に登り、十日すぎに天海と協議して縄張りを行った」が、特に「藤堂高虎は縄張りの名手として名高く」多くの幕府城郭建設に深く関わり、実際の石垣工事は運営・指揮は部下や穴生出身石工技術者を迎えたとされる。^(注⑯)

　では土地造成に必須な"石"に関し元和の造営でどの様な石が何処に用いられたのであろうか。造営を詳細に検討した内藤論文で"石"関係を抽出すると、建物の柱を支えるすへ石（据石）、建物のせり石、石すへのくり石（栗石）の3種類の石が用いられたことが判る。^(注⑰)前述の如く造営は緩傾斜の地形を巧みに活かしながら諸堂舎を配置したが故にか、或いは寛永大造替とは対照的に元和創建は規模的にかなり小規模であった故にか、大規模な石垣や道路の造成、東照社境内通路の建設に用いた石の類いの記述を見いだせない。第4図で大通り両側や石鳥居右方（東方）の空間を限る白く着色した石垣と推察される部分など、これらが石垣であれば多くの石が必要であるが。また、管見でも元和造営関係史料に（注⑰）以外の石垣関係の石の類いを見出せない。

　では、第4図からは十分石垣構築を伺わせる史料からは否定されるが、現在の御仮殿や武徳殿周囲に見られる高石垣の構築は何時のことと考えるのが適切なのであろうか。佐古は、「現状にみる仮殿境内の外郭は、南・

東・北側に高石垣を築き、西側に低い石垣とその上に木製赤柵を施し、この境内地を隔遮している。境内地盤は東南に傾斜した地山に石垣を築きその裏側に盛り土をして造成されている。これらの石垣は寛永造替期に見られる野面乱層積みで（中略）寛永末年頃までに既に造成されていた」と記す^(注18)。しかし、仮に現御仮殿の石垣が寛永期中頃の"寛永大造替"による構築としても、第４図が描かれた時期の「寛永初年頃」（「日光市史　中巻」）つまり寛永大造替以前の時期にこの地に石垣の類いがなかった事にはならない。と言うのは、佐古がいみじくも記すように、この地域が「境内地盤は東南に傾斜した地山」つまり恒例山から続く稜線の高い部分から東側に急傾斜した部分にあたるのである。御仮殿の東側は東山谷^(注19)の地名が示すように、東南に急傾斜する地形であり、第４図ではこの付近の急傾斜地形を明確に表現している。さらに、第４図で滝尾神社横の滝尾瀑布^(たきのをのたき)（「日光山志　巻之二」、通称「白糸ノ滝」）のある天狗沢が、現在の様に東流し稲荷川に合流せず、流れの規模は不明であるが南流し東山谷を蛇行しながら流れ（図は欠損し不明）、末端で大谷川に合流する^(注20)。これらの事から、石鳥居東方地域に図２のような規模の建築物群を配置する場合、しかも数棟の建物が密集する重要地域なら尚更、ある程度の規模の石垣構築は不可避であったと推察出来、第４図に見える石鳥居東方の当時の本坊と推察される地域（現御仮殿）での石垣は、図が描かれた寛永期初期には存在したと推定できよう。たとえ元和造営が傾斜地形を巧みに取り入れ地形を改変する石垣構築を抑制した造営であったとしてもである^(注21)。

　ところで、第４図で大通りの下方（南方）で左方（西方）に延びる直線の道が、南流する安養沢を越えた付近から明らかに門構えの家屋（僧坊か地位のある者の屋敷？）と塀（或いは石垣か）が描かれている。通りに面して直線的に並ぶ門と塀（石垣？）の描き方は、大通り地域のそれと似ているが、大通りの両側及び石鳥居地域（御仮殿・武徳殿付近）ではその部分は明らかに薄白色に着色され、両者の違いを意識して描いている様である。この描き方の違いは何故か明らかでないが、東照社御本社や二荒山神社新宮御本殿周りの塀の描き方とも異なることから、そしてこの地域の地形が南方に低下する地形であるから道路と屋敷との段

差が生じることは明確である故、門左右に描かれているのは塀の類ではなく石垣の類の堅固なものと考えられる。断定はできないが、塀の類いではなく石垣・盛り土等の他と明確に隔遮する堅固なものの存在と考える。

　これらから、元和期〜寛永大造替以前において、山内の大通り両側や石鳥居周辺地域は勿論、西町地域北部の道路沿いにはある程度の石垣の構築がなされていたのではないかと考えられる。と言うことは、少なくとも山内の前述の地域に見られる石垣は、寛永大造替において一挙に構築されたのではないと言えないであろうか。^(注㉒)

【石鳥居建立、大通り改変】

　東照社元和創建に伴う大通り北部地域の一部改変の一端を知るのに、筑前黒田藩家臣竹森家の家伝録「竹森家記」が有益である。^(注㉓)長政家臣で石鳥居建立に深く関わった竹森清左衛門貞幸による建立の顛末が記され、特に石鳥居建立に際し付近の地形改変等の重要事項が記されており、長くなるが次に引用し検討したい。

　石鳥居は元和４年(1618) ４月17日(家康三回神忌)に完成したが、「日光山の石華表、其の大なる者は大也。然ると雖も、其の低き卑、高起せず。是う恰好に至り、宜しからず」と評判は芳しくなかった。長政は是を聞き「我　大計を以て　将に天下の耳目において駭せんとす。世人恰好を以て佳かざるとする也。今、この謗を得るに、是即ち汝の謬妄也。登りて　其の華表を毀ち、再び之を使ひ高起す」と、貞幸を咎めた。貞幸は苦労をして建立した巨大な石鳥居が、その威力・効力を十分発揮できないのは「此の地の老杉屏翳して、鬱鬱也。更に長坂に面し之を造る。故に、華表、森鬱の中に於いて陰翳して、然るに巍ざる也」からであると考え、石鳥居建立は「公用」であるとして鳥居周辺の改変を願い出た。許可を得て彼は日光山に登り、「樵夫をして、華表を蔭翳しる之の老杉、合わせ抱き三四囲の者、六七株を斫却せしむ、即ち、此の境を豁く」。その結果、巨大な石鳥居でもより高い老杉の為に埋没し目立たなかったものが、「華表突出」した状態となった。この事は老杉伐採により石鳥居周辺の環境改変が行われた事を示すと同時に、江戸初期の山内で第４図の如く老杉が林立した状態であったことを示す傍証となる。^(注㉔)

更に注目されるのは次の記述、「又華表之前坂有り。仁王門に至り、^(注㉕)相去る事百六十歩余也。役夫をして其の土石を穿ち去り、坦途と為さしむ」である。東照社は大通りから御本社に至るなだらかな長坂を巧みに利用し堂舎配置がなされた。この長坂の一部を占める石鳥居から仁王門（御本社前の楼門？か不明）までを、坦途つまり平坦な道と改変したのは石鳥居建立を指揮した竹森貞幸だった。「安房丸」等の巨石を用いた現仁王門（表門）前の堅固な石垣の構築は、寛永大造替による事は明白であるが、それ以前の石鳥居建立に伴い老杉が伐採され長坂が坦途となる地形改変が行われていた事になる。つまり、第4図で大鳥居後方の老杉のないやや広い空間は、規模・程度は不明であるが、石鳥居建立に伴う一連の工事の中で元和4年には平坦化され、そして少なくとも寛永大造替により一挙に現在のような状態になったのではないと指摘できよう。

　ところで、石鳥居後方の地形改変による坦途化は、大通りから「石鳥居から楼門に上がって行く一続きのなだらかな参道」により次第次第に^(注㉖)東照社神域に入る状態をある意味分断し、結果的に東照社神域の存在をより高める効果を持つ事になる。地形改変記述に続いて、「然る後に、^(注㉗)華表巍巍直直して、其の高さ前基の倍の如き也」とある。老杉伐採と地形平坦化とによる石鳥居周辺の環境改変により、石鳥居は今日見るような状態により近づき巨大で威厳を備え見る人を圧する構築物となり、貞幸は大いに面目を施すこととなったのである。それは長政が意図した「我大計を以て　将に天下の耳目において駭せんとする」との、石鳥居建立により長政の大いなる心を知らしめる事に加えて余りある望外の結果を東照社、取りも直さず幕府・国家にもたらしたと言えよう。

　石鳥居建立による鳥居周辺の地形・環境の改変を確認したが、次に石鳥居の"位置"に関し若干検討したい。そもそも鳥居は神社参道の入口に位置し、神域と俗界を画する大切な象徴的構造物である。山内大通り奥の地域に新設された東照社の神域と俗界との境界が何処にあたるのかを知る上で、東照社の鳥居の位置が何処にあるかを知る事は重要であり、それは具体的には東照社創建以前の第1図と以後の第4図で鳥居の位置が重なるのか否かと言うことになる。第1図で大鳥居の直ぐ後方に常行堂・法華堂が、その左奥に二荒山神社新宮が描かれているが、山内の核

心部を構成するこれら堂舎の直前に大鳥居が位置することによって、その位置より奥（後方の恒例山寄り）が日光山の聖域であり大鳥居はその入口に立つことを示している。仮に石鳥居を第1図の大鳥居より後方の位置に建立するとなれば、それは従来の聖域を狭めることになり、取りも直さず新たに建立された国家的神社の神域を以前よりも縮小することになる。逆に、第4図の石鳥居を第1図の大鳥居より大通り下方（南方）に位置させることは、創建された東照社の神域拡大になるが、それは古来より聖俗混在状態の地域へ神域が侵入することになり、聖俗分離の実施されない状況下（寛永大造替に伴う町割を待たねばならない）では軋轢を生むことになり、神社創建の時間的余裕のない状況下では避けねばならない。とすれば、新たに設立された神社の神域を極力混乱無く円滑に画定し、同時にその存在を広くしかも効果的に世間一般に知らしめる方法は、従前の大鳥居の位置を基本に据え新たな巨大鳥居を建立し、しかも従前のものとは形状と素材を大胆に替える（両部鳥居から明神鳥居へ、木造から石造へ）ことにより可能となる。第1図や前節注④の第2図に描かれた基壇上の象徴的な大鳥居の存在を考える時、何時の時代であっても鳥居が神聖な空間を画定する重要構造物である故、そして長く神域と認識されてきた空間を新しい神社が混乱なく踏襲する事になる為には、第1図と第4図の鳥居の建つ位置はほぼ重なるのが自然であると言えよう。[注28]

　ところで、石鳥居は江戸時代建立の石造鳥居としては我が国最大であり、その大きさは「総高サ二丈七尺六寸五分、柱石差渡三尺五寸、注根入凡二尺五寸、地輪石八尺四方」[注29]であり、部材として使用した石は笠石3個、島石3個、貫3個、柱は2本継ぎで計4個で、鳥居最上部の笠石の幅は長さ約14メートル、下部の柱中心の幅は約6.8メートルである。特に丸い柱脚は長さが一丈以上の物であるから、この石柱1個には「長さ4〜5メートル、縦横の厚さ1メートルほどの方形石（重量約13トンを超える？）が必要となり」、更に「当初に掘り出した用材の全体重量は100トンを超えていたのではないか」と推計される。[注30]これら超重量の石を筑前より海路及び江戸川・思川等を利用し、上陸してからは陸路日光まで木製のそり（修羅）に載せこれを牛や大勢の人々が曳いたが、

これらは想像を絶する難事業であったと考えられる。この石材運搬に関し「竹森家記」に、例えば「糟壁の駅に到り、其の街路狭隘、更に矩折し而曲尺の如く也。店房駅舎、軒を連ねて間を断つこと無き也」、や「日光山に至りて渓あり（中略）其の渓、深さ四丈三尺計　大谷川と号すは是也」等、多くの難所とその解決策がやや自慢げに記されている。重量物を大勢の人畜で曳くのであるから道はできる限り直線であることが最良であるが現実は異なり、川・渓流等の凹地形は苦労を倍加させた。苦労の末大谷川を渡った石材は、「然る後にこの川を以て坂を西回し、重車を六百余歩輸して止め、乃ち石工をして之を彫琢せしむ」。つまり、大谷川を渡河し長坂を登り、登り切った付近（中山通り？）で石を鳥居の各部材に加工したと考えられる。加工しやや軽量となったとしてもかなりの重量であり、しかも完成品として仕上がったものを傷付けずに細心の注意を払い建立場所まで運搬しなければならない。

　運搬には平坦で地盤は固く直線的でしかもある程度の幅を有する道路が最高であるが、当時の大鳥居前の“大通り”はこれら条件を満足させる状態であったであろうか。元和創建堂舎建造物の資材量は寛永大造替のそれに比ぶべくないが、相当の量と推測され[注31]、その上造営工事を元和2年10月の社地選定から翌3年3月中の竣工まで僅か半年でしなければならなかったし、更に元和4年（1618）竣工の石鳥居の石材は超重量物であった。さすれば一連の造営工事の円滑な準備・進行には、木材・石材等の建築資材の運搬とそれらの一時集積・保管・加工場所としての広い空間が必要であり、恒例山南麓の緩傾斜地に位置した“大通り”は当に恰好の空間を提供し得る場所であった。前述の如く依然道路両側の石垣の有無の明確な結論は出し得ないが、“大通り”は山内にあっては緩傾斜地形・路面の平坦さ・幅の広さ等の優れた点を有する道路として、諸条件を満足させ得るべく整備された状態或いは整備されねばならなかった道路と推察される。

③名称

　元和創建〜寛永大造替以前の時期、山内の道路或いはそれに類する“道的空間”は如何なる状況かを知る為、山内地域を改変した東照社元

和創建（諸堂舎の創建と移動、石鳥居建立等）に関し検討した。恒例山南麓を社地とした東照社は、日光山にとり初めての国家権力が直接係わった巨大な神社であった。そして、現表参道・中山通りは諸堂舎造営等の諸資材運搬・加工等の為の重要空間であり、それら道路周辺には造営関係役人・各種職人・商人等の俗家が集り新しい町が形成されつつあった（今日の中山地域の「新町」又は「日光新町」、東山地域の「石や（町）」等）。第4図に明確に見られるように、これら道路は造営に際しては工事用道路として、造営後は東照社の"参道"として重要な役割を担い、道路としての整備が進んだ。これら道路のうち"大通り"の名称に関し、寛永大造替時の工事費用細目を記録した「造営帳」中に下記の如くある。(注㉜)

「一　ワリ石水道弐百拾間半ハ　幅三尺ニ〆　深サ三尺五寸
　　　　　　　　但壱間ニ付　金壱両銀拾匁壱分五リン
　　　　是ハ御供所ヨリ水ばき水道
　　　　　　　　　　　　新町中通也
　　　此金弐百四拾参両参分銀八匁五分七厘也」

　東照宮御供所からの「水ばき水道」（排水路）として、「新町中通」に「ワリ石水道弐百拾間半」を造り、その総経費は「弐百四拾参両参分銀八匁五分七厘」との記録である。「造営帳」は造営総奉行を務めた秋元但馬守ら3名連署の幕府宛ての出金請求公文書であり、其処に造営工事場所として「新町中通」と記されている。つまり、秀吉による日光山の所領没収により壊滅的な状況を呈していた山内に、東照社元和創建を契機として家屋等が集まり町が形成されつつあった大鳥居南方地域の"大通り"の名称として、「新町中通」が用いられていたと考えられる。ただ、この名称は「新町」の成立が前提となる名称である故、この名称が元和期以前よりあった両部鳥居前の"大通り"の名称としては使用不可能である。故に元和創建～寛永大造替以前の時期の大通りの名称としては、「造営帳」記載の「新町中通」の名であったと言えよう。

　次に現上新道の前身と考えられる"道的空間"の名称であるが、この道は古来行者堂を介して滝尾神社への参道（"滝尾下向道"）としての役割、或いは山内北方に聳える日光連山への修験道の一部としての役割

を担って来た。東照社元和創建により新たに東照社地域と新宮地域とを結ぶ役割も加わり、道路としての重要度は確実に増大した。しかしながら現時点で、元和創建〜寛永大造替以前の時期における現上新道の名称に関する直接的史料を見出せず、この道路の名称に関しては道路として現在の姿に整備されるであろう寛永大造替以降を待たねばならない。

　最後に、元和創建〜寛永大造替以前の時期において、現下新道及び西参道は道路として存在しない。

【要　約】

1　東照社元和創建に伴う造営関連資材の集積・保管・加工及び関係者・参拝者や諸物資輸送等により、第1図から推察される大鳥居前のかなり広い空間として存在した"大通り"及び現中山通りの役割・重要性が飛躍的に高まり、両道は平坦化・幅広化等道路としてかなり整備が進んだと推察される。ただ、第4図からは"大通り"両側の石垣構築は推定されるが、確定的と言うには直接的史料に限界がある。

2　第1図の"大通り"奥の大きな両部鳥居に替え、東照社の神域入口に当たる位置（大鳥居と同位置と推定する）に元和4年筑前の黒田公により石造の大きな明神鳥居が建立された。建立に際しては鳥居背後の地形の平坦化と老杉の伐採等環境改変が為された。石鳥居東側の光明院跡地（＝現御仮殿の地）に元和7年日光山の本坊が創建され（寛永3年焼失、移転。跡地に翌年将軍御殿創建）、石鳥居周辺は山内地域の中枢地域を形成しつつあった。なお、本坊周囲には第4図からある程度高い石垣が構築されたと推測される。

3　元和創建により石鳥居周辺地域には、東照社参道・石鳥居・本坊（後将軍御殿）・座禅院等が集中し、この地域と二荒山神社新宮・日光山金堂（三仏堂）が位置する山内西部地域とを結ぶ"道的空間"（現上新道の前身）の存在性を高め、この空間が果たしてきた旧来の滝尾神社・行者堂への通過空間としての役割からの脱却がなされ、道路としての独自性・存在を高めた。

4　元和創建に伴い山内地域、特に現中山通り地域から大通り周辺には多くの人家が立地し"町"が形成されたが、現中山通りは大通りと長

坂とを結ぶ接続路として重要性が一層高まる。第４図に見られるように、直線的道路とその両側の整然とした家並みは、ある種の計画性を窺わせるが現時点で史料では確認出来ない。[注33]

5　この時期山内主要道のうち、現表参道の名称は「新町中通」と推定されるが、他の現中山通り・上新道の名称は確認できない。

　なお、この時期現下新道は存在せず、西参道は安養沢を利用した小径は推定されるが明確な道路としては存在しない。

6　最後に、第１図及び第２・３図に描かれた、大通り末端の小川らしき流れは確認出来ない。

【注　記】
① 造営の役柄は、奉行　本多上野介正純、副奉行　本多藤四郎他６名、大工　中井大和正清、御手伝　藤堂和泉守高虎、奥平忠昌、那須與市資重他。但し出典史料により人員、人名による差がある事を記す。　　　　　　「東照宮史」（東照宮社務所編著　昭和２年）
　　　本文の「十月二十六日　社地選定・縄張」は「日光市史　中巻」による。が、上記「東照宮史」は、既に「地所の見立ては十月の十日すぎの事」故にこの「十月二十六日」は「造営工事着手の日」と記す。
② 家康の日光山への改葬は多分に天海の力による。日光山での受け入れ状況は「日光山輪王寺史」（日光山輪王寺　昭和41年）に詳しい。それを下記に一部抜粋。
　＜慶長18年（1623）座禅院権別当にして日光山第52世昌尊が退山し、家康により天海が日光山貫首に任ぜられ、「十月日光山に登り」、長く途絶（応永27年〈1420〉以来）していた光明院を再興。しかし「此時、光明院ハ旧跡ハカリナル故ニ、座禅院ヲ天海大僧正ノ宿房トシテ御入院ノ儀式アリ」の状態の為、家康霊柩は日光山の中心寺院であった座禅院に入る。更に神霊を仮殿に遷すが、此の仮殿は「光明院ノ屋敷ニ仮殿ヲ立」て行われた。＞
　文中「　」は「日光山本房・惣徒旧跡之記」（日光市史　史料編　上巻）
③ 本文の一連の流れは下記による。本文中の？は不明事項。
　　「日光市史　中巻」（日光市　昭和54年）
　　「東照宮史」（東照宮社務所編著　昭和２年）
④ 社殿構成は「日光市史　中巻」による。尚、同書は別の箇所で、上記に「唐門・井垣・御仮殿鳥居・同井垣」を追加するが、主要な建物は同一。
　　「日光市史」の元和創建に関する関連記述は大工頭中井氏の文書が中心となるが、「中井家文書」を用い元和創建を詳述したものに次がある。
　　「元和創建日光東照宮と中井大和守正清」（内藤昌　「大日光」38号　昭和47）
　元和創建での既設堂舎等移転に関し諸説あるが下記も参考（尚、前項注⑦参照）。
　　「〜東照社宝塔付近にあった勝道上人の墓を現在の開山堂裏に、陽明門付近にあった三仏堂を現在の二荒山神社横に、三神庫付近にあった常行堂を現在地に〜」

（「日光史」星野理一郎著　昭和 12 年）

⑤　地元福岡の一次史料を使用した下記論文では年月日が記されており、本文ではそれを
　引用した。

　　「筑前黒田藩と石鳥居の奉納」（山村信榮　「大日光」66 号　平成 7 年）

⑥　元和創建での東照社の建物が如何なる考えに基づいて配置されたかを探究した下記論
　文は興味深いものがある。

　　「東照宮建築に投影された日光の文化的景観」（大河直躬「大日光」75 号 平成 17 年）

⑦　「日光山古図　元和寛永写」（尚、原図不明。日光東照宮蔵）（第 4 図及び口絵写真④）

⑧　駿府久能山より日光山への家康改葬の経緯・要因・背景等には多々論考がある。

　　しかし、そもそも何故に古来社寺の立地に山内の“場所”が選定されたのか。それに
　は“山内”の地の自然・地形環境や周辺地域との空間的位置関係の特殊性・特異性にも
　留意する必要があろう。例えば一論拠として中国伝来の風水思想との関連が注目される。
　大地を流れる“気”とその流路及び気の発露地としての“龍山・龍脈・龍穴”に対応す
　る、日光連山から恒例山へと続く尾根そして恒例山南麓の緩傾斜地に見られる自然・地
　形環境”の特殊性。また、“蔵風得水”、“四神相応”の地として、社寺を含む集落立
　地の適地である山内の周辺地域との関係上の“位置・場所”的特殊性。

　　「聖地としての日光〜風水と鬼門〜」（内藤正敏　「大日光」66 号　平成 7 年）

　　「風水講義」（三浦國雄　文藝春秋社　平成 18 年）

　　「江戸の陰陽師」（宮本健二　人文書院　2008 年）

　勝道上人の日光開山と関連し、山内の地の最初の選定に関し次は多くを示唆する。

　　「沙門勝道歴山水瑩玄珠之碑」

　　　　　　　　＜弘仁之年　沙門遍照金剛撰（＝空海）「日光山輪王寺史」掲載昭和 41 年＞

　　「補陀洛山建立修行日記」

　　　　　　　　　　＜承和之年　別当仁朝等「日光山輪王寺史」掲載 昭和 41 年＞

⑨　この事から第 4 図の成立時期として、図中記載の「元和寛永写」は、元和 4 年以降と
　言うことになる。但し、次の（注⑩）の如く「本坊」が事実ならば、「元和」は元和 7
　年以降となる。であるから、「元和寛永写」の具体的な時期は、「元和 4 年もしくは 7 年
　から寛永大造替以前」となるであろう。尚、注⑭を参照の事。

⑩− 1　「元和七年　鳥居ノ東ニ大僧正本房ヲ新造ス　今ノ御仮屋ナリ」

　　　　　　　　＜「旧記」宝暦三年　教城院二十七世天全。「日光山輪王寺史」掲載＞

　　「元和七年　鳥居ノ東ニ　編者曰　旧記ニ光明院ノ廃跡トス　大僧正本房ヲ新造ス
　　今ノ御仮屋ノ地ナリ」

　　　　　　　　＜「晃山編年遺事」教城院二十七世天全。「日光市史　史料編　上巻」掲載＞

　　「寛永四年丁卯年　天海新造ノ跡ニ　大樹御殿ヲ建立シ玉フ」

　　　　　　　　＜「旧記」宝暦三年　教城院二十七世天全。「日光山輪王寺史」掲載＞

　　「旧光明院旧跡　今御仮殿の辺りより鐘撞寮の南の方なる明地迄」

　　　　　　　　　（上記鐘撞寮に関しては⑩− 2 参照。「日光山志　巻之一」植田孟縉）

⑩− 2　現在、表参道東側の輪王寺大護摩堂の一角に「光明院稲荷」が祀ている。この
　稲荷社が次の史料の如く過去に移動していなければ、光明院の位置を考える上で大いに

参考となる。

　　「光明院ノ住職中絶ス　実ニ応永年中也　寺院ハ荒廃ストイヘトモ衆徒等　旧御跡ヲ
慕フ故ニ内権現社併稲荷社退転セス」

　　　　　　　（「日光山満願寺勝成就院堂社建立記」御堂別当四世大僧都天佑　宝永五年）

　　また、「日光山志　巻一」は、「旧光明院旧跡　今御仮殿の辺よ里鐘撞寮の南の方なる
明地辺迄」と記し、鐘撞寮は現東照宮宝物館前の空き地にあった故、南の方なる明地辺
とは現在の輪王寺護摩堂横の稲荷社付近となる。なお、上記文中「鐘撞寮」とは、御仮
殿の鐘楼にある梵鐘を時鐘として撞く東照宮の社僧である「承仕僧」が住する三棟の僧
坊（久善坊・円音坊・蓮蔵坊）を言い、これが現御仮殿南側石垣下（＝宝物館前の空き
地）の地にあった。明治の神仏分離により更地（「僧坊跡地」）となり、大正4年「参拝
者休憩所」建設、後これを改築し現在の武徳殿となり、その横に東照宮鎮座400年を
記念し宝物館が建設された。

　　「日光山における明治維新の神仏分離と東照宮御仮殿「鐘撞 承仕」僧坊跡地　利用
　　の変遷」　　　　　　　　　　　　　　（青山隆生　「大日光」84号　平成26年）

⑩－3　「旧記」によれば、本坊は寛永3年（1626）山内大火で焼失し本坊機能は座禅院
　に移り、跡地に翌四年将軍御殿が創建された。故に本坊か御殿か図からは即断できない
　が、大がかりな石垣を必要とする程の重要施設が位置した事になる。この件で佐古の下
　記参照。

　　「～日光山古図を見ると、（中略）元和七年建立の本坊、或いは寛永四年建立の御殿と
　思われる建物が一際目立って描かれている。」

　　　　　　　　　　「東照宮の仮殿について」（佐古秀雄　「大日光」57号　昭和61年）

⑪　緩傾斜地形を巧みに活かし配置された東照宮建築の巧みさとその文化的背景に関する
　次の論考は傾聴に値する。

　　「東照宮建築に投影された日光の文化的景観について」

　　　　　　　　　　　　　　　　　　　（大河直躬　「大日光」75号　平成17年）

⑫　神霊の宿る空間は特別神聖な限定された空間であり、造営でこの重要区域に要した大
　工衆・彫物人数は圧倒的なものがあるが、それは一方でそれ以外の建物の簡素さが際立
　つことになる。尚、東照宮"寛永大造替"でも同様で、御本社に要した経費は群を抜き
　他の建造物を圧倒するがそれに関しては後述したい。

　　○元和造営全体　（大工衆日数78,816人、彫物人数3,967人）
　　　1「本社・拝殿」（大工衆日数25,475人、彫物人数1,567人）
　　　2「本　　堂」（大工衆日数21,420人、彫物人数　652人）
　　　3「廻　　廊」（大工衆日数13,353人、彫物人数　なし）
　　　4「瑞垣・唐門」（大工衆日数　6,195人、彫物人数1,570人）
　　　上記1～4の全体に占める割合は、大工衆日数84.3%、彫物人数95.5%
　　　　　　　（出典は「日光市史　中巻」中の第12表「元和創建大工衆・彫物人数」）

⑬　特に元和期の本地堂の位置は現在地と異なり、今日の上社務所、神楽殿付近に西向き
　で建てられ、大きさは間口・奥行ともに5間で、正面に3間の向拝がつついていた。現
　在の本地堂は間口10間、奥行き5間で東照宮境内最大の建物。

「日光市史　中巻」（日光市　昭和54年）

「元和創建日光東照宮と中井大和守正清」（内藤　昌「大日光」38号　昭和47年）

⑭　"二ツ堂"の移動に関し次参照。堂は慶安元年（1648）現在地に再移動。注⑨参照。

　　・「元和五巳年常行法華ノ両堂御引新宮御再興之事」

　　　　　　＜「旧記」宝暦三年　教城院二十七世天全。「日光山輪王寺史」掲載＞

　　・「元和巳年九月移両堂、於　御宮御本地堂西新造」

　　　　　　＜「日光山満願寺勝成就院堂社建立記」（「日光市史史料編上巻」昭和61年）＞

⑮　この道が第4図のように大通りと直交するとすると、寛永大造替以降の堂舎配置から
　　は御仮殿前を横切る道となる。しかし現御仮殿と元和期の本坊敷地との整合性が不明の
　　為に即断は不可能である。（注10・①・②参照）

⑯　本文中「　」は「日光市史　中巻」（日光市　昭和54年）より引用。

⑰　内藤論文中の「中井大和守　日光御宮すへ石せり石仕様書」には、石の種類とその石
　　の使用建物が下記の様に記されている。

　　　　○すへ石として、本宮・本堂・水垣（瑞垣）・かりとの（仮殿）・くわいろう（廻廊）・
　　　　御供所・ろう門（楼門）・御馬屋（厩）・鳥居等の建物。

　　　　○せり石として、本宮・本堂・くわいろう・かりとの・御供所・御馬屋等。

　　　　　　「元和創建日光東照宮と中井大和守正清」（内藤　昌　大日光38号　昭和47年）

⑱　「東照宮の仮殿について」　　　　　　　　　（佐古秀雄　「大日光」57号　昭和61年）

⑲　東山谷の地名が示すように、この地域は山内東方の高まりの東山地域と恒例山からの
　　尾根筋の中山地域との間の谷部分に当たる。しかも、この低地部分には注⑳のように大
　　正期迄小河川の存在が確認される。

⑳　この付近の急斜面を北方に延長すると傾斜は一層増し、東照宮新社務所の西側で崖状
　　となり、開山堂付近では仏岩の絶壁（付近から南方は地域名としては仏岩谷）となる。
　　天狗沢と下流の小河川の流れに関し下記参照。

　　「日光」（掲載の六万分の一地形図）（大正4年　書報社）

　　「二荒山神社」（掲載の八千八百分の一付図「日光山山内略図」、大正6年）

　　（両図で天狗沢は稲荷川に合流せず南流、東照宮の「御供水」に用いられ、大谷川に合流。
　　　両図で流れ名称を「御供水」と付す。）

　　「日光山名跡誌」（享保13年〈1729〉初版　大嶋九兵衛）

　　（この付図では天狗沢は南流し、神橋下流で大谷川に合流）

　　天狗沢の流れに関し、「日光山志　巻二」（植田孟縉著）は次の如く記す。

　　「筋違橋　此橋ハ御用水路ニテ　ココヨリ滝尾入口ユヱ　大小便其余ヲ禁ズ」
　　　すじかいばし

㉑　大河は「折れ曲がった軸線のもつ意味として」次のように記している。

　　「東照宮の配置に一番似ているのは、当時巡礼の人々で賑わった札所寺院であろう。
　　当時の寺院においては、幾度も折れ曲がった参道の左右に多くの堂舎が並び、それらを
　　拝んだあとに本堂にたどり着くようになっていた。（中略）東照宮に特徴的な建築装飾
　　は、折れ曲がった参道の左右に配置された建物を見ながら、中心の本社に到達するとい
　　う配置によって最もその効果を発揮する。東照宮建築の美は、建物の形、建築様式、色
　　彩、彫刻等の統一によってでなく、それらの変化と対照によって生み出される。」

「東照宮建築に投影された日光の文化的景観について」

（大河直躬　「大日光」75 号　平成 17 年）

㉒　なお、現武徳殿と大護摩堂との間の道路の北側（武徳殿側）石垣には 3 種類の石垣が確認される。特に中央部分の石垣は大きさ・形状・加工状態が不揃いで "野面乱層積石垣" で、寛永大造替以前のかなり古い時期の構築を窺わせる。

　　なお、山内地域に多数存在する石垣は、大造替以降も地震等により倒壊・積み直しが為された為、現在の状態から石垣構築時期の確定は不可能に近い。

「東照宮の石垣」（佐古秀雄　「大日光」55 号　昭和 58 年）

㉓　「筑前黒田藩と石鳥居の奉納」（山村信榮　「大日光」66 号　平成 7 年）

㉔　山内地域に林立する大きな老杉に関し下記参照。

　　日光山第 44 世昌源は、文明 8 年（1476）座禅院住職となり御留守居権別当として座主に替り日光山の山務を執り、「松、杉数萬本を植え鬱然として寺の屏障」となる状態を造り出し、日光山興隆に尽力。御留守居権別当の時期は応永元年（1394）～慶長 18 年（1613）で、天海が光明院の座主に就任することで終焉。15 代 219 年間が御留守居権別当の時期となる。

　　「日光山輪王寺史」（輪王寺　昭和 41 年）

　　「日光史」（星野理一郎　昭和 52 年再版）

　　石鳥居付近の杉の巨木の存在に関し次の記述も注目される。

　　「元和三年巳四月　東照宮御鎮座　去歳引地形時　於テ　仁王門前大杉下　掘出一銅器・・」　＜「日光山満願寺勝成就院堂社建立記」（「日光市史史料編上巻」昭和 61 年）＞

㉕　引用の「竹森家記」中に「仁王門」とあるが、次節で記すように東照宮仁王門は寛永大造替により建設されたものであり、元和創建東照社に仁王門は存在しない。故に「仁王門」の記載は第 4 図の御本社前の楼門との混同か、或いは寛永大造替での仁王門との誤記か、或いは位置を明確にする為に敢えて仁王門を記したかは不明である。

　　なお、現仁王門（別名　表門・総門）の 2 体の仁王像は、明治 4 年の神仏分離により大猷院に移され、後明治 30 年に返却された。

㉖　「日光市史　中巻」は、表参道から陽明門にかけての元和期の状況を、「また仁王門はなく、鐘楼・鼓楼周辺の石垣もなくて、石鳥居から楼門に上っていく一続きのなだらかな参道であったのである。」と記す。しかし本論で記す如く、元和創建直後の石鳥居建立とその周辺の傾斜地形平坦化により、参道の長坂は（範囲・規模は不明であるが）分断されていた可能性が高く、「一続きのなだらかな参道」であったのか大いに疑問となるところである。

㉗　この効果を見事に高めるのは、寛永大造替により構築された石鳥居前面の十段の石段よりなる「千人枡形」（鳥居奥の五重塔前の空間を言う場合あり）である。表参道の傾斜と比較してかなり急な傾斜を持ったこの狭い空間を通り、前面に広がる平坦な空間と奥の一段高い位置に建つ仁王門を見上げる時、参拝者は必然に神域をより強く意識することになると考える。

㉘　山内地域において東照宮と他の社寺との境界を知る事は、第 1 図・第 4 図の鳥居の位置を考える上で参考となるが、現在千人枡形前面の現表参道と下新道の交差する付近（下

乗柱)から奥が東照宮敷地である。当に石鳥居は東照宮神域の前面を画する位置にある。
なお、史料等の論拠は不明ながら高藤も、石鳥居の「この位置は中世期神宮の鳥居の在った場所である」と、元和以前の大鳥居と元和造営による石鳥居の位置を同一とする。

　　　　　　　　　　　　　　　「山内の道」(高藤　晴俊　「大日光」58 号　昭和 61 年)

㉙　「日光山誌　巻之五」(植田孟縉　天保 8 年)

　　「晃山編年遺事」(日光市史 史料編 上巻掲載 「晃山叢書一」東照宮編より)

㉚　「糸島富士と日光東照宮の大鳥居」

　　　　　　　　　　　　　(高瀬哲朗　2009 年　糸島魅力みつけ隊ネットワーク協議会)

　　私見では、花崗岩の比重を 2.5 ～ 2.7 g /㎤とすれば 1 ㎥で 2.5 ～ 2.7 噸となり、仮に石柱長 5 m・直径 1 mとすれば重量約 12.5 ～ 13.5 噸となる。

㉛　元和造営関係資材のうち主要な物を下記より引用。

　・屋根葺き材料

　　「ひわた（檜皮）」九千五百しめ、「さわら（椹木）」一万一千九百丁

　・建物の基礎材

　　「すへ石」　六百二十三個（さし渡石の面　一～二尺）

　　「石すへのくり石」　三千荷、「せり石」　七百四十四間

　　　　　「元和創建日光東照宮と中井大和守正清」(内藤昌　「大日光」38 号　昭和 47)

㉜「造営帳　三」

㉝「日光山における見廻下知状」(承応元年〈1652〉)

　　　　　　　　　　　　　　　　　　(「日光市史　史料編　中巻」　昭和 61 年)

　　「承応二年　大猷院殿三回御忌記」(「日光市史　史料編　中巻」昭和 61 年)

㉞「日光東照宮の成立」(山澤学　思文閣　平成 21 年)

【第 1・2 節　掲載図一覧】

第 1 -①図　「日光二荒山之図」　　(東京国立博物館蔵　Image：TNM Image Archives)

第 1 -②図　「日光二荒山之図」部分拡大　　　　　　　　　　　　　　　　(同上)

第 2 図　注④「日光山古図　三幅對大懸物之縮図　其二」

　　　　　　　　　　　　　　(「日光山志　巻之一」より　植田孟縉　天保 8 年)

第 3 図　注⑤「日光山古圖　御本坊蔵　三幅對大懸物之縮図」

　　　　　　　　　　　　　　(「下野国誌　三之巻」より　河野守弘　嘉永元年)

第 4 -①図　「日光山古図　元和寛永写」(日光東照宮蔵)

第 4 -②図　「山内・西町部分拡大図」

第3節 Chapter 3
寛永大造替以降の主要道の状況と名称

①寛永～承応期の堂舎創建・移動等

　東照社元和創建をなした秀忠が寛永９年（1632）１月54歳で薨去し、家光は尊崇する祖父家康の為に父秀忠創建の東照社の大規模造り替えへと歩む。この造替は基本的に神社界にある式年遷宮に沿ったものであるが、新たなる理念の下に多くの堂舎を新規に建立・配置する事により一新し、今日見る豪華絢爛・華麗精緻な建築・彫刻による建築群の偉容を実現した文字通りの大規模造り替えであった。

　この時建立された建造物は「造営帳」（略称）によれば、「御本社 付御宮殿御幣殿共ニ・御拝殿・御玉垣・御唐門 三ヶ所・御護摩堂・御神楽所・御輿堂・御廻廊 付御廊下共ニ・御陽明門 付袖塀共ニ・御本地堂 付御宮殿共ニ・御鐘楼堂・御鼓楼堂・御燈籠堂・御輪蔵・御水屋・御宝蔵・中御蔵・東御蔵・御仁王門・御雪隠・御馬屋 是ハ御神馬ノニテ御座候・御供所・御仮殿付御宮殿 御拝殿共ニ・御仮殿ノ御本地堂・御仮殿ノ御供所・御桟敷弐カ所・御殿御膳御普請・惣御宮廻ノ御井垣・御橋 付御仮橋共ニ・鉱ノ御鳥居・御奥院・惣御宮ノ足代小屋諸道具ノ分・惣御石垣ノ分等」であった。

　この寛永期の大規模造り替えは（以後寛永大造替と略）次の如く進む。寛永11年11月17日普請始（場所は日光ではなく、注②では「江戸柳原の普請小屋での開始」と推察）、翌12年正月仮殿着工、同年４月20日仮殿完成（元和創建の東照社御本社より御神体を遷す仮殿の造営を先ず行う。一般的には仮殿は臨時的なものであるが、東照宮の場合恒久的な建物。現御仮殿）、同年５月２日仮殿遷宮、旧御本社を解体し５月６日御宮（新御本社）造替地曳、５月21日居礎、翌13年（1636）４月８日上棟式、４月10日正遷宮、同月12日勅使奉幣、同月13日家光江戸出発、同月17日東照社21回神忌が、徳川御三家並びに幕閣中枢の参加の下極めて盛大に執行された。

　寛永大造替により東照社境内の堂舎配置は基本的に確定するが、この

後も暫くの間東照社境内及び山内地域の堂舎配置には幾つかの変化がある。先ず、家康・秀忠・家光の三代に仕え日光山において絶大な影響力を有した日光山第53世大僧正天海が、寛永20年（1643）10月2日東叡山寛永寺において108歳で入寂（1536-1643）。慶安元年（1648）4月17日の東照宮33回神忌前の同月11日慈眼大師の追号勅諡。（同20年山内西方の大黒山に廟所慈眼堂＜通称「大師堂」「慈眼大師堂」、別当　無量院(注③)＞が創建された）。更に、東照社寛永大造替（尚、正保2年〈1645〉東照社宮号宣下）を成し遂げた家光が慶安4年（1651）4月20日に薨去し、慈眼堂北側の御堂山に廟所大猶院（別当龍光院）が創建された（承応元年〈1652〉2月16日着工～2年10月14日入仏式）。天海の死から家光の死に至るほぼ10年の間は、寛永大造替に次ぐ日光山堂舎配置に大きな変化のあった時期であり主要なものを次に列記する。寛永19年（1642）2月の大雪により大破した日光山金堂再建と二荒山神社新宮拝殿の一体的大修営（正保2～4年〈1645-47〉）(注④-1)。三仏堂横に位置した三重塔を山内東南端に位置する四本龍寺横へ移転（正保2年〈1645〉）。常行堂・法華堂（通称「二ツ堂」）が慈眼堂下の坂本の現在地へ再移転（慶安元年〈1648〉9月～2年4月）(注④-2)。慶安3年（1650）6月には前年6月20日と3年3月24日の地震により傾いた相輪橖（寛永20年〈1643〉東照社奥院に建立）を東照宮奥社より二ツ堂移転後跡地への移転等がなる（第1図参照）(注④-3)。

　正保・慶安・承応の約10年間になされたこれら仏教関係堂宇等の移転は、寛永大造替後の東照宮境内西方地域にやや突出した形で移転していた本地堂（別称「薬師堂」、家康の本地仏である「東方薬師瑠璃光如来」が本尊）と接する山内西部地域でなされ(注④-4)、結果的に山内西部地域は天台密教伽藍の集中地域となる。つまりこの一連の動きは山内地域内部の宗教施設の密集した地区での地域割り（＝地域再編）の動きと言えるようであり、これにより山内中央部の神社社殿群の位置する神道地域と、山内西部の寺院堂宇群の位置する仏教地域とが明確化し、極論すれば山内地域の神・仏分離がなされたとも言えよう。

　なお、東照社（宮）の前面に位置する石鳥居近辺地域でも堂舎等の創建・焼失・移転等複雑な動きがあり、結果的にこの地域には御仮殿・本

坊・将軍御殿・五重塔（慶安3年〈1650〉建立）が集中する謂わば日光山における"中枢地域"を形成する。そしてこれら一連の動きは、恒例山南麓に鎮座する東照社奥宮御宝塔を扇の要とし、その前面に展開する堂舎配置として承応期（1652–55）には固定化し、以後堂宇移転は限定されほぼ現在の姿となる。

　なお、本論の主題である山内主要道に関して関わりを有する主要道に沿う堂舎等のうち、寛永大造替で創建されたもの以外の下記（ア）～（カ）の堂舎等の創建・移転等の時期と位置及び出典を（**第1表**）として整理した。更に、それらを中心に山内に展開する主要堂宇を加え（第1図）とした。
（ア）常行堂・法華堂　（イ）相輪檫（そうりんとう）　（ウ）本地堂（薬師堂）　（エ）本坊
（オ）将軍御殿（後に「御殿跡地」となる）　（カ）座禅院

②山内地域の再編（「寛永町割」）

　ところで、東照社元和創建は恒例山南麓の重要堂舎の集中する宗教的空間に大きく割り込む形でなされたが、空間的には山内地域全体を大きく改変するものではなかったと言える。しかし元和創建・寛永大造替と大規模造営の続いた山内では俗家（町家）が増加し、加えて大規模な本坊や将軍御殿の創建・移転は（位置的には現在の石鳥居東方～南東方の場所）、聖俗混住状態となった地域の状態を再編・整理する側面をも必然的に有することになる。そしてこの地域再編（「寛永町割」）は山内主要道のあり方を左右する事になるので先ずこれに関し若干検討する。

　山内地域における町割はどの様に為されたのか。残念ながらその実態に直接的に関係する史料は限定され、何時如何なる理由により、如何なる指示があり、空間的にどの範囲が対象となり、どの様な過程を辿ったのか判然としないが、限りある史料により概略を次に整理したい。

　町割という地域を改変・再編成する一大施策の背景は複雑であるが、特に空間的に極めて狭い範囲に重要宗教施設の凝集した山内地域にあってはその大きな背景の一つが「火災」にあることは疑いない。火災は一瞬にして全ての成果・努力を灰燼に帰す。落雷や大風等の自然的要因や戦乱などによるものと違い、火災原因の多くは人為的ミスによるもので

第1表　山内主要道沿いの主要堂舎等の創建・移動一覧

(ア) 常行堂・法華堂

「嘉祥元年に慈覚大師圓仁の来山するや、（中略）次に常行・法華の二堂を建て」　　　　　　　　　　（「日光山輪王寺史」）

「嘉祥元年四月、天台宗の僧圓仁當山に入りて（中略）恒例山の南に常行堂、法華堂を造る。今の二ツ堂にてこれ。
これよりして天台の宗門この山に弘まれり」　　　　　　　　　　　　　　　　　　　　　　　　（「二荒山神社」）

＜二ツ堂の建立年・位置に関し次の説有り。　　　　　　　　　　　　　　　　　　　　　　　（「日光市史　上巻」）

　　時期⇒「常行堂は保元三年（1158）以前のそれほど隔たらないある時期に建立された事が分かる。
　　　　　　山内では久安元年（1145）建立説が信じられている。」

　　位置⇒「天台宗の導入が行われて、恒例山（現在の陽明門の下）に、三仏堂、法華堂が建てられた」＞

「元和五年巳未九月移両堂、於　御宮御本地堂西新造、往古地当御宮宝地　開眼供養　天海大僧正」
　　　　　　　　　　　　　　　　　　　　　　　　　　　　　　　　　　　　　　（「日光山満願寺勝成就院堂社建立記」）

「同五巳未年九月　東照宮御本地堂ノ西ノ地ヱ転シテ常行法華ノ両堂ヲ御引並新宮御再興」　　　　　　　（「旧記」）

「慶安元年四月　依　台命常行法華ノ両堂ヲ大師堂ノ坂本エ引ニ同九月御普請始ル」　　　　　　　　　　（「旧記」）

「慶安二年　法華堂造営終わる」　　　　　　　　　　　　　　　　　　　　　　　　（「日光市史　中巻　年表」）

(イ) 相輪橖

「寛永十九年（1642）日光山内奥院石垣をも命じられ　相輪橖も必建立すべしと天海聞えあぐるにより命ぜらるる旨
尾紀両卿に面論したもう」　　　　　　　　　　　　　　　　　　　　　　　（「徳川実記」日光市史　中巻）

「寛永二十年未年　相輪橖　御宮奥院ノ側ニ建立ス　総奉行松平右衛門大夫源正綱」　　　　　　　　　　（「旧記」）

「この相輪橖は、当初は東照宮の奥院の銅庫に建立されていた。けだし、国家安寧を祈り東照宮の鬼門除けを意味して
いたものである。しかし、慶安三年六月八日、家光公の時に新宮馬当すなわち二荒山神社の傍に移され、神仏分離
の令によって、現在の三仏堂の裏の丘の上に移された。」　　　　　　　　　　　　　　　　　（「日光山輪王寺史」）

「慶安三年寅年五月　常行法華官ノ跡エ相輪橖被引之再建　奉行阿部四郎右衛門」　　　　　　　　　　　（「旧記」）

(ウ) 本地堂

「元和の本地堂は現在位置と異なり、本社の東南方廻廊内の広場、現在の上社務所と神楽殿のあるあたり、廻廊が東
に突出したところに西正面に建てられていた」　　　　　　　　　　　　　　　　　　　　（「日光市史　中巻」）

「元和創建の東照宮本社について」　　　　　　　　　　　　　　　　　（大河直躬　「大日光」30号　昭32）

「東照宮寛永大造替により建立」　　　　　　　　　　　　　　　　　　　　　　　　　　　　　　　（「造営帳」）

(エ) 本坊

＜日光山を統括する本坊は中世期座主居坊の光明院と密接に関連するが、光明院に関し「日光山誌」、位置関係は「堂
社建立記」より引用、元和期以降は「旧記」等々引用＞

「光明院旧跡　御評仮敷の辺より、鐘撞寮の南の方なる明地辺迄、上社より当山座主職光明院の境地なる由。（中略）
座主二十三代僧正弁覺の時　仁治元年（1240）別に院を建立し、光明院の称号宣旨を拝領せり。是光明院座主号の始
まりといふ。（中略）然るに応永二十七年（1420）座主三十六代大僧正慈玄寺務・退してより、光明院座主職断絶し、
是より当山座主は廃跡となれり。」　　　　　　　　　　　　　　　　　　　　　　　　　　（「日光山志　巻之一」）

「光明院ノ住職中絶ス　実ニ応永年中也　寺院ハ荒廃ス　イヘトモ衆徒等旧御跡ヲ慕フ　ニ内権現社併稲荷社退転セス」
　　（「堂社建立記」）

「元和七年　鳥居ノ東ニ大僧正本房ヲ新造ス今ノ御假屋ノ地ナリ」　　　　　　　　　　　　　　　　　（「旧記」）

「元和七年　鳥居ノ東ニ　編者曰　旧記ニ光明院ノ廃跡トス　大僧正本房ヲ新造ス」　　　　　　（「晃山編年遺事」）

「同八壬戌年四月　大権現御七忌（中略）秀忠公御登山天海新造ノ本坊ヲ以テ旅館ト成玉フ」　　　　　　（「旧記」）

「寛永三丙寅年十一月十六日　當山中釈迦堂ヨリ出火大僧正新造ノ本坊併藤堂高寅新造ノ寺院焼失、大僧正御登山ノ
節ハ本坊禅院被為入」　　　　　　　　　　　　　　　　　　　　　　　　　　　　　　　　　　　　（「旧記」）

「寛永十八年（1641）座禅院屋敷ノ隣房ヲ除キ　大樹ノ御殿ヱ移シ　光明院ノ旧跡ノ隣房ヲ除本坊之引　座禅院ノ旧
跡ハ此時中絶ス」　　　　　　　　　　　　　　　　　　　　　　　　　　　　　　　　　　　　　　（「旧記」）

「承応三年甲午年正月　御本坊出火不残焼失」　　　　　　　　　　　　　　　　　　　　　　　　　（「旧記」）

「貞享元年（1684）十二月二十日の大延焼に　御本坊向は皆延焼し　御客殿御書院は同二年上野御隠殿御曳移有りて御
再興ありし事なりといふ。将軍家御登山の砌は　御本坊を仮の柳営に設け給ふ。」　　　　　（「日光山志　巻之一」）

(オ) 将軍御殿

「寛永四丁卯年　天海新造ノ跡ニ　大樹御殿ヲ建立シ玉フ」　　　　　　　　　　　　　　　　　　　（「旧記」）

「寛永十五戊寅年正月二十七日　馬町弥陀堂ノ辺町屋ヨリ出火　西町善養寺谷焼失　同座禅院同御殿焼失
光明院ノ寺内ニ立置カル御仮殿ヲ　同十六年御殿焼失ノ跡エ被引之」　　　　　　　　　　　　　　　（「旧記」）

「寛永十八年（1641）座禅院屋敷ノ隣房ヲ除キ　大樹ノ御殿ヱ移シ　光明院ノ旧跡ノ隣房ヲ除本坊之引
座禅院ノ旧跡ハ此時中絶ス」　　　　　　　　　　　　　　　　　　　　　　　　　　　　　　　　　（「旧記」）

「寛永十八年光明院再興　此時座禅院廃絶ス　座禅院旧跡被改之　将軍家ノ御殿被建之　今御殿是也」
　　　　　　　　　　　　　　　　　　　　　　　　（「日光山本ер・惣社建立之記」日光市史　史料編　上巻）

「御殿跡地　享保年間に御殿御取崩となりしかば　其以来将軍家御参詣の砌は御本坊を以て仮の柳営とせらる」
　　（「日光山志　巻之一」）

＜十八世紀初頭より御殿は再建されず"御殿跡地"として空き地となる。一因として延焼防止の防火対策がある。次参照＞。

「大猷院在世時為御宮火之用心被明置之空地永不可塞之事　付山中寺社之輩到町中迄火之用心不可油断事」
　　　　　　　　　　　　　　　　　　　　　　　　　　　　　　　　　　　　　　　（「日光山條目」明暦元年）

(カ) 座禅院

「此院は　一山衆徒三十六院の内なる一院（中略）座主光明院は鎌倉に在住せられけるゆる座禅院をして御留守権別
当にて一山の法務を執せしが　応永二十七年（1420）（中略）光明院の座主断絶せし後は（中略）座主職のように思わ
れしとぞ。然るに同年より慶長十八年（1613）迄　凡百九十四年の間法務を執りしが慶長十八年座禅院昌尊代に　一
山と異議に及びしこと有りて昌尊退院す。此砌駿城へ南光坊天海師を召されむに日光山拝領せられ　同年登山し
給ひけれど　光明院の本坊は破壊せしゆる　座禅院をして宿坊とし給ひ是より当山悉中興し給ふといふ。」
　　（「日光山志　巻之一」）

「寛永八辛未年　大僧正座禅院ヲ御建替」　　　　　　　　　　　　　　　　　　　　　　　　　　　（「旧記」）

「寛永十五戊寅年正月二十七日　馬町弥陀堂ノ辺町屋ヨリ出火　西町善養寺谷焼失　同座禅院同御殿焼失
光明院ノ寺内ニ立置カル御仮殿ヲ　同十六年御殿焼失ノ跡エ被引之」　　　　　　　　　　　　　　　（「旧記」）

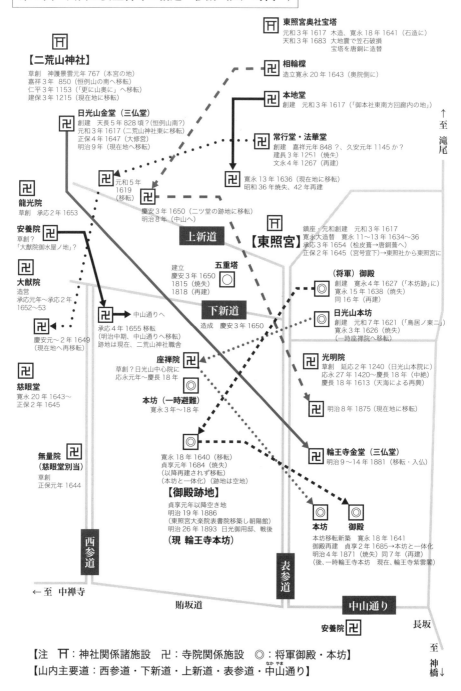

第1図　山内主要堂舎等の創建・移動（江戸時代〜）

東照宮奥社宝塔
元和3年 1617　木造、寛永 18年 1641（石造に）
天和3年 1683　大地震で笠石破損
　　　　　　　宝塔を唐銅に造替

相輪橖
造立寛永 20年 1643（奥院側に）

本地堂
創建　元和3年 1617（「御本社東南方回廊内の地」）

【二荒山神社】
草創　神護景雲元年 767（本宮の地）
嘉祥3年　850（恒例山の南へ移転）
仁平3年 1153（「更に山奥に」へ移転）
建保3年 1215（現在地に移転）

常行堂・法華堂
創建　嘉祥元年 848 ?、久安元年 1145 か?
　　　建長3年 1251（焼失）
　　　文永4年 1267（再建）

日光山金堂（三仏堂）
創建　天長5年 828頃?（恒例山南?）
元和3年 1617（二荒山神社東に移転）
正保4年 1647（大修営）
明治9年（現在地へ移転）

元和5年 1619（移転）

寛永 13年 1636（現在地に移転）
昭和 36年焼失、42年再建

龍光院
草創　承応2年 1653

慶安3年 1650（二ツ堂の跡地に移転）
明治8年（中山へ）

安養院
草創?
「大猷院御水屋ノ地」?

上新道

【東照宮】
鎮座・元和創建　元和3年 1617
寛永大造替　寛永 11〜13年 1634〜36
正保3年 1654（桧皮葺→唐銅葺へ）
正保2年 1645（宮号宣下）→東照社から東照宮に

大猷院
造営
承応元年〜承応2年 1652〜53

建立
慶安3年 1650
1815（焼失）
1818（再建）

五重塔

下新道

（将軍）御殿
創建　寛永4年 1627（「本坊跡」に）
寛永 15年 1638（焼失）
同 16年（再建）

慶安元〜2年 1649
（現在地へ移転）

中山通りへ
承応4年 1655 移転
（明治中期、中山通りへ移転）
跡地は現在、二荒山神社社務舎

造成　慶安3年 1650

日光山本坊
創建　元和7年 1621（「鳥居ノ東ニ」）
寛永3年 1626（焼失）
（一時座禅院へ移転）

慈眼堂
寛永 20年 1643〜
正保2年 1645

座禅院
草創?日光山中心院に
応永元年〜慶長 18年

本坊（一時避難）
寛永3年〜18年

光明院
草創?日光山本院に
延応2年 1240（日光山本院に）
応永 27年 1420〜慶長 18年（中絶）
慶長 18年 1613（天海による再興）

明治8年 1875（現在地に移転）

無量院
（慈眼堂別当）
草創
正保元年 1644

寛永 18年 1640（移転）
貞享元年 1684（焼失）
（以降再建されず移転）
（本坊と一体化）（跡地は空地）

輪王寺金堂（三仏堂）
明治9〜14年 1881（移転・入仏）

【御殿跡地】
貞享元年以降空き地
明治 19年 1886
（東照宮大楽院表書院移築し朝陽館）
明治 26年 1893　日光御用邸、戦後
（現 輪王寺本坊）

本坊　　**御殿**
本坊移転新築　寛永 18年 1641
御殿再建　貞享2年 1685→本坊と一体化
明治4年 1871（焼失）同7年（再建）
（後、一時輪王寺本坊　現在、輪王寺紫雲閣）

西参道

表参道

中山通り

安養院

← 至 中禅寺

賄坂道

長坂

↑ 至 滝尾

至 神橋 ↓

【注　神社関係諸施設　卍：寺院関係施設　◎：将軍御殿・本坊】
【山内主要道：西参道・下新道・上新道・表参道・中山通り】

【現在の日光の社寺周辺地図】

※地図は「栃木県万能地図」（下野新聞社発行）より転載

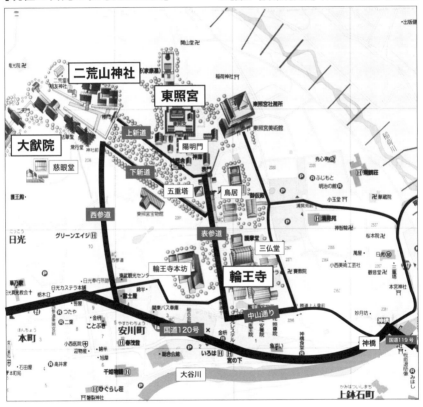

あり、それ故何らかの対策を講じることにより発生の未然防止と拡大防止となる。東照社元和創建等に伴い山内には多くの堂舎が新たに建立されるとともに、社寺に奉仕する神職・僧侶は言うに及ばず、様々な形で社寺に関係する多数の人々が居住する事になる。例えば元和創建後の山内を描いている第2節の第4図（第4－②図及び口絵写真④）において、大通りを中心とする中山地域とその東方の仏岩谷・東山谷の低地部から東山地域には多くの民家らしき家々が描かれ、寛永大造替以前の段階で既に山内には多数の人家の集中が見られた事を如実に示している。堂舎・俗家の集中は繁栄の証であるが、一方で火災の発生と拡大の危険性を増幅させる。幸いにして山内においては元和創建以降の約10年間は大火らしきものは記録されていない。しかし寛永3年（1626）11月16日の「中山釈迦堂」（又は「中山之釈迦堂」）からの火災は、東照社に隣接し元和7年（1621）天海により創建された本坊が僅か5年後に灰燼に帰すことになり、幕府・日光山関係者を心底寒からしめるものであったであろう。^(注⑦)

　本坊が焼失した為その機能は大通りを挟んで西南に位置する座禅院に移り、本坊跡地には翌寛永4年将軍御殿が創建された。^(注⑧)その10年後、幕府の威信をかけた寛永大造替が寛永13年（1636）に成るが、寛永15年1月27日には「馬町弥陀堂ノ辺町屋ヨリ出火」（現在の西参道付近）し、西町から善養寺谷（「旧記」による。史料により「善女寺谷」「善如寺谷」）・西谷・南谷にかけての院坊・町家、及び山内の諸堂舎が広範に類焼する大火が発生した。^(注⑨)この大火では寛永4年造営の将軍御殿、寛永3年の本坊焼失により本坊機能を担い寛永8年に建て替えられた座禅院、東照社別当大楽院等の日光山の中枢機能を担った重要施設が焼失し、更に何よりこれら焼失施設が大造替直後の東照社に隣接する位置に在った事は、幸いにも東照社は類焼を免れたが、またもや時の幕府中枢を震撼させるに余り在る大火であったと考えられる。

　ところで、元和創建以降の一連の大工事に伴い空間的・地形的に制約された狭い山内地域に、堂舎・町家が混在し軒を連ね隘さが目立つ状況となる。この為防火対策の意図をも含めてと考えられるが、早い時期から堂舎建立にともなう町家の移動・撤去が散見される。例えば下記は石

鳥居東に御仮殿が造営されるに伴い付近居住の厩担当者・町家・大工小屋等が幕府より屋敷替え費を支給され移転した例である。^(注⑩)

「一　御仮殿ノ場ニ居申候者共屋敷替引領
　　　　　其他御大工小屋共ニ

此金百三両	御馬屋別当	半兵衛	印
	添田	太左衛門尉	印
	仏岩ノ	助兵衛	印
		妙忍坊	印
		鏡観坊	印」

「旧記」・「建立記」・「晃山編年遺事」等が記すように、広大な御仮殿や本坊・将軍御殿が大通りを挟んで光明院跡地や座禅院隣地に創建されたとしても、それらが既存の空間で充足するとは到底考えられない。とすれば、上記御仮殿創建の例の如く、地形的に居住地域の限定される狭い山内にあっても、他地域に比べ広く且つ地形的に緩傾斜の地形的条件に優れた"中山"地域への大坊等の創建であっても、当然俗家の移動が必然化したと考えられよう。

　この時より数年後の寛永15年（1638）1月27日の大火及び承応3年（1654）1月7日の本坊よりの出火・焼失があり、同年6月には東照宮社殿が檜皮葺から現在の銅瓦葺に改装された。とともに堂舎・町家混住状況の解消並びに社寺・民間を問わず延焼防止の為の空間確保が喫緊の課題となり、承応元年（1652）の八王子千人同心の日光勤番（火の番）開始や、下記の如く具体的防火対策が講じられる。^(注⑪)

「一　大猷院在世之時、為　御宮火之用心被明置之空地永不可塞之事
　　　　　　　　附　山中寺社之輩至町中迄　火之用心不可油断事」

　火災予防・防火対策は社寺・一般を問わず全てのものが常に心得るべき事であり、特に最重要施設東照宮にあっては建造物間に現在ある空間は防火対策上必要不可欠のものであり、それを塞ぐ事は厳禁とされた。この考えの延長の一端に「御殿跡地」（現輪王寺本坊及び隣接する空き地）に対する江戸時代の対処方法があろう。将軍御殿は旧座禅院隣地に寛永18年（1641）に移転し、貞享元年（1684）12月20日の大火で焼失するが、しかしこの後再建される事はなかった。その意図は防火・

延焼防止並びに幕府財政や社寺修繕対策等複雑であろうが、明白な事実は、山内という狭い限られた空間において臨時的な特定用途に一時的に利用されるのみで、恒久的建築物のない広い全くの跡地謂わば空き地として近代に至るのである。更に、各社寺境内においても火災予防・防火対策が具体的に講じられていたが、それは注記を参照されたい^(注12)。

　以上の如き種々の防火・延焼防止対策をより具体的・積極的・大規模に進めたものが、堂舎・俗家の移動を伴う地域改変・再編である「町割」であろう。これに関し寛永15年の西町・山内大火の翌々年に具体的に大きな動きがある^(注13)（但し、前者は「光嶺秘鑑」及び「妙道院歴代記」よりの引用）。

　　「寛永十七年、仏岩者、東照宮御社地之近辺ナル故ニ、火災ヲ厭ヒ、彼ノ所居住ノ一坊他所ニ移ス、時ニ釈迦堂並ニ妙道院ヲ西町ノ玉沢地蔵堂之東ニ曳移ス」

　　「寛永十七年庚辰年九月上旬　新町ヲ鉢石ノ下エ引之、其後エ浄土院・実教院・光樹院・観音院四カ寺移之、山中所々ノ俗家、稲荷町並松原エ移之、各引料被下之、

　　編者日　中興開闢記ニ云　中山新町　山内ニハ石町ト云　並ニ石屋町ハ今医王院ノ住所ナリ」

　寛永3年（1626）大火の火元であった「中山之釈迦堂」（「中山釈迦堂」）と寛永5年創建の妙道院とが、創建後僅か10年後に仏岩地域が「東照宮御社地之近辺ナル故ニ火災ヲ厭ヒ」山内西方の「玉沢」（現田母沢）に移動する。また、山内中央部の「中山」^(注14)の地に展開した「中山新町」（「新町」・「石町」とも）が鉢石町の下に御幸町を、医王院（現東山地区の華蔵院付近）付近の俗家は石屋町を、他の俗家は松原町・稲荷町を形成した。此の2件の記述に関係する堂舎及び地域の山内地域での位置関係は、釈迦堂が山内の北端、医王院が東端、中山新町が中央～南端となり、空間的には山内の中央から東部地域のほぼ全域をカバーする大規模なものであり、寛永17年（1640）の町割の明確な要因の一つが防火対策（火災予防・延焼防止）を意図したものであったと考えられる。しかし勿論この事が地域再編としての町割の背景の全てではない。より大きな意図は前項①で若干触れた正保～承応期の堂舎創建・移転で明確化するが、

山内地域北部～西部における堂舎の凝集した聖なる宗教空間における神道地域と仏教地域の分離（第3節④で再述）を加えて、寛永町割により大きく進展し幕府崩壊まで維持された山内地域全体の聖域化にあると考える[注15]。つまり、山内地域でなされた元和から承応にかけての一連の堂舎創建・移動及び町割等の動きは、神仏混淆・聖俗混在の山内地域における、防火対策を内包しながらの、神・仏分離及び聖俗分離という二重意図の具体的動きであったと考えられよう。

　寛永17年（1640）町割の翌年には、元和8年（1622）建立の東照社木造宝塔を石造に替え[注16]、将軍御殿を大通り東側から西側の座禅院隣地に移動し、本坊が大通り西側から東側の光明院旧跡の隣地に移転する。特に木造宝塔を大工事により石造宝塔に替えたが[注17]、天和3年（1683）地震で石造宝塔が崩壊し唐銅宝塔に替えた場合と異なり、家光の命により為されたこの木造から石造への宝塔造替理由に関して諸史料で確認し得ない[注18]。敢えて推測すれば、この宝塔造替は寛永15年大火後の大掛かりな地域再編、無論防火対策もその一環であるが、であったとの見方も出来るのではないかと考える。と言うのは、この宝塔造替は寛永17年（1640）4月17日家康公25回神忌に家光が社参した際にはなされず、この約半年後から開始された「寛永町割」の最中の寛永18年に実施されたのである。宝塔は神君家康公或いは東照社そのものであり、それが火災で焼失することは決してあってはならない事である故。

　寛永17年9月上旬から開始された町割も約2年間を費やして漸く収束し、翌18年11月には秋元但馬守が来晃し、幕府より関係院・坊・俗者に移転費用として総計7,370両が支給された。当に「寛永町割」は幕府の強い意志による山内の地域改変・再編の一大事業であったと言えよう。そして山内での堂舎創建・移動等も承応期には一段落し、必然的に山内における主要道の状況も固定化した。

　そこで次に主要道路が如何に整備され固定化したか整理したい。

【注記】
① 「日光山東照大権現様御宮造営御目録」
　　　寛永十九年　壬午年　壬九月吉日
　　　秋元但馬守　　嶋四郎左右衛門尉　　庄田小左右衛門尉

（「日光市史　史料編　中巻」所載。以後「造営帳」と略す）
（造営費用決算簿で、提出は 山田市兵衛直勝、石川与次右衛門重正　宛。費用の受け
　　取りは寛永 12 年）

② 　寛永大造替の一連の流れは「日光市史　中巻」（日光市　昭和 54 年）による。

③ 　「慈眼堂　慈眼大師の御廟なり　往古より此の辺の山を称して　大黒山と唱えし由
　御別所は無量院とて山麓にあり」　　　　　　　　　　（「日光山志　巻之二」植田孟縉）
　　　江戸期には大黒山北西方を源とする安養沢（あんにょうざわ）が西町の平坦地に出る地域に四つの院・坊
　が在ったが、無量院はその一番奥の山内寄りに在った。この位置は大黒山中腹の慈眼堂
　からの小径が安養沢を越え「安養坂」（現西参道）に合流する付近にあり、現在は物産
　店が位置する。江戸期の位置は下図参照。
　「日光山大絵図」（県立博物館蔵）、「元禄　日光御山絵図」（東照宮蔵）

④－1 　この大雪は極めて稀なもので修復は山内西部地域の整備と一体化。下記参照
　「（補）寛永十九年（1642）　天下飢饉　二月十日大雪　寺中八尺山ハ一丈三尺余リ降
　　リ公儀ヨリ坊中並町家御救米被下　此大雪三仏堂大破」　　　　　　（「晃山編年遺事」）
　「正保二年（1645）二月十七日　関兵部少輔氏盛・書院番佐藤勘右衛門成次が日光山
　　三仏堂と新宮拝殿の造営奉行を命じられた」「三仏堂は正保四年に造営が成った」
　　　　　　　　　　　　　　　　　　　　　　（「徳川実紀」日光市史　中巻より）
　「正保二年　三仏堂御再興同亥年御造・惣奉行松平宇衛門大夫関兵部少輔」
　「同年十一月十七日　御宮号官府勅使菊亭大納言藤原経季御登山　同十八日東照宮神前ニ
　　参内官府奉納〜」＜「旧記」宝暦三年　教城院二十七世天全（輪王寺史より）＞

④－2 　常行堂と法華堂は古来一体的であり、慈眼堂（創建寛永 20 年〈1643〉）の参道を「歩
　廊」により跨ぐ形で、元和元年（1619）に移転した所より慶安 2 年（1649）に再移転・
　造営された。二ツ堂の一体的姿は、例えば第 1 節の第 1 図で明神鳥居の後方に、第 2 節
　で第 4 図の大鳥居後方に、日光山の修行道場の中心として明示されている。
　「慈眼堂　慈眼大師の御廟〜法華常行の二堂の間に歩廊の梯を設けたる其下を巡りて山
　　路の石雁木を凡一町半程登り・・」　　　　　　　　　（「日光山志　巻之二」植田孟縉）
　　　なお、歩廊により二つの堂を繋ぐ独特の形式は、天台宗総本山の比叡山延暦寺西塔地
　区の常行堂と法華堂とを結ぶのと同様であり、比叡山では歩廊を潜り釈迦堂に至る参道
　がある。

④－3 　「同（慶安）三寅年五月　常行堂法華堂ノ跡へ相輪橖被引之　再建奉行阿部四郎
　右衛門　石河三右衛門　曽根源右衛門　代官市川孫右衛門」　　　　　　　　（「旧記」）

④－4 　仏教施設である本地堂は神社である東照宮の境内において宗教的・空間的に微妙
　な位置にある。本地堂は二ツ堂跡地（＝後の相輪橖移転地）とは東照宮の塀により分離
　されているが、空間的には隣接し殆ど連続した位置関係にある。下図に詳しい。
　「下野日光山東照宮総絵図」（第 2 図）
　　　　　　　（「日光叢書　社家御番所日記　付図　甲良家史料」昭和 45　東照宮蔵）
　　　なお、二ツ堂の移転理由に関し、「本社神域を守る延焼防止対策であった」（下記　佐
　古論文）との考えもあるが、天海の尽力により寛永 20 年（1643）に造立された相輪橖
　が、造立の 5 カ月後に彼が没しその 7 年後の慶安 3 年に二ツ堂跡地に移ったことを考え
　ると、本論で触れたように、移転は延焼防止よりむしろ東照宮神域内における宗教的純
　化の考えの帰結と捉える事が自然ではないかと考えられる。
　　　　　　　　　「東照宮の仮殿について」（佐古秀雄　「大日光」57 号　昭和 59 年）

⑤　表①の記号は本文の（ア）〜（カ）に対応する。

　　尚、第1図は第1表を中心に主要堂宇を加えて図化したものである。

⑥　「寛永三年丙寅年十一月十六日　当山　中山釈迦堂ヨリ出火　大僧正新造ノ本坊　並藤堂高虎新造ノ寺焼失　依之極月大僧正登山ノ節ハ　座禅院ニ被為入」（旧記）

　　なお、上記文中「藤堂高虎新造寺」の位置は、佐古によれば「寺は今の五重塔の位置とされる。」下記参照。

　　　　　　　　　　　　「東照宮の仮殿について」（佐古秀雄　「大日光」57号　昭和59年）

⑦　釈迦堂について、「旧記」に「中山釈迦堂」、「晃山編年遺事」には「中山之釈迦堂」と表現に若干の差がある。似た様な例は、依拠資料が不明であるが、現代の資料でも確認される。

　　「寛永3年11月16日　中山の釈迦堂焼失する」

　　　　　　　　　　　（「日光その歴史と宗教」菅原信海　他編、2011、春秋社）

　　「寛永3年11月16日　中山釈迦堂焼失」　　　　　　　　（「日光市史　中巻」年表）

　　ところで釈迦堂の位置に関して、「今境内（妙道院）ニアル釈迦堂ハ昔ヨリ中山ニ在シヲ元和七年中山ヨリ仏岩谷へ移シ」（「日光山志　巻之三」）、或いは「（補）元和七年大師中山之釈迦堂ヲ以テ　今当東照宮御仮殿ノ地也　仏岩勝道上人ノ墓所辺リニ移素ス」（「晃山編年遺事」日光市史　史料編　上巻）とあり、釈迦堂は寛永3年の出火時には既に「中山」には存在していなかったと考えられる。とすると先の二つの史料に見える「中山釈迦堂」・「中山之釈迦堂」は、「中山の、中山にある釈迦堂」でなく、「中山にあった釈迦堂」と理解するのが妥当となろう。それ故、「旧記」の「中山釈迦堂ヨリ出火」の場所は、中山でなく釈迦堂の移転していた仏岩谷からとなる事に留意する必要がある。

　　ところでこの「中山」であるが、空間的には山内地域のどの辺に当たるのか。

　　先の「晃山編年遺事」の「（補）元和七年　大師中山之釈迦堂ヲ以テ　今当東照宮御仮殿ノ地也　仏岩勝道上人ノ墓所辺リニ移素ス」とあり、編者の注釈により釈迦堂の位置を寛永大造替後の御仮殿の地としている。更に「日光山志　巻之一」の「御山内総図」及び「巻之三」の「御山内寺院坊舎」の区分から、「中山」地域の北端は石鳥居東方の御仮殿をも含み、南端は今日の中山通り付近、西端は「日光山志　巻之三」の別所4カ院についての次の記述、「龍光院中山　御霊屋之北」「安養院中山　新宮別所　無量院中山　大師堂別所」から、今日の安養沢筋付近までを含むかなり広範な地域と考えられる。但し、この時期安養沢筋に並ぶ四つの僧坊の内無量院に隣接する林守坊は「善女神谷」地域に区分され、厳密なものではない。「中山」地域は地形的には東を東山谷、西を西山谷・善如寺谷、南を南谷に限られた恒例山南麓の東照宮仁王門付近から南〜西一帯に広がる尾根筋の微高地部分に当たる地域（ほぼ現表参道両側地域）と考えられる。

　　なお、日光市史は、「釈迦堂は初め中山渓にあったが、創立の時期は詳でない」（日光市史　中巻）とする。が、この「中山渓」が山内のどの辺なのか不明である。且つ「中山渓」を「中山にある渓」とすると、「中山」は地形的に尾根スジであり「渓」はない。或いは近くの東山谷の部分を指すか不明である。

　　ところで、寛永3年の釈迦堂からの出火により本坊も類焼するのであるが、この時の火災の範囲は如何ほどであったのか。「旧記」の「中山釈迦堂」を前述の如く「中山にあった釈迦堂」と理解し、既に火災時には「仏岩勝道上人ノ墓所辺リニ移素ス」（「晃山編年遺事」）の様に仏岩谷地域の最北端に移転しているのであるから、この時の火災範囲は北は勝道上人墓付近から南は類焼した本坊の位置した現石鳥居東方付近に至る広範

な範囲と推定される。但し残念ながら、この火災で釈迦堂と本坊の間に位置し仏岩谷地域西端で元和３年創建（「日光史」星野理一郎）の東照宮別当大楽院（現 東照宮美術館、元東照宮社務所の地）への類焼の有無は確認出来ない。

⑧ 「寛永四丁卯年 天海新造ノ跡ニ 大樹御殿ヲ建立シ玉フ」（「旧記」）

⑨ 「寛永十五戊寅年正月二十七日 馬町弥陀堂ノ辺町屋ヨリ出火 西町善養寺谷焼失同座禅院同御殿焼失 光明院ノ寺内ニ立置カル御仮殿ヲ 同十六年御殿焼失ノ跡 エ被引之」（「旧記」）

なお、この大火の被災状況の詳細は次の通り。
「御殿、院家屋敷、大楽院、浄土院、桜本坊、実相坊、山口忠兵衛、西谷之一坊衆十二ケ寺、南谷一坊衆十三ケ寺、東谷坊一ケ寺、在家二百六十余云々」
　　　　　＜「江戸幕府日記」寛永十五年二月一日（「日光東照宮の成立」山澤学）＞

⑩ 「造営帳 三 御仮殿之分」（「日光市史 史料編 中巻」）
元和創建の社殿構成にも厩（御馬屋）があり、御神馬担当の「御馬屋別当」が社の近くに住んでいた。本件に関し次に詳細。
　　　　　　　　　　　　　「日光東照宮の成立」（山澤学 平成21年 思文閣出版）

⑪ 「明暦元年（1655）九月 日光山条目」（「日光市史 史料編 中巻」）

⑫ 例えば、東照宮では境内に天狗沢（滝尾神社西側の沢）を水源とする御供水を引き込み防火用水としても利用し、また各所に天水桶を配置。輪王寺では三仏堂の東・南２カ所に大池設置し緊急時防火用水として利用。大猷院は境内に安養沢が流れ、更に廟全体を空堀で山林からの引火を遮断。
（「山内の防災対策と火災の歴史 その一、その二」 高橋俊雄 「大日光」第76、77号）

⑬ 「晃山編年遺事」（「日光市史 史料編 上巻」）

⑭ 「中山」の地の具体的範囲の推測は下記による。（注⑦も参照）。
　　　　「日光史」（星野理一郎 昭和52再版）及び「日光山志 巻之一・三」

⑮ この事に関し下記参照。
「この寛永十七年の移転によって、山内は俗家の一掃された聖地となり、逆に町は新たに移転してきた家を迎えて、大きく発展することとなった。」 （「日光市史 中巻」）

⑯ 「同年（元和三年）四月八日 尊体ヲ御廟塔ノ石窟ニ奉葬 御墓ノ上ニ御宝塔ヲ建ツ御本尊薬王菩薩」（「旧記」輪王寺史掲載）
ただし、この時は恐らく廟窟のみと推定され、木造宝塔に関しては下記史料の編者注記による。
「同（寛永）十八年辛巳年〜編者曰 是ヨリ以前宝塔木材也シ事 慈眼大師伝ニ見エタリ〜」（「晃山編年遺事」日光市史 史料編 上巻掲載）
木造宝塔の造りは「裳階を持った木造多宝塔形式、高さ露盤まで二十尺以上、下層平面の一辺が十六尺位」の大きな建物であった。（「日光市史 中巻」）

⑰ 「寛永十八年辛巳年 家光公命藤原泰朝源正綱 東照宮奥院改宝塔石ノ御宝塔ニ御造替 御仕立石 厚一丈余四方一丈九尺 赤那木ノ山谷ヨリ六千人ヲ以テ令曳之〜」
　　　　　　　　　　　　　　　　　　　　　　　（「旧記」輪王寺史掲載）

⑱ 「天和三年五月十七日卯上刻 地震 同辰上刻大地震・・・御宮御堂石ノ御宝塔九輪同慈眼大師御石塔ノ九輪 同時ニユリヲトシ大ニ破損ス」 （「旧記」輪王寺史掲載）

③現表参道・上新道の状況と名称

　山内主要道路のうち寛永大造替における諸造営工事の直接的対象となったのは現表参道・上新道である。そこで、寛永大造替の工事関係箇所等（建物・石垣・材木・漆・彩色・人夫等々）とその費用を詳細に記した「日光山東照宮造営帳」（以下「造営帳」と略す）[注①-1]を手懸かりに、「大造替」における現表参道及び上新道の状況に関し論を進めたい。なお、「大造替」期には現下新道は存在せず、又現西参道は存在したとしても近くを流れる安養沢との区別がつかない程度の道路として未整備状態であり、これら二道は正保〜承応期の山内西部地域での堂舎創建・移転に伴い道路として誕生・整備されたので、項を改め次の④で記したい。

　「造営帳」で山内主要道に関する "石" 関係の記載は、工事箇所である各道路毎についてでなく、使用される石の状態（大きさ・加工状況・積み方）毎に、石垣等の工事箇所の広さ（＝坪数）、坪あたり単価、及び工事箇所名が記載される。その一例を示せば下記の通りである。[注①-2]

「　　　　　　　　　　　　　　　但壱坪ニ付

一　野面石垣　千参百拾参坪五分ハ　金四両弐分銀壱匁弐分参厘宛

　　　是ハ　御仁王門前　　　御仮殿ト　　　御殿東南ノ

　　　　　　御倉ノ前　　　　新宮馬場　　　水道ノ所ノ分共ニ

　　　　　　右両ノ外曲輪　　御供所両表

　　　　　　御石鳥居ノ所　　同南ノ土留上中段

　　　此金　五千九百参拾五両参分銀拾五匁六分也」

　上記のように石の加工状態を示す「野面石垣」に複数の工事箇所が記載され、その費用も複数箇所が一括して記載される為、工事箇所毎の工事費用算出は困難である。その上、工事箇所も例えば「御石鳥居ノ所同南ノ土留上中段」の如く極めて大雑把に記載され、より詳細な工事箇所の特定は不可能である。がしかし、現上新道と表参道（便宜上本論では東照宮仁王門前石段下から石鳥居前石段＝「千人枡形」迄も含める）に関する "石" 関係事項をかなりの程度確認出来るので<第2表>として整理した。[注②-1]

　表では「造営帳」の "石" 関係事項を便宜上、

（ロ）　石垣関係

是ハ　御輪蔵堂前ヨリ御石ノ鳥居迄ノ　ふみ留ノかづら石之分也

　　　幅参尺五寸ヨリ弐尺壱尺五寸迄　金弐拾六両銀弐分六厘ツ

　此金　千六百八拾五両弐分銀参分八厘也

一　大石垣すり合　上々こたたきニ〆　千四百八拾坪八分七厘ハ　坪六尺五寸四方

　此内角五拾参ケ所御座候増ノ角坪ニ　但一坪ニ付

是ハ　御本社廻　御陽明門　御仁王門廻ノ分共ニ　金弐拾両ツ

　御本地堂廻　御倉

　此金　弐万九千六百拾七両壱分銀九匁六分也

一　大石之分

　仁王門ノ前ノ大石

一　壱本ハ　長壱丈七尺　幅壱丈弐尺　厚五尺

一　弐本ハ　長壱丈五尺　幅七尺　厚五尺　但壱本ノ分　金千百両也

　埋御門ノ大石

一　弐本ハ　長壱丈壱尺　幅七尺　厚五尺　但壱本二付　金七百五拾両ツ

一　本ハ　長壱丈壱尺　幅七尺五寸　厚五尺　右同断　金五百両ツ

　三口　此金参千六百両也

一　野面石垣　千参百参拾参坪五分ハ　但壱坪ニ付　金四両弐分銀壱匁弐分参厘宛

是ハ　御仁王門前　御仮殿ト　御殿東南ノ

　御倉ノ前　新宮馬場　水道ノ所ノ分共ニ

　右両ノ外曲輪　御供所両表

　御石鳥居ノ所　同南ノ土留上中段

　此金　五千九百参拾五両参分銀拾五匁六分也

【第2表】「造営帳」記載の山内主要道の「石」関係

【注・記載は石の種類毎であるが、便宜上主要道毎に整理。
・表中の──が表参道、～～～が上新道の部分を示すが、区域は曖昧。
・石は本文イ〜ニの項目毎整理　・「造営帳」記載の請負者名は省略。】

◎表参道の石関係

（イ）敷石関係

一　五百七拾四間者　此石　長八尺より七尺六尺五尺まて　　但壱間ニ付
御輪蔵堂前より
御馬場通
御石ノ鳥居下ノ
御仮殿までの
かつらへり石
　　　大かんぎ石ともニ
御鐘楼御鼓楼ノ
前ノ御竹垣ノ土台
　幅三尺より弐尺壱尺まて　　金六両銀四匁七分九リンツ
此金　参千四百八拾六両参分銀拾参匁四分六厘也

一　百九拾坪八分九厘ハ　此石　長五尺より四尺参寸まて　　但壱坪ニ付
是ハ　御輪蔵堂前より
　　御石鳥居までの
　　しき石ノ分也
　幅三尺より二尺まて　　金拾六両壱分銀参匁九分六厘ツ
此金　参千百拾参両参分銀壱匁五分弐厘也

一　六拾参本ハ　此石　長壱丈ヨリ九尺まて　　但壱本ニ付

一
御へり石　かつら石
かんぎ石　けこみ石

一
四百九拾間ハ　　長壱丈より五尺まて　　　　　　但壱間ニ付
　　　　　　　　幅弐尺五寸より壱尺八寸まて　　金五両壱分銀拾匁六
　　　　　　　　六分六厘也

一
百弐拾四坪　　　　弐尺三寸四方より
四半　　敷石　　　二尺一寸八分まて　　但壱間ニ付
いろこ　水道共ニ　　　　　　　　　金七両壱分銀参匁壱分也

此金　四千五百参拾九両銀四匁参分七厘也

一
五百八拾七間四厘ハ　此石　長壱丈ヨリ九尺七尺六尺迄
　　　　　　　　　　　　　幅弐尺ヨリ一尺五寸壱尺弐寸迄　但壱間ニ付
是ハ　御奥院ノ御井垣ノ土台　へり石　かんぎ石　　　　金六両参分銀四匁五分七厘ツ
　　　御道通共ニ　かべたて石　かつら石ノ分
　　　御祭祀ノ御馬場通　三王堂ヨリ新宮迄ノ
　　　がんぎ石　かつら石　へり石のぶん共ニ

此金　四千四百壱分銀拾弐匁五厘也

（ロ）石垣関係
一
御石垣　半すり合
野面ノ分共ニ
千九百九拾坪六分八厘ハ　　但ならしニ〆壱坪ニ付
　　　　　　　　　　　　　金四両参分銀四匁五分弐厘宛
是ハ御奥院ノ分ト
御祭祀ノ御馬場通
新宮より三王堂迄御橋之分共ニ

（ハ）　水道関係

一　ワリ石水道弐百拾間半ハ　　幅三尺ニメ　　　　　但壱間ニ付

　　　　　　　　　　　　　　　深サ三尺五寸　　　金壱両銀拾匁壱分五リンツ

　　是ハ　御供所ヨリノ水ばき水道

　　　　　　　　　　　　　　新町中通也

（二）　標識関係

一　下馬石壱本ハ　　　此石　長八尺ニメ

　　　　　　　　　　　　　　厚壱尺三寸

　　此金　弐百四拾参両参分銀八匁五分五厘也

（ホ）　修復関係

一　御石引跡ノ道作敷石

　　　　　　　御橋之前

　　　　　　　御殿ノ前　　三カ所ノ分御入札ニメ定

　　　　　　　御仮殿前

　　此金　弐百壱両弐分也

◎上新道の"石"関係

（イ）　敷石関係

○万御石之分の内

一　御すへ石　埋御門ノ敷石

　　つか石　　石橋土台石共ニ　　弐尺壱寸五分四方迄御定　但ならしニメ壱本ニ付

　　　　　　　　　　　　　　　　参尺四方参尺五寸四方より

一　四百六拾九本　　　長六尺五寸まて　　　金弐両銀五分五厘ツ

　　　　　　　　　幅弐尺六寸より一尺迄

第 1 章 近代以前の主要道の状況と名称

一

此金　九千五百九拾六両壱分銀四匁五分九厘也

上々こだたきニメ

御石垣すり合参百八坪八分参厘

是ハ御奥院ノ分ト御馬場通ノ内

御仮院殿ノ両ワきむかいの分共ニ

此金五千五拾八両弐分銀弐匁四分八厘也

但壱坪ニ付

金拾六両壱分銀八匁参分ツ

（八）　水道関係

一

水道　弐百七拾八間者　　幅壱尺八寸

深サ弐尺

是ハ　御祭祀ノ御馬場通　　但ふた共ニ

此金　参百八拾四両弐分銀五分六厘也

長坂ノ分共ニ

但壱間ニ付

金壱両壱分銀八匁五分弐リンツ

◎表参道・上新道以外の道関連「石」関係

一

栗石六百参拾七坪参合五夕ハ

是ハ　右ノ野面石ノうらへ御定ノ外ニ御改ニ而入申候

此金九百五拾六両銀壱匁六分

但壱坪ニ付　　金壱両弐分ツ

一

野面石垣弐百六拾参坪ハ

此金　六百五拾四両弐分銀一厘也

是ハ　松原　長坂　土留ノ石垣共ニ

金弐両壱分銀五匁弐分七厘ツ

（イ）敷石関係　　（ロ）石垣関係　　（ハ）水道<ruby>関係<rt>みずみち</rt></ruby>
　　（ホ）造営工事後の道路修復関係　（ニ）標識関係は表のみ掲載し本文は略。
の５種類に整理し、各項目の説明を次に記した。（なお、「造営帳」にお
いて、現西参道・下新道・中山通りに関係する"石"関係事項は確認出
来なかった。）

（イ）敷石関係

　敷石には「しき石」「かつらへり石」「大かんぎ石」「ふみ留ノかづら石」
等の多様な石が用途に応じ用いられている。それらの大きさも大は「長
壱丈ヨリ九尺まて　幅参尺五寸ヨリ弐尺壱尺五寸迄」の「ふみ留ノかづ
ら石」から、小は「弐尺三寸四方ヨリ　弐尺一寸八分マテ」の大きさで
正方形に切った「四半　敷石」（つまり"四半敷"敷石）まで多様である。
ただ「造営帳」にはこれら敷石に関し石の長さと幅は記載されているが、
石垣の記載と異なり、例えば「しき石」と「ふみ留ノかづら石」では明
らかに石の厚さが異なるのであるが残念ながらその記載がない。
　現表参道関係では、東照宮御輪蔵堂前から仁王門（表門）迄の表神域、
仁王門から石鳥居迄の四半敷敷石、輪蔵堂前から石鳥居迄の「ふみ留め
ノかづら石」、石鳥居下石段の「大かんぎ石」が用いられた。大猷院廟
境内の敷石の例を除いて、山内ではこの種の大型の敷石は存在せず、現
表参道と東照宮表神域が御本社への導入路としてその機能を十分に果た
すよう連続的・一体的・統一的に整備された事が分かる。
　現上新道関係では、記載は上新道東照宮側石垣のうち「埋御門ノ敷石」
のみで、他に現上新道と特定される敷石の類いを確認出来ない。ただこ
の事は逆に上新道の状態に関し重要な事実を提示する。つまり、現在上
新道には「埋御門ノ敷石」を除いて、敷石の類いを一切確認出来ないが、
この状態は寛永大造替以降現在まで続いていると推測出来るのである。
　ところで敷石の価格であるが、それは石の長さ・幅・厚さ等によりか
なり多様である。例えば「御輪蔵堂前ヨリ御石ノ鳥居迄」に用いられた
「長壱丈ヨリ九尺まて、幅参尺五寸ヨリ弐尺壱尺五寸迄」のかなり長く
幅広の「ふみ留ノかづら石」は、「壱本ニ付　弐拾六両銀弐分六厘」と
高価であり、その合計「六拾参本」で「千六百八拾五両二分銀参分八厘」

であった。反対に2尺弱で正方形のやや小さな「四半　敷石」は「壱坪ニ付」約「七両壱分銀参匁壱分」と歴然たる価格差があった。因みに表参道より東照宮表神域の参道に用いられた分厚く重量感溢れ堂々とした「ふみ留ノかづら石」「六拾参本」の総経費は、大造替建立の諸堂舎中最小の「御馬屋」（「神厩」。白木造りで長押の一面に有名な「三猿」の彫刻）の総経費約「参千弐百八両」の約2分の1であった。

　寛永大造替において現表参道・上新道では、石鳥居から東照宮境内への部分と埋御門の部分等ごく一部の地域を除いて、敷石の類いは殆ど用いられなかった。そしてその状態は寛永大造替以降今日においても然りである。

（ロ）石垣関係

　東照社は恒例山（降霊山或いは仏岩山とも）南麓の緩傾斜地に立地する地形的特性故に、威容を誇る大規模な堂舎建立の為には広範且つ大規模な石垣の構築が必然化される。それ故に「大造替」における“石”関係費用では自ずと石垣が中心となるが、前述の道路への敷石も加えて（但し建物の礎石類等を含まず）、「惣御石垣並万石共之分弐拾口　金合七万五千九百四拾壱両銀六匁八分七厘」であった。この額は寛永大造替全体の費用「五拾六万八千両、銀百貫、米千石」の約13％を占め、大造替で最大の費用を要した最重要建物である御本社の約「七万五千九拾九両」とほぼ同額であった。因みに東照宮建造物中最も有名な陽明門の経費は「弐万参千四百八拾七両」と、石垣・道路敷石関係全体や御本社の経費の3分の1以下である。なお、建物の基礎石等の石を含めて“石”関係全体の経費は12万両を越えて大造替総経費の5分の1以上を占め、如何に“石”関係経費が多大であったかを示して余りある。(注②-2)

　石垣には石の大きさ、形状、表面の加工状態、積み方等に微妙な差があり、それ故「造営帳」に記載された表参道や上新道の石垣も構築場所により多様な姿を見せる＜第2表＞。石の大きさで「大石」・「大石垣」・「御石垣」・「野面石垣」、表面の加工状態で「上々こたたき」・「野面」、積み方で「すり合」（石と石の間に隙間無い積み方）・「野面」（石の形なりに積み隙間に詰め石をする積み方）・「半すり合」（前二者の中間の積み方）

の違いがあり、実際にはこれら諸要素の組み合わせで石垣の状態＝特色が決定される。例えば、「上々こたたきニ〆　大石垣すり合」（表面を綺麗に仕上げた大石を隙間無く積み上げた石垣）、「上々こたたき　御石垣すり合」、「御石垣　半すり合　野面」、「野面石垣」（加工しない自然石を巧みに積み石垣の隙間には詰め石をした石垣）等の石垣となる。^{（注③）}

　次に、現表参道・上新道の石垣の状態が如何になっているか検討する。

　表参道のうち東照宮前面の地域では、東照宮の偉容を遺憾なく示し御宮の"正面玄関"としての役割を果たすべき「仁王門廻」に、「上々こたたき　大石垣　すり合」の堅固にして立派な石垣が構築され、特に「仁王門ノ前」石垣に３本の大石が据えられた。その内の壱本は「長壱丈七尺　幅壱丈弐尺　厚五尺」の当に巨石（仁王門前石段右手石垣のこの１本は特に大きく東照宮境内最大の巨石である^{（注④）}（写１）（写真の位置は**第３図**参照。写真番号は本文と同じ）。他の２本はやや小さいながらも「長壱丈壱尺幅七尺五寸　厚五尺」と他を圧する一際大きな石で、巨大な石鳥居と共に正面を飾るにふさわしいものであろう。「野面石垣」は、「仁王門前外曲輪」（仁王門前より東照宮美術館に通じる道の東照宮側石垣）（写２）、「御殿東南ノ水道ノ所」（寛永四年創建の御殿は大造替時は現在の御仮殿付近。同十八年移転）と「石鳥居ノ処　南ノ土留上中段」の石垣となる。

　表参道両側の石垣であるが、第１・２節で触れた如く通りそのものと共に石垣も古く、その起源は東照社元和創建以前に遡ると推定された。しかし東照宮石鳥居周辺石垣の構築等は「造営帳」で確認出来るが、残念ながら現表参道の内石鳥居より南方に伸びる部分の石垣に関しては、どの部分が寛永大造替で構築した石垣か或いはそれ以前のものか、更に後世における既存石垣の修築か判断出来ない故、石垣の現状・特色を記す。

　先ず表参道西側（現輪王寺本坊側）石垣は、東側（現輪王寺三仏堂側）のそれと異なり場所毎に多様な姿を見せており、北より順に南へと記す。市営駐車場入口角の「こたたき」仕上げのやや小型の石（約50センチ）による算木積み石垣（写３）。続いて大小様々の大きさの石でしかも角の付いた不揃いの、中にはタガネ（「矢穴」）の切り筋跡の付いた石も散見される野面乱層積み石垣（写４）。次に輪王寺本坊入口の切石整層積

み石垣と、角の部分のやや大型の石による算木積み石垣（写5）。この門より南方に続く表参道西側の石垣全体は、門より北方の石垣と異なり、表面はやや粗いが形の整えられた石による野面整層積み石垣を確認出来る（写6）。表参道西側石垣の状態は、大まかには輪王寺本坊正門を境にその北側部分と南側部分とに二分出来よう。そして前者の石垣構築は、石の加工状態・形状・積み方等の諸状態から、南部のそれより明らかに古い時期（東照社元和創建以前のものかどうかは確認出来ないが）ではないかと推測される。尚蛇足ながら、表参道西側石垣の北部３分の２の石垣はその裏側（内側＝本坊側）に土や落ち葉に埋もれたやや大型の石を用いた石垣を確認でき、この付近に中世より存在し寛永３年の本坊焼失により一時日光山の本坊機能を担った有力枝院である座禅院関係の石垣で、立派な石垣の状態から「旧記」における「寛永八年　大僧正座禅院ヲ御建替」時の構築石垣かと類推させるに十分である。いずれにせよ表参道西側石垣の北半分は、東照宮境内及び境内周囲の謂わば"整えられた石垣"と異なり、"素朴さ""荒々しさ""粗雑さ"が際立ち、その部分に大造替以前の石垣遺構を少なからず残しているのではないかと推測される。[注(5)-1]なおこの類いの石垣として、表参道と仏岩地区を結ぶ通り（現東照宮武徳殿・宝物館と輪王寺護摩堂との間の通り）の武徳殿側石垣の中央部分から表参道寄りの部分に、傷みは激しいがこの類いの野面乱層積みの"素朴さ""荒々しさ"を感じさせるかなり古いと考えられる石垣を見出せる事を付記したい[注(5)-2]（写7）。そしてこの（写7）の様な石垣を確認出来るのは、山内主要道のうち表参道の（写4）の部分のみである事を記しておきたい。一方、表参道東側石垣は野面整層積み石垣で全体が統一され、整備された石垣の状況より推察して明らかに後年のしかも近年の大規模な改修が伺われる[注(6)]（写8）。

　上新道の石垣に関して、「造営帳」では「御石垣　半すり合　野面ノ分共ニ」「御祭祀ノ御馬場通」、「上々こだたきニ〆　御石垣　すり合」「御馬場通ノ内　御仮殿ノ両ワキむかいの分共ニ」の２種類の石垣と具体的場所(下線部は共に上新道の江戸期の名称)を確認できる。が後述の如く、上新道石垣の全体が統一されているというものでなく、「半すり合野面」「上々こだたきニ〆　すり合」の加工状態からこれらが東照宮側石垣の

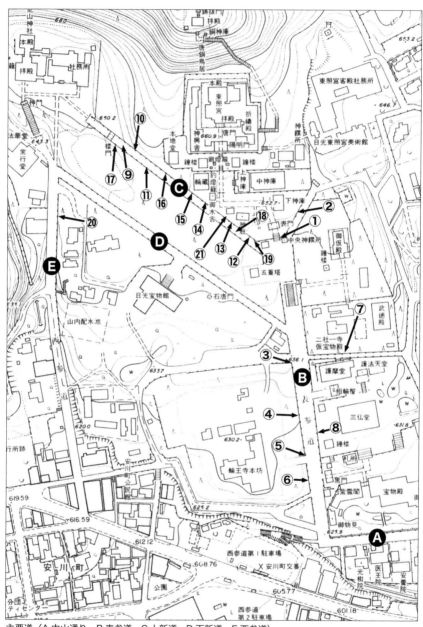

主要道〈A 中山通り　B 表参道　C 上新道　D 下新道　E 西参道〉

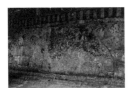

写真1　阿房丸の石垣

写真2　外曲輪東側

写真3　市営駐車場入口

写真4　表参道西側

写真5　本坊入口

写真6　表参道西側南

写真7　武徳殿南側

写真8　表参道東側

写真9　上新道全景（遠方東照宮）

写真10　上新道東北側新宮境界

写真11
上新道南西側

写真12　上新道表門廻

写真13　上新道東北側入口西

写真14
上新道東北側中央

写真15　上新道埋御門左右

写真16　上新道本地堂南

写真17　上新道南西側

写真18
大正期頃？の上新道
（二荒山神社を望む）

写真19　上新道水道

写真20　西参道旧安養院側

写真21
上新道東照宮側
石垣の栗石

内のある場所のものと推測はつくが、具体的に上新道のどの部分である
か特定は難しい事を最初にお断りしておきたい。そこで東照宮仁王門よ
り二荒山神社方向へと順に石垣の状態を観て行く。

　先ず上新道の構造であるが、東北側（＝東照宮側）は「地山の上に石
垣を築き其の裏側に盛り土をして地盤を造り」(注⑦)、これにより東照宮表神
域（輪蔵より仁王門迄）でかなり広い平坦な空間が確保され、反対側の
上新道南東側には若干の盛り土を伴う低い石垣が構築され、結果的に道
路両側に高さの異なる石垣があり低地部に道路が位置する切り通し構造
となる（写９）。東照宮表神域の上新道に隣接した境内部分には、寛永
大造替で「御馬屋・御水屋・御輪蔵」（「造営帳」）が建立され、元和３
年に御本社東南の地に創建された本地堂が大造替の寛永13年（1636）
には境内最西部に当たる現在地に境内最大の建物として移転した。上新
道東北側の石垣は石垣と石垣上の籬子塀により東照宮境内の御神域を極
めて堅固に囲繞し、加えて盛り土により確保された東照宮境内の平坦な
地盤の維持の為にも、通りを挟んだ南西側の小型の石による低い野面石
垣とは対照的に、比較的大きな石（50〜100センチ）を用いて高く（３
〜４メートル）頑丈にしかも入念に加工し構築されている。上新道両側
に構築された石垣の、守護すべき区域の重要性の度合いの差による対照
的状況・落差には驚くばかりである。

　現東北側石垣も細部を観ると、場所毎に石垣表面の加工状態・石の大
きさ・石の積み方等微妙に異なる。大きくは表門廻石垣の角（＝上新道
入口）から本地堂南面角下迄の部分と、其処から二荒山神社入口迄の部
分とに二分できる。先ず後者の部分は小型の石による低い野面乱層積み
の石垣で（写10の中央より左側）、これは上新道南西側石垣全体とほ
ぼ同じ形態である（写11）。前者の部分は形態等から細分でき、「上々
こたたき　御　石垣すり合」に当たる表門廻の角の大型の石による算木
積み石垣の部分（写12）。その延長で下部にやや大型の石の切石乱層
積みの石垣があり、その上に整然と積まれた切石整層積み石垣があり、
結果的に東北側石垣中で一際高い石垣となっている部分（写13）。や
や進んで「御石垣　半すり合　野面」に当たるやや大型の石による表面
が粗い加工の野面整層積み石垣の部分（写14）。更に埋御門(うづみごもん)（石垣を

中断する形で作られたこの門の役割は「御塀垣ノ下ヨリ通用口新宮馬場ノ方ニアリ」（「日光山志　巻之五」）の左右の大型の石による切石整層積み石垣の部分となる（写15）。東北側石垣の本地堂南角下付近は、石垣に近接してその上側に東照宮境内最大規模の構造物の本地堂が、大造替時に御本社東南の地より移転・建立されたこともあり、堂の地盤を形成し堂を支える石垣と道路石垣自体とが接近し、第2図の如く複雑な石垣配置となる。この本地堂南角直下の部分では一際大型の石（縦横約1メートル）による野面整層積み石垣が構築され、それを挟んで左右はやや小型の石で野面整層積み石垣となり（写16）、結果的に石垣の一部を補強する形になっており、大造替時に構築した東照宮側石垣の後年の修築と考えられる。

　江戸期を通じて日光山は地震・台風・大雪等の自然災害を幾度となく受けているが、特に地震は石垣に大きなダメージを与える。山内は地形的に全体が傾斜地にあり石垣の多用は必然であり、地盤の安定化には相応の時間が必要である。しかし、大造替では僅か1年半と言う短期間に盛り土・切り土による地形改変を伴う高い石垣構築がなされた関係上、特に地震での脆弱性はやむを得ないものがあろう。例えば大造替半世紀後の天和3年（1683）5月の日光山大地震は「御宮御堂石垣石矢来等崩損ス　御宮仁王門左右ノ大石垣モ此時崩ル公儀御殿本坊惣石垣　其外山中坊舎石垣崩ル」の如く山内の石積みに甚大な被害をもたらした。この時の石垣崩壊では上新道石垣も例外でなく、具体的にはその修復は「元禄二年（1689）十月より翌年三月にかけて、本地堂南下石垣の取除きと石垣積みが行われ」た。先の本地堂南角下石垣の部分にみられるその左右石垣とは異なる大型の石による石垣構築も、本地堂石垣修築と一体的に為されたと考えられよう（第2図参照）。

　やや大型の石を用いて堂々と且つ重厚な姿の上新道東照宮側石垣とは対照的に、南西側石垣は小型の石を用いた低い野面整層積み石垣（3段の石積みで高さ約1.5メートル前後）であり、石垣中に（写17）に見る如く杉の巨木や切り株跡を数株確認出来る。特に写真の切り株は根元の直径が2メートルを超える樹齢数百年と見られる巨木で、しかも根の朽ち方から伐採後かなりの年月が経過していると推察され、更に石垣が杉

を避けて直線的に構築されている事から、この杉は寛永大造替による南西側石垣の構築以前の古いものであると容易に推測できる。加えて明治末から大正期と推察される上新道の写真（写18）に見る如く、南西側石垣上或いはそれに並び隣接して数百年を経たと思われる杉の巨木が林立する。前号（第1節第4図）で確認した如く上新道に相当する地域には道路と思われる空間が赤色の線で描かれ、しかもその部分には表参道等を描いた部分に見える石垣と推測した薄白色に着色された部分もない事から、人造替時に杉の巨木を石垣中に残しながら石垣の構築が為されたとも考えられよう。つまり上新道における石垣の構築時期は、東北側及び南西側ともに地山に盛り土し道路部分が低くなる構造である故、大造替で東照宮の位置する東北側石垣のみを整備することは景観的・構造的に極めて不自然な状態となることから、大造替時に道路両側石垣を一体的に構築したと考えられよう。

　ところで、東照宮境内及び表参道や上新道での石垣構築の単価に関し、下記の通り「造営帳」より何点か例示する（下線は石の大きさ、加工度合い、積み方を示す）。

　1)「上々こだたきニシテ　大石垣 すり合」

　　　⇒「壱坪ニ付　金弐拾両ツ」

　　（場所⇒御御本社廻　御陽明門　御仁王門廻　御本地堂廻　御倉）

　2)「上々こだたきニシテ　御石垣 すり合」

　　　⇒「壱坪ニ付　金拾六両壱分銀八匁参分ツ」

　　（場所⇒御馬場通ノ内　御仮殿ノ両ワキむかいの分等）

　3)「御石垣　半すり合　野面ノ分共ニ」

　　　⇒「但ならしニシテ　壱坪ニ付四両参分銀四匁五分弐厘宛」

　　（場所⇒御奥院ノ分ト　御祭祀ノ御馬場通など）

　4)「野面石垣」⇒「壱坪ニ付　四両弐分銀壱匁弐分参厘宛」

　　（場所⇒御仁王門前　御仮殿ト新宮馬場　御殿東南ノ水道ノ所等）

　上記 1) と 2) は石の加工と積み方が「上々こだたき、すり合」と同じでも（表面を細かく綺麗に仕上げ隙間無く積み上げた）、積む石の大きさにより「壱坪ニ付　金弐拾両ツ」と「壱坪ニ付　金拾六両壱分銀八匁参分ツ」と価格に約2割以上の差が生じる。また、3) と 4) では加工程

第2図 「下野日光山東照宮総絵図」(部分)

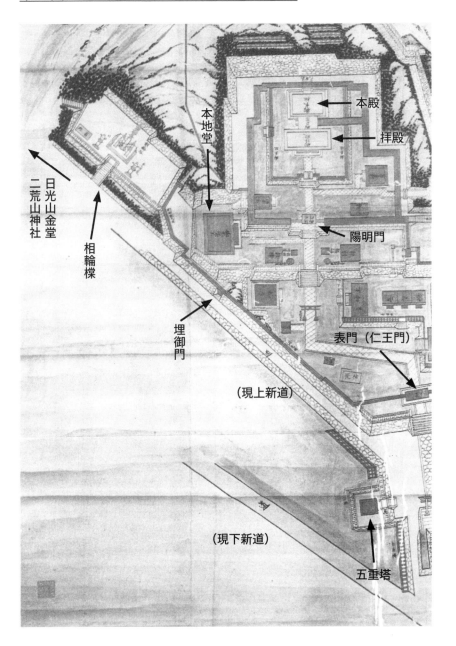

本殿

拝殿

本地堂

陽明門

日光山金堂
二荒山神社

相輪橖

埋御門

表門（仁王門）

（現上新道）

（現下新道）

五重塔

度が「半すり合　野面ノ分」と「野面」と若干の差があっても、石の大きさと積み方がほぼ同じであるなら、単価的には「壱坪ニ付　四両参分銀四匁五分弐厘宛」と「壱坪ニ付　四両弐分銀壱匁弐分参厘」とほぼ同一となる。ところが、加工の程度が例えば 1)・2) の「上々こだたき」か 4) の「野面」かで、壱坪あたり単価は「金拾六両壱分銀八匁参分」と「四両弐分銀壱匁弐分参厘」と約四倍程度の開きがある。と言うことは、石垣構築においては、積む石の加工程度及びそれと密接不可分の関係の積み方が第一義的に極めて重要であり、次に利用する石の大きさも大切な要素となろう。

　ところで、石垣はその構築場所により構築単価に差があるのであろうか。大まかに言えば、1)「上々こだたきニシテ　大石垣 すり合」や 2)「上々こだたきニシテ 御石垣 すり合」の石垣が構築されたのは東照宮神域を隔遮する石垣、神域内部の石垣、御仮殿神域を隔遮する石垣など。3)・4) の石垣が構築された区域は上記以外の地域の石垣と、加工及び積み方に大きな差があるようである。この事を如実に示すのが上新道両側の石垣で、前述の如く東照宮神域を隔遮する東北側石垣と、その反対側の南西側石垣との差は驚くほど歴然たるものがある。と言うことは次の如くも言えよう。つまり石垣は重要な区域・建造物を守ろうとする明確な意図を持って構築されるのであるから、それは結果的に石垣を見れば構築者の意図を諮る事が出来るのである。山内主要道に展開する石垣を見れば、構築者（＝幕府）の考える山内地域における最重要地域とそれ以外の地域との差は一目瞭然であり、上新道両側の石垣の差に見る如く、落差の大きさには驚嘆するばかりである。

（ハ）　水道（みずみち）

　水道構築に関しては＜第２表＞の如く、現表参道・上新道ともに各１箇所の記述がある。東照宮境内で必要とする祭祀用・防火用等の水は、滝尾神社と阿弥陀ヶ峰（あみだがみね）（「日光山志」、「堂社建立記」）との間の天狗沢の流れを白糸の滝下流の筋違橋（すじかいばし）付近で引水し、滝尾神社参道沿いに南流さ
（注⑬-1）
せ、境内の御供所・水盤舎（通称御手水屋・御水屋）等の用水に利用した後境内の外に出、上新道・千人枡形横等を経て表参道を流下する。

境内から出た水は謂わば"役割を終えた水"であり、その水道は最早排水路として認識されたようで、「造営帳」では"水ばき水道"（水掃き？、水吐き、水排き？）^(注③-2)となる。この水道が"新町中通"（「造営帳」）^(注④-1)の中央部を流れ、その末端は光樹院（江戸期も現在と同じ中山通りの西端に位置）の横で"中山谷"（「日光山志」）に落ち、南流して下河原で大谷川に合流する。^(注④-2)水道は長さ「弐百拾間半」「幅三尺深サ三尺五寸」の「ワリ石水道」、つまり形不揃いの石を深さ・幅同程度に敷き詰めて構築された。この水道を流れる水は"水ばき"とは言え、東照宮境内の"御水屋・御供所"で用いただけの全くの清流である。江戸期鉢石宿往還中央部を流れ「埋桶」構造で平時は蓋のない開放型であるが、時に「蓋板」が被せられた水道と異なり、現表参道の水道は常時蓋のない開放状態であったようである。^(注⑤-1)

　一方、現上新道の水道に関しては「造営帳」に下記の如くある。

「　　　　　　　　　　　　　幅一尺八寸

水道　弐百七拾八間者　　　深サ弐尺　　　　　　但し壱間ニ付

　　　　　但しふた共ニ　　　金壱両壱分銀八匁五分弐リンツ

　　　是ハ　御祭祀ノ御馬場通　　長坂ノ分共ニ

　　　　　　　　　　此金　　参百八拾四両弐分銀五分六厘也」

　記述は「御祭祀ノ御馬場通」（＝現上新道）の分と「長坂」の分とを合わせたもので、残念ながら各々の構築区間や金額は不明である。これら２カ所の水道は大通りのそれと異なり、"蓋付き"の謂わば「埋桶」構造であったのが注目されるが、残念ながら水道の全ての部分に"蓋"が付けられていたのか或いは一部なのか確認出来ない。現在、上新道東照宮側石垣の３カ所には石垣を刳り貫いて石造排水口が設けられ、境内からの水は東照宮側石垣の下部に設けられた蓋の無い浅い水道を通り、五重塔横より大通りの水道に導かれる^(注⑤-2)（写19）。現在現上新道水道を流れる水の大部分は２カ所で石造蓋板の付いた水道で現上新道を横切り現下新道北側の水道に導かれ、結果的に現上新道石垣下の水道は水の少ない状態となる。しかしながら寛永大造替時に現下新道は存在せず、ましてや現上新道は道路両側に盛り土して石垣を構築した構造であるからして、道路を横切り石垣を潜り道路外に水を抜く事は構造上やや無理があり、現上

新道を横切り現下新道に至る水道の構築は近代以降の事かと推測される。^(注05-3)

　なお、「造営帳」の「長坂ノ分」の水道であるが、これが現在の社寺共同事務所横から"長坂滝"迄のふたの無い水道ではないかとも推察出来るが確定し得ない。長坂の他の部分の水道に関しては明らかに近代以降に大きな道路改造がなされており当時の状況を確認出来ない。

　ところで、水道の構築経費は「新町中通」で「但壱間ニ付　金壱両銀拾匁壱分五リンツ」の合計「此金　弐百四拾参両参分銀八匁五分五厘也」、「御祭祀ノ御馬場通」で「但壱間ニ付　金壱両壱分銀八匁五分弐リン」の合計「此金　参百八拾四両弐分銀五分六厘也」であった。大きさの異なる水道の構築が単価的にはほぼ同額であるが、これは深さ・幅共に前者が後者の約 1.7 倍であったが、後者が蓋付き（全てか部分か不明であるが）構造であったが故にその単価が嵩んだ為とも考えられる。なお、これら水道の構築費用は、道路敷石や石垣の坪当たり単価（例えば「野面石垣」でさえ「壱坪ニ付　四両弐分銀壱匁弐分」）と比較するとかなり低額であった。それには石垣表面の大きさと共にかなり奥行きのある厚い石を積み上げる石垣と異なり、水道に利用する石は"ワリ石"であった為かとも考えられる。^(注06-1)

　なお、現表参道と現上新道の水道に用いられた石の種類に関する記載は、他の多くの石に関する記載同様残念ながら見出せない。^(注06-2)が、多くの石垣や今日の表参道両側の水道に使用されている石や大造替時に創建の建築物の礎石等の石と同様、女峰山中腹から切り出された安山岩であると推察される（前掲注③参照）。

（二）　道路の修復関係

　寛永大造替の様な大工事の遂行には資材運搬路の確保が重要であるのは勿論であるが、工事により傷んだ道路の工事後の修復・整備もまた大切である。更に大造替では莫大な量の木材と共に重量物である大小様々の"石"を大量に使用したし、前項でも触れたが、使用する石・材木等建築資材の一時滞留・加工場所等の役割（例えば山内では享保以降の「御殿跡地」の利用等が典型例となる）を担うのも、傾斜地で狭隘な山内にあっては特に道路の大切な機能の一つであった。そこで注目されるのが

（第2表）（ホ）の「御石引跡ノ道作敷石」の記述である。重量物である石の運搬には修羅、丸太、厚板等の道具や滑車等の設備を必要としたが、これらの利用により痛んだ道路の補修が為されたのが「御橋之前　御殿ノ前　御仮殿前　三カ所」である。工事場所3カ所のより具体的な位置や敷石の形状・大きさ等詳細は不明であるが、その総経費は「此金　弐百壱両弐分也」であった。この金額は山内の大通りである「新町中通」の「ワリ石水道弐百拾間半」の経費「此金　弐百四拾参両参分銀八匁五分五厘也」とほぼ同額であり、かなりの規模での補修がなされたと考えられる。

（ホ）現表参道・上新道の名称

　"大通り"（現表参道）の名称に関して確認出来る古い史料が、日光修験の入峰関係文書のうち夏峰の記録である「補陀洛峯順入峯次第　私記^(注17)」である。史料は大永7年（1527）の入峰を享禄4年（1531）に記録し、それを仏岩の浄久房雄栄伝来の秘本としていたものを、日光山の古記録類編纂に努めた教城院大僧正天祐の命により元禄5年（1692）円音坊宥景が書写したものである。夏峰の路程を記した一文の末尾部分に

「四本竜寺之下ニテ立螺也　柴火ノ儀式同前　夫ヨリ楼門ヲトフリ塔ノ
　前ニ出テ遊城房之前ヲトフリ光明院ノ内ニ出テ町面ヲ駈鳥居ノ中程
　ニテ立螺也　於新宮先神前ニ蹲踞シテ錫杖アリ」

とある。この路程は四本竜寺から楼門を通り、（東山谷の）遊城房の前から（位置的に隣接する中山地域の）光明院（応永27年〈1420〉日光山第37世慈玄が座主職を退いてから廃跡となり、同地に元和7年〈1621〉本坊創建）へ至り、町面を駈、山内地域中央の"大通り"に立つ鳥居（東照宮石鳥居建立以前の両部鳥居と考えられる。第1節の第1図「日光山古図」参照）で立螺し、（現上新道を通り）新宮に至る。記録成立の大永・享禄時期の山内は、秀吉による日光山領没収以前の聖俗混在の繁栄する集落を形成していたと考えられ、山内中山地域の集落（＝町）中央の"大通り"（規模は不明であるが）は町面（マチオモテ）と称されていたと推察される。

　時期はやや下り元和創建〜寛永大造替以前の時期における大通りの名

称として、第1節でも触れたが、「造営帳」に工事カ所名として記載された「新町中通」の名称がある。大造替は寛永11年（1634）に着工し同13年完成、一方寛永17年には寛永の町割により山内の俗家等は山外に移転し、同18年に幕府よりその移転費用として7,370両が支給された。「造営帳」は寛永大造替の詳細な決算簿で、総奉行秋元但馬守ら3名連署で幕府御金奉行山田市兵衛・石川与治右衛門宛てに、大造替終了6年後の同19年9月に精算し提出された。^(前項注①)とすると、「造営帳」の提出前に既に町割は終了し、山内中央部に展開した「新町」或いは「日光新町」^(注⑱)は「町」そのものが消滅していたのであるが、町中央を貫く大通りの名称として町家の移転前に通用していた名称の「新町中通」が、町家の移転完了後も依然として使用されていたと考えられよう。

　二つの史料に見られる「町面」と「新町中通」では、町と新町、面と中通と表記において若干の違いがある。しかし自明の如く、町面は町（市街地）中央の主要な通りを表記したものであり、新町中通りも新町と称する町（市街地）の中央の通りの表記であり、その意味するところは同じである。元和・寛永期頃の山内中央部の中山には、町（市街地）と称され考えられる様な規模の集落が形成され（図としては第1節の第4図に明白）、その中央の通りはかなりの規模であることを窺わせる名称が付されたと考えられよう。

　では、大通りの名称としての「町面」や「新町中通」は、大造替期以降の絵図等では如何に表記されているであろうか。拙論で用いてきた絵図類等を観ると、何れの図においても図中央に一際大きな通りが描かれ、その大通りに面する本坊・（将軍）御殿・僧坊等が、図表現には精緻さに差があるが明確に確認出来る。しかし残念ながら何れの図からも大通りの名称に関する表記を確認出来ない。^(注⑲)例えば繪図類の中でも極めて詳細・精緻に描かれた「日光山大絵図」においても、「新宮馬場」・「新道」（これら現上新道・下新道の名称に関しては後述）の表記は確認出来るが、残念ながら大通りのそれは確認できない。通りそのものは大きく明確に描かれるが、そこには表記が付されないことを如何に考えるか。今その結論は出し得ないが、表記を付すことを必要としないほど自明の存在であった故であるとも考えられなくはないようである。

初版が享保13年（1728）（以後、明和元年〈1764〉・文政5年〈1822〉・天保11年〈1840〉に改版）の「日光山名跡誌」では、山内を描いた絵図に添えた説明文中に「町表通り左の方御囲ハ御殿地なり　右の方ハ御本坊輪王寺の宮」とある。また、この書の最終改版とほぼ同時期の天保8年（1837）に成った「日光山志　巻之一」中の「御殿跡地（ごてんあとのち）」の説明文中には、「表御門跡　通用御門跡　埋御門跡等　大路の通にあり」とあり、同書「巻之五」中の「石御鳥居（いしのおんとりい）」についての説明文には、「御鳥居ハ南向　茲よ里中山通（なかやまどおり）までハ　少しく漸下せし大路（おおじ）にて長さ二町許　大路乃東側ハ御本坊表御門通り西の方ハ　御殿跡地乃御構なり　里俗等此辺を称して御見透（おみとお）しと唱ふ」とある。「日光山名跡誌」は社寺参拝者・旅行者向けに版を重ねて1世紀近く世に出ている日光案内書で、日光に関する定説的事項を一般向けに平易・簡潔に纏めた物であり、「日光山志」は周知の如く幕府の許可を得て出版された日光に関する一級の史料として評価の高いものである。これらのうち特に前者の「町表通り」の用い方は、寛永町割により山外に移転した「新町」地域を、俗家等の消滅後も曾て存在した「町」としての残像を内包しながら、具体的町名としての「新町」を消して「町表通り」の名称が使用されたと考えられる。つまり、寛永大造替前後に用いられた「新町中通」の名称を使用し続ける事は、「新町」と言う現実に存在しない町の名を用いることになり、その名称と現実との齟齬が極めて大きくなり不適切となる。名称としての「町表通り」は、「新町」と言う具体的地名を消す事により現実を踏まえ、単に「町」と言う普通名詞を用いることにより具体性を軽くすると共に、名称と現実の齟齬を小さくした形で曾て山内に広く展開した聖俗混住の集落である「新町」の事実をも示すことが出来る。しかも東照宮鎮座により多くの参拝客等で賑わい、街の通りを彷彿とさせる大通りを表現する名称として「町表通り」は巧みな表現であったと言えよう。

　一方「日光山志」は、大通りの山内地域における道路としての重要性及びその物理的大きさを強調表現した形の「大路の通（おおじ）」「大路」と記す。寛永大造替により通りの中央に水道を備え幕府の威信を表現した感のある整備された参道は、当に当時にあっては殆ど他に類例を見ない様な道幅広く直線で人を圧する大路・大道であったであろう。大通りは山内地

域を代表する文字通り「大きな路・道」であり、他の道と区別する具体的名称を必要としない明々白々の存在であった。普通名詞である「大路」で混乱無く山内の大通りを表現出来ると一般には認識され且つ著者植田孟縉自身もその様に認識していたが故に、「大路の通」「大路」と記したと考えられる。これは東照社鎮座期前後に使用されていた「町面」の名称と同様の意味内容である。不思議なことに日光地域の地誌的・歴史的事項を細大漏らさず網羅し説明した「日光山志」において、大通りに関する説明記述はないのである。著者植田が先の「石鳥居」の説明文に続けて、「此辺」（＝石鳥居付近、大通り北部辺り）より望めば当に遮るものなく遠く迄見通せる故、人々が「御見透し」と呼んでいるとの記述も、道路として「大路」の山内地域における比類無き存在故にこの様に表現されたと容易に首肯されよう（なお後で触れるが、明治期においても「町表」の名称が使用され続けるが、地名の持つ歴史性・連続性・重さを改めて再認識させられる）。

　故に、中世末期から江戸時代における山内大通り（現表参道）の名称として、「町面」「新町中通」「町表通り」「大路の通」「大路」等の名称が使用されていたと考えられ、これら名称の使用時期に関して概略次の様に整理出来よう。「町面」・「新町中通」の名称は、集落として充実してくる中世末期〜寛永大造替期に使用された。しかし、寛永町割に伴う俗家の移転による町の消滅とともに「新町中通」の名称も使用されなくなり、替わって江戸時代を通して曾ての町の存在の名残を名称に留める「町表通り」や、当に道路の形状を現しその圧倒的存在を示す「大路」等の名称が使用された。

　次に現上新道の名称について検討する。

　この道路に関し寛永大造替よりやや下った承応２年（1653）〜天和３年（1683）の間に作成と推測される「日光山大絵図」^{（第2節注③）}では、東照宮表神域西側石垣と平行し新宮に至る直線の道が描かれ、「新宮馬場」の表記がある。図は寛文３年（1663）の将軍家綱社参時に、警備等の必要で作成されたと考えられる極めて公的性格が強く且つ正確を期すことが至上命題の図であり、そこで使用された「新宮馬場」の名称は広く定着していた名称と言えよう。そして次に注③図と同時期の史料でこの表

記と似たものに次がある。老中4名連署による日光火之番の見廻りに関して指示した「日光山における見廻下知状」（承応元年〈1652〉）に、[注㉑]見廻り箇所とその順序として、

「一　稲荷川之番衆者（中略）御厩脇之番所改之　御宮江参番之面々
　　江相届　新宮之馬場を通り　三仏堂之前番所改之　滝尾木戸之番所
　　改之（以下略）」とある。

　見廻り箇所の順序は「御厩脇之番所→御宮（東照宮）→新宮之馬場→三仏堂之前番所→滝尾木戸之番所」となる。現在と異なりこの時期新宮と三仏堂（日光山金堂）は現在の二荒山神社新宮境内に隣接してあり、その位置関係は新宮拝殿等が境内西側に、そして三仏堂がその東側に位置していたから、史料の「新宮之馬場」は位置関係上御宮（東照宮）と三仏堂との間の空間と理解される。とすると、「新宮之馬場」は、文中その前後にある「御厩脇之番所改之」や「三仏堂之前番所改之」の表現、つまり場所を狭く特定する「御厩の脇にある番所」や「三仏堂の前にある番所」のような表現、この場合は「新宮の」或いは「新宮にある馬場」でなく、御宮と三仏堂との間の空間つまり「（東照宮仁王門から）新宮に至る馬場」「新宮との間にある馬場」と解釈できる。

　上記史料とほぼ同時期の「日光山下知条々」（明暦元年九月、前項③）に、[注㉒]

「一　御宮御掃除之事（中略）
　　　附楼門之外　石鳥居馬場通ハ　従鉢石
　　　町・新町・石屋町・松原町・河原町一箇月
　　　充替替可勤之事」とある。

　文書は日光山における厳守すべき諸々の事項を記したもので、引用した東照宮の清掃に関して場所毎にその担当町を決め、その分担場所として「石鳥居馬場通」とある。つまり各町に割り当てられた清掃場所は「（東照宮）石鳥居（から新宮に至る、の間の）馬場通」となり、東照宮と三仏堂・新宮間を結ぶ道路は「石鳥居馬場通」とも表記されたと考えられる。

　以上のように、現上新道の名称に関し類似した表現の「新宮馬場」「新宮之馬場」「石鳥居馬場通」が確認されるが、江戸初期に用いられた前者二例の名称が幕末においても使用されていた事は、次の「日光山志巻之一」より明らかである。書は現上新道の名称として「新宮馬場」を

項立てし、「御宮二王御門下より　新宮権現鳥居迄の道をいふ長さ二町許　此道北の方に相輪榸あり」^(注23)と説明する。これらより「新宮馬場」の名称は、江戸期を通じて一貫して用いられていた事が明らかである。

　ところで、「造営帳」^(前掲注①)において、現上新道に該当すると考えられる工事場所名として、「御祭祀ノ御馬場場通」「御祭祀御馬場通」「御馬場通」「新宮馬場」が確認される。表記に若干の差があり、前三者は「御馬場通」を共通とし、特に前二者がそれら共通部分の前に「御祭祀ノ」「御祭祀」を記し、「御馬場通」の利用方法（＝役割）を示している。そしてこれら四例の表現に共通して「馬場」とあり、通りが馬場としての役割を寛永大造替時も或いは曾て担っていたと言うことであろう。では第1にこの「御祭祀」とは具体的に何処の神社の何の祭祀（祭典）なのか、第2に「馬場」とは一体どの様なことなのか次の課題となる。

　第1の「御祭祀」に関してであるが、引用の「造営帳」には通りに面する神社名は記されていないが、この道の両端にある東照宮と二荒山神社が関係すると考えられよう。が、東照宮は「造営帳」が成る時期の若干前に創建された新しい神社である故、第一義的には二荒山神社の「御祭祀」を考えなければならない。「御祭祀ノ御馬場通」「御祭祀御馬場通」が示すように、この祭祀は神社境内の外にあり東照宮との間に位置する「御馬場通」を利用して行われるものでなければならない。とすると、これらに該当する二荒山神社の重要祭祀にしてその起源を神護景雲元年と伝える四月例大祭（陰暦3月に実施され弥生祭と称した。太陽暦となり4月に実施。三月會・神宮會とも）が考えられよう。この祭典で現上新道を利用するのは概略次の場合である。（但し、下記の月日は現在のもの）。

　4月13日　二荒山神社神輿舎より本社・滝尾・本宮の三社神輿を拝
　　　　　　殿に移動。装飾。
　4月14日　滝尾神社神輿本社（新宮）より現上新道を通り滝尾神社
　　　　　　へ渡御。
　4月16日　滝尾神社神輿本社へ還御（行者堂前を通り「滝尾下向道」
　　　　　　を下り本社へ）
　4月17日　本社・滝尾・本宮の三社神輿が現上新道を通り本宮へ渡御。

本宮神社にて祭典執行。三社神輿が現下新道を通り本社
　　　に還御。祭典終了。

　上記のように二荒山神社最大とも言える祭典である弥生祭において
は、神輿渡御で現上新道を利用する。二荒山神社新宮が恒例山南麓の地
より現在地に移動したのが建保３年（1215）とされるから（「二荒山神社」
「日光市史　上巻」）、弥生祭での神輿渡御（近代以前は還御も考えるが）
に際しての現上新道の利用は中世初期以降とも考えられる古いものであ
る。現上新道は二荒山神社にとって、それは当然ながら日光山全体にとっ
てもであるが、極めて重要な「御祭祀」での神輿（＝神）の通る神聖な
路であった。

　次に俎上に乗せねばならないのが「石鳥居馬場通」「御馬場通」「新宮
馬場」等と表記される「馬場」である。馬場とは自明の如く「馬術の調
習や競技をする所」（「国史大辞典」）である。山内地域全体は地形的に
は殆どが恒例山南麓の緩傾斜地形であるが、その中で当時としては唯一
上新道は長く直線で且つ水平に近い状態をしており、第１節の第１図で
も描かれていた様にこの近世以前より確認出来る"道的な長い空間"は、
馬場として利用するのに十分な条件（長さ・直線・水平等）を有している。
が、管見にして現上新道の文字通り馬術の調習や競技等に利用する「馬
場」としての利用に関する近世以前の記述を残念ながら確認出来ない。

　そこで大いに参考になると思われるのが、曾て日光山では山王七社を
奉祀していた事もあり、日光山と深い関係を有した日吉神社とその門前
町坂本に展開する参道である「日吉馬場」の名称と役割である（写真２・
３）。「日吉馬場」の通りは日吉神社の中心的参道であると共に、神社最

（写真２）日吉馬場（坂本市街地を望む）

（写真３）日吉馬場（日吉神社を望む）

大の祭典である日吉山王祭において「大榊還御」や（山王七社の）神輿神幸及び還御に利用される神輿（＝神）の通る神聖な路である。ではこの通り（参道）が「日吉馬場」と称されるのは何故であろうか。それは第1に、この通りが文字通り馬場として利用されたからであると考えられる。例えば鎌倉時代に山王神道に関して記した「耀天記」中の「社頭正月行事次第」に次の記述がある。

　「十七日　大結鎮　皆参　馬場假屋ニテ　馬衆アヲヲズリ着テ　左右假屋ニ着テ　馬場ヘ下立テ武弓ヲ射也　昔ハ社司射之　近来ハ不彌也　只皆参許也　弓會後ニ　弓ノハズニトミカツラヲ付テ　社家進之」。

　正月行事最終日の17日に関する文である。文中「馬場」とは「日吉馬場」（の通り）を指し、通り両側の「假屋」（假屋とは中世まで五月五日の小五月会で神輿が渡御する建物。現在は通り脇に跡地のみ存在）において馬衆が青摺の衣を着装し、通りに下り弓を射たとある。

　更に、この「日吉馬場」の通りで実施された「競馬」を記したものに、「日吉山王権現小五月会之次第」中の下記の一文がある。

　「一　同五日　中の鳥井より諸役人　常の際禮ことく大宮の神前へ伺候申事　一番に　競馬二十一騎　但所司の太夫　左右の大夫　赤装束　黒装束ニ而一騎　宛これをかけさす」

　小五月会とは5月3〜5日にかけて行われる日吉大社の参道（「日吉馬場」）で行われる馬かけ行事等の神事である。当日は山王七社の神輿を参道（の假屋に）に並べその前で馬かけ（「馬駆け」＝競馬）をおこなったのである。直線で道幅広くしかも比較的傾斜のない平坦な「日吉馬場」の大きな通りは、日吉神社参拝者の利用する参道としての役割と共に、「競馬」や弓を射る（武射）等の神事催行の空間としての役割をも担った。つまり「馬場」とは、神社の参道としての役割と、「馬術の調習や競技をする所」（「国史大辞典」）の役割（機能）をも担う、中世の時代にあっては貴重な空間であったと考えられよう。

　前述の如く各種史料で上新道の名称として「御祭祀ノ御馬場通」「御祭祀御馬場通」「御馬場通」「新宮馬場」「新宮之馬場」「石鳥居馬場通」が確認されたが、これら多様な名称が用いられた背景には、この道路が担った多様な役割があったと考える。つまり、「日吉馬場」が担った役

割の如く、

　一つには、二荒山神社新宮及び日光山金堂の参道としての役割

　二つには、二荒山神社祭祀（弥生祭での神輿渡御・還御）に利用される
　役割

　三つには、山内唯一の貴重な水平空間を利用しての馬術関係としての
　役割

を担ったのである。

　使用される名称表現は微妙に異なるが、それはこの道路の果たす役割
の多様性故に生じたものであり、何れの名称もこの道路の果たした重要
な役割を端的に表現しているのである。しかしながら、江戸時代に於い
てはこの道路での競馬（馬術競技や練習）は確認し得ず、「馬場」の表
現も江戸時代には「参道」としての意味合いが濃かったと言える。しか
しそうであっても現上新道の名称として史料で確認される何れにも「馬
場」が含まれ、それは長い間使用され続けてきた「馬場」という名称の
有する歴史的重みと言るであろう。

　最後に、これら名称の各々が使用されるのは江戸時代の何時なのかと
言った時期的問題が残る。ただ「新宮馬場」の名称は、それは「競馬」
の行われなくなった江戸時代においては「新宮への参道」といった意味
合いが強いが、江戸初期の「造営帳」や末期の「日光山志」でも確認さ
れる故、江戸時代を通じて使用されたと考えられる（史料で確認し得な
いが、「新宮之馬場」「御馬場通」も同様であろう）。逆に、「御祭祀ノ御
馬場通」「御祭祀御馬場通」や「石鳥居馬場通」の名称は、一般で使用
するには表現が余りに長く、その使用は文書等に限定されたとも考えら
れよう。

　なお、東照宮鎮座以降の現上新道は、従前からの役割に加え東照宮（地
域）と新宮（地域）とを結ぶ役割も加わり、道路としての重要性は飛躍
的に増大した。しかしながら、理由は不明であるがこの道の有す歴史の
重みであろうか、慶安２年（1649）に文字通り新しく「新道」が成立
した後も新たな名称は付加されなかった（近代以降、現在使用している
「上新道」の名称が加わるが、この名称の登場と諸問題に関しては後述
する）。

【要　約】

1　寛永大造替により東照宮境内の堂舎配置は概ね基本的に確定した。その後山内西部地域において、二荒山神社新宮大修営（正保2年〈1645〉）や日光山金堂大造営（正保4年）、常行堂・法華堂（二ッ堂　慶安2年〈1649〉）や相輪橖（慶安3年）移転、慈眼堂（正保2年）や大猷院（承応2年〈1653〉）創建等が続き、承応期（1652-55）には山内地域の堂舎配置はほぼ確定し現在の姿となる。

2　東照宮石鳥居東〜南地域には、本坊（元和7年〈1621〉）・将軍御殿（寛永4年〈1627〉）が創建され、その後の焼失・移転・再建等の移動の後、江戸期を通して御本坊が御殿を兼ね現表参道東側に位置し、多目的に利用された空間として御殿跡地が西側に位置し近代に至る。

3　東照社元和創建や寛永大造替等の諸堂舎創建・移転等に伴い、俗家等が次第に増加し「町」を形成するまでになり、山内地域における堂舎・俗家混在状態（聖俗混在）が急速に進展した。2度の大火（寛永3年〈1626〉、15年〈1638〉）等も一つの重要契機として「寛永町割」（〜寛永18年〈1641〉）が実施され、俗家は一掃され山内地域の聖地化が成る。

4　第1・2節において、現表参道及び上新道は道路としてかなり古く、特に現表参道両側のある程度の石垣構築の起源は元和創建以前と推定した。寛永大造替により現表参道・上新道の整備（敷石・石垣・水道・補修）が進み（但し具体的に道路の何処の部分か史料で直接確認出来ない）、両道はほぼ今日の姿となるが、両道は整備当初より極一部分や橋を除いて敷石の類いはなかった。

5　現表参道西側石垣は輪王寺本坊正門を境に、北側は大造替以前構築と考えられる野面乱層積み石垣、南側は野面整層積み石垣で好対照を見せている。一方、参道東側石垣は野面整層積み石垣で統一され、近代における修築を十分窺わせる。

　　寛永大造替により表参道中央には東照宮「御供水」の「水ばき水道」として、石造蓋板はなく常時開放の石造水路が構築された。江戸時代表参道中央に位置した水道は、明治30年代末に参道両側に移築され参道の様相は一変した。（次節で詳述）。

6　現上新道の空間は、中世以来の二荒山神社新宮や日光山金堂への参道としての役割、「馬術の調習や競技」をする「馬場」としての役割、日光修験や二荒山神社の重要な祭典である弥生祭での神輿渡御・還御としての役割を担った。寛永大造替による堅固な石垣により東照宮境内を完璧に隔遮すると共に、承応期にはほぼ完成する山内西部堂舎密集地域と表参道地域とを結ぶ連絡道路としての新たな役割、及び東照宮神輿渡御祭での諸役割が加わり、道路としての重要性が倍加した。

7　現上新道は寛永大造替により姿を一新し、東北側石垣は盛り土により東照宮表神域に広い水平地盤を造ると共に、全体的に大型石により重厚・堅固に構築され神域を完璧に隔遮し、更に石垣上部に籠子塀（ささらごべい）が載る。なお、本地堂南角直下石垣は本地堂基礎石垣を支える役割を担い、特に大型の石を用いて一際堅固に構築されている。それとは対照的に南西側石垣は小型石による低い野面整層積み石垣で、石垣中には杉の巨木や切り株跡等も確認され、上新道が元和創建以前の古い道路を踏襲した痕跡を残していると推察される。

8　現上新道は全体的に両側に石垣を構築した切り通し構造をなす。道路の東北側（東照宮側）石垣は、積み方より表門廻石垣の角から本地堂南角下石垣迄と、其処より二荒山神社入口石垣迄とに二分される。後者部分は小型石による低い野面乱層積み石垣、前者部分は多様で順に、表門廻角の大型石の算木積み石垣、切石整層積み石垣、野面整層積み石垣、埋御門左右の大型石の切石整層積み石垣、本地堂直下の一際大型石の野面整層積み石垣となる。

9　寛永大造替では表参道・中山通りを中心に、道路は資材の運搬・一時滞留・加工場所として重要な役割を担い、造替工事終了後は多大の経費を要して修復がなされた。また、全体に極めて狭い空間に堂舎の密集する山内地域において、その主要な道路は、道幅の広い現表参道においては特に、防火帯の役割をも担った。

10　現表参道の名称は、中世末期には「町面（まちおもて）」、元和～寛永期には「新町中通」と推察される。「寛永町割」により聖俗分離が徹底され「町」は消滅したが、「町表（まちおもて）」「町表通り」の名称がその後も長く用いられた。同時に「大路（おおじ）」「大路の通」も用いられた。なお、「町表」を一望でき

る石鳥居辺りは「御見透し」と呼ばれた。

11　現上新道の名称は、この道が歴史的に社寺参道、馬場、神社祭祀、と三つの役割を担った事と深く関係する「御祭祀ノ御馬場通」「御祭祀御馬場通」「御馬場通」「新宮馬場」「新宮之馬場」の名称が、江戸初期にも用いられた。しかし、前二者の使用が一般化したとは考え難く、「新宮馬場」の名称が江戸期を通して用いられたと考える。

【注　記】

①－1　前項②の注①
　　「日光山東照大権現様御宮造営御目録」では「日光山東照宮造営帳」が1～3分冊
①－2　「日光山東照宮造営帳　三」より
②－1　「造営帳」記載の山内主要道の「石」関係＜第2表＞
②－2　「日光市史」中巻　P393の、「第14表　寛永大造替主要費目別工事費」によれば、「万石」（全ての"石"関係）の総費用は約121,961両（細目　2590本、2746間、1030坪）で、大造替総経費の21.38％を占めた。
③　寛永大造替では"道"関係以外にも建物の土台、柵、燈籠、鳥居等に多量の石が使用されているが、石の切り出し地に関し下記参照。
　　「東照宮境内の石材は安山岩と花崗岩がその主なるものである。石鳥居・陽明門礎石・本殿亀腹等には花崗岩が使用され、後二者は旧今市市長畑産、石鳥居は筑紫国産。（中略）石垣・石柵・礎石・石階段などは東照宮北方の女峰山系より産する安山岩が使われた。」
　　　　　　　　　　　　「東照宮の石垣」（佐古秀雄　「大日光」第55号　昭和57年）
　　なお、特に上質の花崗岩で本殿亀腹石に用いられた石に関しては下記参照。また、石鳥居は筑前黒田藩産の花崗岩である。
　　「日光東照宮元禄の大修理と長畑産の亀腹石」（田邉博彬「大日光」第84号　平成26）
④　「日光山志」によれば、巨石の名を「阿房丸石」、それについて「（略）巨石の名を、諸国より詣ずる者ものへ宮めぐりを導く里俗等、其大なるを称して演説する処なり。其謂は定かならず」とある。
　　この巨石の表面積は約18.746㎡、体積28.49㎥、推定重量約71.2トン（安山岩の比重2.5g/㎤として）と推定される。巨石を多用した大阪城（構築には東照宮同様に藤堂高虎が関与）最大の巨石（通称蛸石、備前犬島産花崗岩）の130トンに比べるべくもないが、大阪城に用いられている巨石の中でも10指に入る程の大きさである。
⑤－1　大通り西側石垣の"古さ"を推測させるものに、例えば第1節の第1図（「日光山古図」）での四足門構えの大坊らしき家の存在が指摘できよう。
⑤－2　「東照宮の石垣」（佐古秀雄　「大日光」第55号　昭和57年）
　　武徳殿と輪王寺護摩堂との間の通りの武徳殿側石垣の中央部分から仏岩谷寄りの石垣は野面整層積みのかなり整った様相を示し、この通りの表参道寄りの部分とは様相をかなり異にする。なお、この道の表参道よりの石垣の古さの傍証となるのが第1節第4図

（「日光山古図　元和寛永写」）で石鳥居東方（図の右方）の本坊と推測した屋敷の南側に薄白色で着色された石垣と思われる道の存在である

⑥　「第20表　日光山修復手伝普請一覧」（「日光市史　中巻」昭和54年）

　　次の注⑪で記す如く、天和3年（1683）大地震は大変な被害をもたらしたが（理由は不明であるが）表参道石垣に関しての修復記述を見出せない。

　　なお、寛永大造替以後も日光は度々地震・大雨・大雪等の自然災害に見舞われたが、何度となく繰り返される修復普請の中に表参道の石垣関係普請工事を確認し得ない。これは表参道両側石垣の構築がかなりの程度大造替以前になされたが、その石垣は傾斜に従順な参道に沿っての構築であったが故に緩傾斜地形に直角に切り土或いは盛り土して構築された他の石垣と異なり、地震等に強く安定的に推移したかも知れないことを付記したい。

⑦　「東照宮の石垣」（佐古秀雄　「大日光」第55号　昭和57年）

⑧　表参道関係写真は写1〜8。

⑨　上新道関係写真は写9〜19及び写21（東照宮側石垣裏の栗石）

⑩　天和3年5月23日の大地震での山内地域の深刻な被害の一端は下記の通り。

　「同二十三日辰中刻大地震　御宮御堂石ノ御宝塔九輪同慈眼大師御宝塔ノ九輪同時ニユリヲトシ大ニ損ス　御宮御堂石垣石矢来等崩損ス　御宮仁王門左右ノ大石垣モ此時崩ル　公儀御殿本坊惣石垣　其外山中坊舎石垣崩ル」　　　　　　　　　　　　　　　（「旧記」）

⑪「東照宮の石垣」（佐古秀雄　「大日光」第55号　昭和57年）

⑫「郷愁の日光」（石井敏夫　随想舎　1995年）

⑬−1

　○筋違橋について、「日光山志　巻之二」より一部引用する。

　　　「コノ橋ハ御用水ニテ　茲ヨリ滝尾入口ユエ　大小便其余不浄ヲ禁ズ・・・」

　○白糸の滝下流における天狗沢の流れは時代により変化する。江戸期には流れの殆どが南流したと考えられ、確認し得た大正期史料では二説ある。現在は大部分東流し稲荷川に合流するが、一部は江戸期の水路により東照宮の御供水として利用。

　1　「日光山古図」（元和末〜寛永造替以前。東照宮蔵。第1節の第4図）では、

　　　＜天狗沢の流れは稲荷川に合流しないで全て南流し、山内東部の仏岩谷・東山谷を南流し、神橋横の並木寄進碑付近で大谷川に合流＞

　　　「元禄　日光御山絵図」（東照宮蔵）では、

　　　＜南流の流れを太く描き、開山堂付近より極端に細くなるが大谷川に合流＞

　2　「日光」（史蹟名勝天然記念物保存協会編　画報社　大正4年）の付図では、

　　　＜分流せず全て南流し、御供水として利用される＞

　　　「二荒山神社」（二荒山神社社務所　大正六年）の付図では、

　　　＜東流し稲荷川に合流する流れと、南流し御供水となる流れとに分流＞

　　　＜南流し東照宮に至る流れの名称を”御供水”とする記述あり＞

　3　なお、江戸期南流する御供水の名称に関しては次がある。

　　　「瀧尾通御供水道ハ高四尺通ニ石垣被仰付由　石屋久三郎受取」

　　　　　　　　　　　「日光叢書　第一巻　御番所日記　一」（昭和6年　東照宮刊掲載）

⑬－2　「ワリ石水道弐百拾間半ハ～是ハ　御供所ヨリノ水ばき水道」

　　　　　　　　　　　　「造営帳　三」（「日光市史　史料編　中巻」掲載　昭和61年）

⑭－1　「新町中通」（「造営帳　三」「日光市史　史料編　中巻」）

　　「新町中通」とは、文字通り　“新町”　の　“中央の通り”　の意である。本論では先述の通り便宜上　“表参道”　としてきた。新町は元和造営以来次第にその数を増加させてきた主として造営に関係した町人等を中心とする町家が集まって形成された新しい町で、既に元和期～寛永初期にはかなりの規模となっていたと考えられる。（参照　第1節第4図）。寛永町割で山外の鉢石町の下に移動。通りの名称に関しては後述。下記参照。

　　「其以前ハ（現在の）御幸町ヲバ新町ト称シテ御山内ノ中山ノ地ニ在リシトイヒ」

　　　　　　　　　　　　　　　　　　　　　（「日光山志　巻之一」植田孟縉著）

⑭－2　絵図の表現も一長一短で、この水道表現も図により大きな開きがある。

⑮－1　往還中央に鉢石宿で二尺四方、他町で三尺の「埋桶」構造の用水が流れ、「日光御社参御法会等之節ハ蓋板」をした。「新町中通」の水道の場合、当初より蓋無しの構造のようであるが、社参・東照宮神忌・大猷院回忌法要等の大きな行事の時如何にしたか現時点で確認出来ない。鉢石宿の用水路に関しては下記参照。

　　　　　　「近世交通史料集　第六巻　日光道中宿村大概帳」（吉川弘文館　昭52年）

⑮－2　大正期頃と推定される下記の（写18）から上新道の　“蓋なし”　水道の様子が判る。が、明らかに水道は写真の時点でも「造営帳」の記す「深サ弐尺、幅一尺八寸」はなく、構築後の改造等を含め課題となる。また、現在の水道は二重構造となり、下部には鉄管、上部は蓋無し水路となっており、写真と同じ状態とも考えられる。なお、鉄管施設の時期は近代の何時か現時点で不明。

　　　　　　　　　　　　「郷愁の日光」（石井敏夫　随想舎　1995年）

⑮－3　現上新道からの水は2カ所で下新道に流れ込むが、その出口は東照宮境内から上新道に出る際の様な堅固な石造でなく、塩ビ管である（施設時期不明）。

⑯－1　水道構築に比べ石垣構築は経費が嵩むが、これは用いる石の厚さが大いに関係している為と推測され、更に石垣背後に大量に敷かれた栗石に要した費用が加算される。なお、「造営帳」にはこの栗石の経費が記載されているが、具体的場所不明のため第2表　には含めず。

⑯－2　「造営帳」には石の種類に関しての記載は殆どないが、唯一「御水屋」の水道に関して下記の記載がある＜「造営帳　二」＞。

　　「大谷石ノといノ分　　　御入札定

　　　一参百弐拾参本ハ砦　　長六尺より七尺八尺まて　　　但ならし二〆壱本ニ付

　　　　　　　　　　　　　幅弐尺より弐尺八寸まて　　金壱両参分銀拾匁八分五厘宛

　　　　　　　　　　　　　中ノみぞ深サ壱尺

　　　　　　　　　　　　　同広サ七寸八寸まて　　」

　　　東照宮で使用されている石の種類に関しては先述（注③）参照。

⑰　「補陀洛峯順入峯次第　私記」

　（元禄五年八月一日　筆者　円音坊　宥景「日光市史　史料編　中巻」掲載　昭和61年）

⑱　「新町」に関して「日光市史　中巻」は注で「新たに移転した町なので新町と称した

のであり、中山にあった時の名が新町というのは誤りのようである」とする。しかし、本論では「造営帳」「日光山志　巻一」及び「日光東照宮の成立」（山澤学著）等より、秀吉による日光山所領没収により寂れ、後復活しつつある集落を新町と考える。

⑲　使用した絵図類。

なお、大通りに面した主要建造物の（将軍）御殿（地）、本坊（大僧正）の表記は多様であり、下記の通り。

「日光山大絵図」（承応〜天和期？栃木県立博物館蔵）⇒御殿・御本坊

「下野国日光山之図」（元禄九年　東照宮蔵）⇒御殿・大僧正

「元禄初年　日光山繪図」（東照宮蔵）⇒御殿地・御本坊

「日光御山絵図」（元禄期？　東照宮蔵）⇒御殿・御本坊

「日光山之御絵図」（元禄期？植山弥平次版　県立博物館蔵）⇒御殿てん・御本坊

「日光山之御絵図」（元禄期？植山弥平治版　県立博物館蔵）⇒御殿地・御本坊

「日光山惣繪図」（正徳頃？　東照宮蔵）⇒御殿・御本坊

「日光山惣繪図」（享保頃？　東照宮蔵）⇒御殿地・御本坊

「日光御山之絵図」（寛政期？　東照宮蔵）⇒御殿地・御本坊

「日光御山之絵図」（寛政期？　東照宮蔵）⇒御殿地・御本坊

「晃山拾葉」（天保２年　東照宮蔵）⇒御殿地・御本坊

⑳　「御山繪図　日光山名跡誌　全」　　（天保十一年改版　日光石屋町　大嶋久兵衛蔵板）

㉑　「日光山における見廻下知状」（承応元年〈1652〉）　　（「日光市史　史料編　中巻」）

㉒　「日光山下知条々」（明暦元年〈1655〉九月）　　　　（「日光市史　史料編　中巻」）

㉓　新宮の鳥居建立に関し下記参照。尚、引用の唐銅鳥居は現在のそれ。

「元禄八年八月十九日　二荒山神社本社の鳥居なる。本社新宮には未鳥居を建てざりしかば　ここに至り　今の社務所の後ろの方より杉四本を伐りだして　始めて鳥居を建つ。寛政十一年に至りて　之を唐銅の鳥居に改造す」

「二荒山神社」（大正六年　二荒山神社　刊）

㉔　「圓仁和尚入當山日記」（「二荒山神社」掲載　大正六年　二荒山神社　刊）

「（中略）遊行山中奉拝謁権現　於瀧尾麓奉崇山王　崇圓宗教法（攻略）」

日光山の山王七社奉祀は、嘉祥元年の圓仁の来晃によるとされる。弥生祭における滝尾神社や本宮神社への神輿渡御・還御は、日吉山王祭での神輿の動きに近似する点が注目される。なお、山内における山王七社は明治初期に失われ、現二荒山神社境内西隅に日枝神社の小祠が名残を留めるのみである。

㉕　「耀天記」（「神道体系　神社編　二十九　日吉」神道体系編纂会　昭和58年）

㉖　日吉大社権祢宜　須原　紀彦　氏談

㉗　「日吉山王権現小五月会之次第」

（「神道体系　神社編　二十九　日吉」神道体系編纂会　昭和58年）

【掲載図・表・写真一覧】

第1図　山内主要堂舎等の創建・移動（江戸時代～）

第2図　「下野日光山東照宮総絵図」　　　　　　　　　（日光叢書　社家御番所日記付図）

<東京都立中央図書館特別文庫室蔵>

第3図　主要道の石垣撮影場所（1－21の番号は写真番号。18除く）

写真1　主要道の石垣

写真2　「日吉馬場」（坂本市街地を望む）

写真3　「日吉馬場」（日吉神社を望む）

④　現下新道・西参道の状況と名称

（イ）「新道」の成立、名称、構造、役割

　東照社「元和創建」及び「寛永大造替」により山内では多くの堂舎が建立・移転し、また特に寛永大造替と連動し山内地域の聖俗分離を伴う「寛永町割」が実施され、山内地域より俗家は一掃されて地域の聖域化が進んだ。同時に、それらと連動して今日の山内主要道のうち現上新道・表参道・中山通りの整備が図られほぼ今日の姿となった。しかし、これらの動きと対照的に変化の乏しかった山内西部に位置する現下新道・西参道地域に関し、先ずこれら地域が大造替以前は如何なる状態であったか、第1・2節掲載の第1図、第4図により素描し、次に各道毎に大造替期以降の状況について検討したい。

　大造替以前の現下新道地域の状況はどの様であったか。残念ながら先の第1・4図で現下新道に当たると思われる道は見出せない。両図ともに現下新道地域には大きな木々と多数の僧坊？・俗家？が描かれ、特に第4図では大通り両側に石垣らしきものを確認できるが、通り東側と異なり西側地域では塀・石垣を廻らせた大坊・屋敷？は見られない。更に、第1図と異なり第4図では俗家の間を縫い3本の道が現上新道から南方地域（現東照宮宝物館や浩養園地域）に伸びるが、図中に現下新道の様に現上新道と平行する道（又は道らしきもの＝道的空間）を見出せない。と言うことは、山内西部地域では二荒山神社新宮と日光山金堂のみの存在で、新たな堂舎の移転・集中の末だ無かったこの時期、山内において表参道地域と西部地域とを結ぶ道路は、日光修験や二荒山神社の重要祭典である弥生祭での神輿渡御で古くから利用されてきた現上新道のみで十分であり、それ以外の新たな道路構築の必要性は皆無に等しかったと考えられる。

　寛永期の大造替や町割は、山内の中央～東部の各地域（山内での地域名としては中山・仏岩谷・東山・東山谷の各地域）のあり方に決定的影響を与えた。そしてこの激動の時期において堂舎の創建等がなく静かであった山内西部地域も、寛永末～承応期にかけての一連の堂舎創建・移転等により地域としての重要性を飛躍的に向上させた。例えば、寛

永20年（1643）10月2日大僧正天海が入寂、大黒山中腹に埋葬され正保2年（1645）慈眼堂創建（七回忌の慶安2年〈1649〉拝殿再建）、正保2年二荒山神社新宮大修営、正保4年（1647）日光山金堂（三仏堂）大修営、慶安2年（1649）二ツ堂現在地に移転、慶安3年相輪橖の二ツ堂移転跡地への移転等がなされ、これらの動きの中で現下新道が誕生する。新しい道の造成に関しての唯一の史料とも言える「旧記^(注①)」に、

> 「慶安元年戊子年四月　東照宮三十三回御忌於當山御執行（中略）依台命常行法華ノ両堂ヲ大師堂ノ坂本エ引之　同九月御普請始ル（中略）翌丑年御造畢　此時常行法華堂ノ前新道造之」

とある。東照社元和創建にともない元和5年（1619）9月に東照社の西隣に移動していた二ツ堂が、慶安元年（1648）の家康三十三回神忌後の同2年に「大師堂ノ坂本」（慈眼堂に至る坂道の麓）の現在地に移転し、この時二ツ堂の前面に新たな道が造られたことになる。全く新しく造られたこの道路の名称に関し、幾つかの史料により確認したい。

「新道」成立直後の承応元年（1652）12月に老中阿部豊後守忠秋・松平伊豆守信綱等4名連署で、八王子千人同心の日光火之番千人頭に命じた見廻下知状中の見廻り順路等を記した一文に、

> 「一　稲荷川之番衆者（中略）安養沢之木戸・新宮之別所之坊江申届、新道を通り　御殿並本院江見廻　云々略」

とある。また、ほぼ同時期の明暦元年（1655）9月に老中阿部豊後守忠秋・酒井讃岐守忠勝等4名連署による日光山に関する23カ条の諸規定等を記した下知状中の一文に、

> 「一　御堂御掃除之事（中略）附夜叉門之外庭上、限常行堂前並新道安養沢木戸、従右之町中如先条可掃除事　云々」

とある。更に、慶安2年の十数年後に作成された「日光山大絵図^(注③第4図)」では、現下新道の部分に「新道」の添書がある直線の道路が描かれている。これらの史料に加え、約半世紀後の元禄13年（1700）9月の26カ条の下知状にも、

> 「～夜叉門外庭上・上之御供所外廻・下之御供所外廻、限常行堂前、並新道安養沢木戸跡迄、右之町中ヨリ如先条可掃除事～」

と同様の記述が見られる。

大猷院や二ツ堂の前面に全く新たに造られた新しい道の名称である「新道」は、成立直後や半世紀後の下知状という謂わば公文書に「新道」と記される様に、この道の確定的名称となり以後この名称は江戸期を通して使用され続けたと考えられる。例えばこれらより1世紀半後の「日光山志」（天保8年〈1837〉刊）では、「新道」の項立てがなされその説明に、

　　「新道　御殿地の北脇なる平坦の大路をいふ　東西に達し東は石の鳥
　　　居前より　西は行堂の方へ貫き　其向遥に見ゆるは　御霊屋仁王門
　　　なり　又土人等此道を服道とも唱ふ」

とある。「新道」は「大路」として寛永期末迄には成立していた山内の主要な道路である現表参道・中山通り・上新道と同列の道路となり、換言すればそれは道路として地域において一定の確たる地位を確保したが故に、「大路」として認識されたのであろう。（注2-4）

　ところで、「新道」は地形的には恒例山南麓の北から南へと低下する傾斜地形の中でも特に緩傾斜の謂わば「平坦」（「日光山志」）部分に位置し、道の東北側（やや離れて上新道が並行する）が低い切り土、南西側が低い盛り土の比較的浅い"切り通し"構造となっている。この構造に関して道路成立数年後の承応2年（1653）3月から5月にかけてなされた家光3回忌関係の詳細を記した史料に、

　　「安養沢門際ヨリ常行堂マテ竹虎落八十間構フ、新道左右ノ土手ノ上
　　　ニ　腰虎落四百三十八間　安養沢木戸迄ユヒマワス」

とある。同じ切り通し構造の道路でも、現上新道の東照宮側石垣が大型（注4-1）の石を積み上げ格段に高くしかもその上に籐子塀を載せ重要区域を隔遮する石垣とは対照的に、「新道」のそれは「大路」と雖も石を数段積み上げた石垣が道路両側にある程度の浅い切り通し構造であった。しかもこの道路左右の小高い部分は「土手」程度に認識されていたのであり、特に厳重な警備を要する重要行事（例えば家康や家光の法要或いは将軍社参等）の際には土手の上に臨時に虎落を設置する、と言うより設置せざるを得ない程度の低さであった。極言すれば「新道」の石垣は、現上新道東北側（東照宮側）石垣の様な重要区域を防御する役割は無いに等しく、第1義的には地形的要件により構築されたと考えられる。なお、この「新道」両側の「土手」上に臨時的な虎落を設置したと言うことは、

石垣上の部分には神域を限る赤柵等の恒久的構築物は当初より存在していなかったと言うことになる。そして以後もこの状態は変化なく続き、現時点に於いてもこの種の物は設置されていない。[注④-2]

　次に、山内に新たに誕生した「新道」の構造について、繪図類により検討したい。

　先ず、道路成立直後の作成と思われる「下野国日光山之図」（承応3年〈1653〉）[注⑤]及び「下野国日光山之図」（元禄9年〈1696〉）[注⑥]で見る。後者の発行年は元禄9年となっているが図の開版時期は前者の発行時期であり（版による内容の違いは少ない）、その年は大猷院廟竣工直後である。図は寛文3年（1663）の稲荷川大洪水により壊滅した「いなり町一〜四丁目」や「火之番屋敷」等が描かれ、又現表参道中央に水道が無く本坊が「大僧正」と表記される等々、多くの貴重な特色と長短を有するが、本図においては成立直後の「新道」が描かれている点が大変注目される。図は道路両側が低い高まりを成す切り通し構造の「新道」を良く表現しているが、一方その道路面には凹凸が在るように描かれている。この図で道路に凹凸の様な表現が見られるのは「長坂」の部分と本宮神社横の通りの一部のみで、共に急傾斜の道路部分のみである。先述のように「新道」は地形的には中央部分がほんの少しの高まりを有するほぼ水平の道路であり、急傾斜地形として描くことはあり得ないと考えられ、とすれば「新道」におけるこの表現は完成直後の道路として"未整備・未定着・未成熟"な状態を示しているのかも知れない。

　この様な「新道」の状況はほぼ同時期の絵図類ではどうであろうか。史料はやや下るが寛文11年（1671）家光二十一回忌時の三仏堂・大猷院での法要の様子を描いた図のうち、法華経一万部読み上げ法会を描いた「日光山三仏堂万部読経図」[注⑦]がある。図は上下二つに分かれ上部に三仏堂内、下部に堂外周囲の様子が描かれる。後者の部分のうち特に「新道」に関しては、3段石積みの低い石垣と道路両側の杉木立、切り通しの「新道」に整然と列を成す無数の僧侶が詳細に描かれているが、これらからは「新道」のある種"未整備"状態は見えない。上記史料とほぼ同時期の承応〜天和期成立と考えられ、山内の院・坊名と道路配置及び山外の町家とその名前を記した詳細・精緻な「日光山大絵図」（注③の

第4図）がある。図では「新道」は他の道路同様直線的な線による表示であるが、現表参道・上新道と同様に立派な大道としてその名も付されて描かれ、注⑤⑥図のような道路の凹凸表現は見られない。更に、作成時期が元禄期と考えられ、院・坊の名を付した山内地域を特に詳細にし西町各町名と道路配置を克明に描き、田母沢から奥日光周辺を概略描いた「元禄　日光御山絵図」[注⑧]がある。ここでも「新道」は当に大猷院の参道の如く仁王門を正面に望む凹凸のない直線の大道として描かれる。

　以上若干時間を要したが成立当初の「新道」の状況を、注⑤⑥と注③⑦⑧の絵図により検討した。これら図のうち前者が「新道」成立直後に描かれ市販される図であり、後者が時間的に若干後の物であり且つ公的性格の強い物であるとの違いがある。しかしこれらが両者の表現の違いを生じさせた要因とは考え難く、むしろ前者の制作時期が「新道」造成時期と重複していたが故に生じた“未整備”表現と考える事が出来よう。

　ところで、「新道」には現下新道両側にある水道は江戸期存在したの

第4図　「日光山大絵図」（部分）

であろうか。これまで「新道」に関して引用した繪図類（注③⑤⑥⑦⑧）
では、残念ながら水道を確認出来きずその存在に悲観的にならざるを得
なかった。ところが東照宮に蔵された各種繪図のうち次の２点で水道を
確認出来る。一つは作成時期が寛政期と推測される「日光御山絵図」[注⑨]（第
５図）である。図は山内の主要道と枝院僧坊（院・坊名記入）及び東照
宮主要建物とその名を克明に描いている。「新道」の水道に関しては道
路東北側に描かれ、水は大猷院仁王門前で安養沢より分流し二荒山神社
新宮下を流れ「新道」の水道へと導かれる。水の一方は「新道」を東流
し表参道に至り、そこで上新道から五重塔前を通り流れてきた水（東照
宮御供水）を合流させて橋により「新道」を横切り、最終的に表参道中
央の水道に導かれる。一方の流れは、「新道」への入口で道を横切り、
新宮別所安養院前を流れ西町方面へと流下する。そして「新道」の東西
両端である表参道側・二ツ堂側に橋が架かっていたことになり、橋はそ
の位置に今日も存在する。図では「新道」南東側の水道は確認出来ない
が、これは図を描く視点が南上方に在る故に石垣に隠れた為と考えられ
る。とすれば、今日「新道」の両側石垣下に水道があるように、図の制
作時点でも水道は存在したのではないかと十分考えられる。

　もう１点の図が天保14年（1843）家慶社参（将軍最後の社参となる）
の際に、割り当てられた警備ヶ所毎に作成され東照宮蔵となっている４
枚の内の一つで、「天保十四年四月日光御参詣之節　常行堂法華堂御番
諏訪備前守組　勤方絵図」[注⑩]（図に正式名称なく仮称。第６図）である。図は、
地形・虎落・警備用武具の種類と数や配置、配置された人の位と人員等
詳細に描かれる。図によれば大猷院前で分流した水は第５図同様二荒山
神社新宮下を通り、「新道」の入口で直角に曲り道を横切り、又直角に
曲り「新道」南側を表参道に向かう。流れが「新道」を横切る地点に橋
が架かり、その部分に「石橋」の表記がある。水道は注⑨では「新道」
の東北側に描かれるが本図では南東側に描かれる点が異なるが、大猷院
前で分流した流れが二荒山神社下を流れる事、「新道」の二ツ堂側入口
に明確に「石橋」が描かれる事、「新道」の石垣下に水道がある事（南
西側か東北側かの違いがあるが）等を共通とする。

　以上の第５・６の両図に描かれた事実より、第５図では東北側石垣下

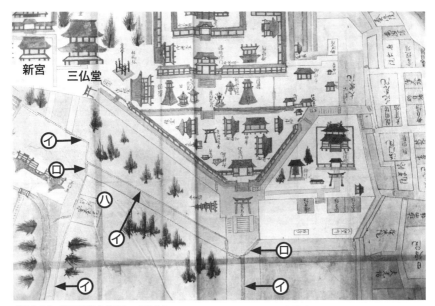

（第５図）「日光御山絵図」（部分）　イ.水道　ロ.石橋　ハ.安養院

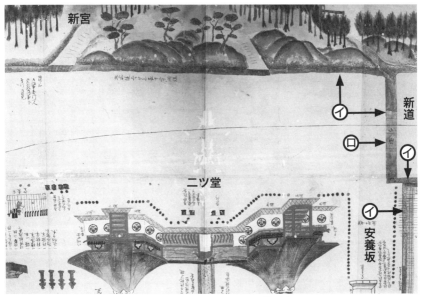

（第６図）「常行堂法華堂御番諏訪備前守組　勤方絵図」（部分）　イ.水道　ロ.石橋

に、第6図では南西側石垣下にと図に描かれた水道の位置が異なる為即断しかねるが、可能性としては新たに造成された「新道」の両側石垣下に水道が構築されていたと考えられる。しかも道路の東西両端である二ツ堂側と表参道側には、水道が「新道」を横切る為の「石橋」（表現の問題もあるが現状のような石樋の可能性も考えられる）が設けられていた事が明らかとなった。しかし残念ながら両図とも江戸後期の作成である故、水道造成の時期が「新道」造成当初からなのか否か、或いは時期的には何時の造成なのか解明すべき課題は多々ある。ただ、「新道」造成時に道路両側に道路と一体的に水道を設ける事が自然と考えられる。

　これまで「新道」の名称・構造等に関し検討したが、次にこの道路の果たす役割に関し若干注意しなければならない。と言うのは、先に引用した「日光山志」^(注②-4)の「新道」に関する説明に「～又土人等此道を服道とも唱ふ～」とある。著者植田は「土人」つまり「その土地に生まれ住む人」（「広辞苑」）謂わば住民達が、山内に新しく成立したこの道を「服道」とも称していたと言う。しかしこの「服道」と言う名称の使用は「日光山志」成立の幕末頃に特有のものとするには難があり、ましてや「土人」達が勝手に別称として使用した名称でもないと考える。と言うのは例えば、家綱による「明暦元年（1655）九月　日光山条目」^(注⑪)全11カ条の第9条に

　「一　御堂へ為参詣服道之儀、今度始て門跡相談之上除　東照宮之服穢て通路相定畢、自今以後糺此道筋可往来事」

とある。つまり先代家光の廟たる御堂（仏式の大猷院廟）への参詣の際利用する道は、この度始めて日光山門跡と相談し、神君家康公を祀る東照宮が穢れることを除いて（東照宮が穢れることのないように）通路として定めた（ので）、以後この道筋の区別を明確にすること。そして次代綱吉による「元禄十三年九月　日光山法度」^(注⑫)全11カ条の9条に、先の条目と同様に

　「一　御堂へ為参詣服道、　従　先代被附置之間、除　東照宮へ之服穢て通路相定之訖、弥糺此道筋可往来事」

とある。「新道」が造成されたのは旧記にある通り慶安元-2年（1649）^(注①)の二ツ堂移転時であった。家光の死はその翌々年慶安4年（1651）で、

その廟大猷院が創建されたのが承応２年（1653）であるから、「新道」の造成はあくまで廟創建とは無関係である。しかしながらその後の大猷院廟の法要に際しては、廟の参道の観を呈する「新道」の存在を抜きにしては考えられない。つまり「新道」は、成立当初よりではないが、成立直後に創建された御堂（大猷院廟）への参詣（≒「服喪」）の道としての役割を担い、それは神としての家康の眠る東照宮が穢れることがないよう防ぐ役割をも担うことでもあった。神君家康の神忌等による東照宮への参拝（≒「服穢」）の道とは必然的に区別されねばならない事であったであった。

　なお、二荒山神社の重要祭祀執行に関係する道は、神輿（神）の通る「御祭祀御馬場通」・「御馬場通」・「新宮馬場」等と称された新宮と東照宮とを結ぶ現上新道であった。つまり、平行する２本の大道（「大路」）である現上新道と「新道」は、（仏様である）大猷院廟の創建とともにそれぞれ固有の役割と性格とを次第に明確に付与されていったと言えよう。この事に関し例えば次の事例はその一端を見事に示していよう。それは家光二十一回忌法要時の日光山金堂（三仏堂）の様子を描いた注⑦の図である。図では現上新道と「新道」の平行する２本の大道のうち、参列した僧侶等の長い列が確認できるのは金堂よりやや離れ低い位置に在る「新道」であり、金堂から直に水平に通じる現上新道入口や隣接する新宮との間には虎落が設置されて入構を遮られているのである。つまり二つの大道である現上新道と「新道」は、前者が神道（神）関係祭祀に、後者が仏教（仏）関係の法要にと、各々別個の役割（利用のされ方）を果たしたのであると考えられよう。

　道路の果たす“役割”に関しなお１点加えたい。自明の如く道路はその位置する地域にあって地域を纏める求心力を有すると共に、地域と地域を連結する機能をも有する。また一方、河川や山岳等と同様に地域を画くし分割する機能をも有する。山内地域において「新道」も例えば次の如く同様の機能＝役割を有した。「明暦元年九月　日光山下知条々」^(注②-2)全23条の第18条に

　「一　魚鳥不入之儀　御宮御堂之西南者今度相定之服道可限之　東北者可限稲荷川　但　僧坊は雖為此境之外　堅可令停止之事」

とある。つまり山内地域においては、地域の東北側の稲荷川から西南側の「服道」（＝新道）の間の地域及び東照宮・大猷院其の外の院・坊を含めて、魚鳥を捕ることを禁止するのである。当に「新道」は山内という地域を分

（写真1）下新道（遠方に常行堂・大猷院を望む）

割する役割＝機能をも果たしているのである。尚、この事に関して「元禄十三年九月　日光山下知条々」[注②③]全25条の第20条も同様の内容である。

　前述の如く「新道」は常行堂・法華堂（二ツ堂）の移転とほぼ同時に成立した。とすれば、常識的には二つの建物の並びの軸は「新道」の軸と平行となるのが自然である。ところが現実には二ツ堂の建物の一部（具体的には常行堂の庇の正面右側の部分）は「新道」の軸の延長線上に食い込んでおり、二ツ堂の並びの軸と「新道」の軸とは平行でなく若干の齟齬が生じている。それ故に「新道」に立ち彼方に大猷院仁王門を望む時、極論すれば二ツ堂の建物の一部は当に障害物となる（写1）。二ツ堂と「新道」の並び・配置は何故にこの様な状態になったのか、残念ながらその明確な理由を史料により確認出来ないが、次の様に推測することは可能ではないかと考える。つまり二ツ堂と「新道」とは成立時期をほぼ同じくするのであるが、それぞれ別個の理念に基づいて成立したのではないか。「新道」より時期的に若干先に現在地に移転した二ツ堂は、当時の日光山の仏教界において最重要な金堂（当時は現在の二荒山神社社務所付近に位置する）正面に向けて建立されたと考えられ、この事は「日光山大絵図」（注③第４図）や現在の地形図等の二ツ堂と日光山の中心的御堂である金堂（三仏堂）の位置関係を見れば一目瞭然である（第7図）。また加えて山内を描いた諸図を見ると、金堂の正面からの道は現在の二荒山神社前の斜面に当時存在した２本の道のうち西側の道を下り、常行堂と法華堂を結ぶ渡廊の中央部分下を潜り、安養沢に架けられた石橋を

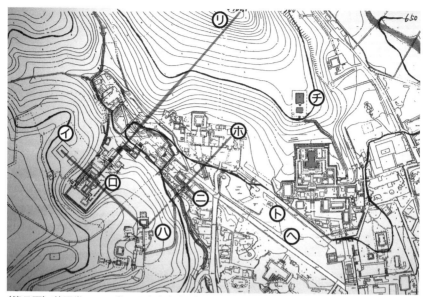

（第7図）慈眼堂・二ツ堂・日光山金堂（三仏堂）の位置関係

イ．宝塔　　ロ．大猷院拝殿　　ハ．慈眼堂拝殿　　ニ．二ツ堂　　ホ．（江戸期）三仏堂
ヘ．現下新道　　ト．現上新道　　チ．東照宮奥社　　リ．恒例山

渡り、大黒山中腹の慈眼堂に達する参道へと続く。慈眼堂（正保2年
〈1645〉創建）、金堂（寛永16年〈1639〉大雪で大破、正保4年〈1647〉
大修営）、二ツ堂（慶安2年〈1649〉移転）の3堂宇は、ある種の統一
された理念の下に一体的に整備されたが、残念ながら其処に「新道」は
入っていなかったと考えられる。蛇足ながら、大猷院廟（承応2年〈1653〉
入仏）仁王門の向きと「新道」延長線の軸とにも若干の齟齬があり、大
猷院は既に存在した「新道」とは全く別個・独自の理念で造営されたと
考えられる（第7図参照）。

　では、「新道」造成の直接的要因は何か。「旧記」や「晃山編年遺事[注①]」
の記述や他の史料からはそれを直接確認する事は出来ない。また、「新
道」は二ツ堂の移転とほぼ同時期に造成されたが、それは二ツ堂移転に
伴う必要性故に造られたのでないという事は、先述の如く二ツ堂の並び
の軸と「新道」の軸との齟齬を考える時明白である。とすれば、「新道」
の造成の背景の一つとして、二ツ堂は現上新道とは高度差があり、金堂
の位置する場所より下がることになり、二ツ堂とは高度差のない参道と

しての「新道」が求められたのではないであろうか。また、慈眼堂（正保2年）と二ツ堂（慶安4年）の創建・移転により重要性を増しつつあった山内西部仏教施設密集地域と表参道地域の高度差のない連結の必要性の増大を考えるのが自然であろう。そして結果的に新たに誕生したこの道路は、先述の家光二十一回忌法要時の現上新道と「新道」の使い方に端的に示されていたが[注⑦]、後に第3代将軍の廟が創建されることにより、神道と仏教とで利用する道路を分けるとする理念を背景としていたと考えられないであろうか。「新道」造成は二ツ堂移転や大猷院廟創建とは別個の理念の下に成されたが、結果的に「新道」は二ツ堂や大猷院廟等の法要等に大いに利用されるし、神道と仏教とで利用する道路を使い分ける事が可能となったのである。東照宮の重要神事である神輿渡御祭（通称「千人武者行列」）では江戸の当初より下新道を利用することは一切なく、二荒山神社が下新道を利用するのは（近代以降の変化と考えるが）重要祭典である弥生祭での本宮神社よりの神輿還御の時のみである。更に、日光山金堂が新宮境内にあった江戸期には社僧が常住していた新宮別当安養院が近くにあり、今日でも輪王寺の各種法要で上新道を利用することは皆無である。

（ロ）「安養沢に沿う道」の成立、名称、役割

　東照社元和創建以前の現西参道は如何になっていたのか？　現西参道地域に道路と言えるものは存在していたであろうか？

　創建以前を描いた第1節第1図（「日光二荒山之図」）では、二荒山神社新宮南の現西参道及び周辺地域は描かれていないが、図中央の日光山金堂の北方に大きく描かれた行者堂と急坂状の参道（滝尾神社から行者堂を経て新宮に至る道で「滝尾下向道」と称し、滝尾神社より仏岩谷の開山堂への参道は「滝尾道」と称した。「日光山志　巻之二」）と往来する人々が見られる。第1図と原本を同じくする「日光山志　巻之一」中の「日光山古図　三幅対大懸物之縮図　其二」（第2図）でも、二ツ堂等堂舎と比較すると行者堂が金堂の背後にかなり大きく描かれ、行者堂からの「滝尾下向道」たるや両部鳥居前の現表参道と考えられる大通りと同程度に道幅広く、しかも急傾斜の石雁木参道と往来の人物まで詳細

に描かれている。[注⑬-1] しかしながら惜しいことに、両図ともこの滝尾への参道や上新道南方に位置する現西参道地域は、その理由は不明であるが表現されない。第1節第1図では現西町地域が、第1節第2図では「善如寺谷」の表記があり家屋も確認され、現西町地域と山内地域を結ぶ道路のある程度の必要性は考えられるのであるが。

　元和創建から寛永初期頃の山内及び周辺を詳細に描いた第2節第4図において、行者堂は創建なった東照社のはるか北方に、恒例山と「阿弥陀が峰」（滝尾神社西方の峰。「日光山志　巻之二」）との間の凹地部に極小さく描かれる。その参道は堂前で二股に分かれ、右方は滝尾神社方面に下り、左方は新宮方面に下る。後者の「滝尾下向道」は、二荒山神社新宮の前から日光山金堂の裏を通り、金堂横の三重塔（正保二年〈1645〉現在地に移転）から現上新道を通り、石鳥居の裏（後方＝北側）で現表参道に至る。この滝尾神社→行者堂→下向道→新宮→山内中央部を結ぶルートは、勿論滝尾神社の参道であるとともに、[注⑬-2] 一時期中断し天海により再興された日光修験のうち特に北方の日光連山を巡る惣禅頂の[注⑬-3] ルートの一部でもある。今日行者堂への道は現西参道から二ツ堂前を通過し、二荒山神社新宮と大猷院との間を通るルートとなるが、これは近代以降のルートであり、江戸期迄は新宮境内の西隅より直接滝尾神社の下向道となっていた。[注⑬-4] つまり第1節第1図、第2節第4図が示すように、大造替以前の山内西方地域では新宮・金堂・三重塔が一地域に凝集し、二ツ堂・大獣院・慈眼堂等の移転・創建はなく、その上西町地域における街並みの発達は未熟であった故、山内西方地域と西町地域とを直接結ぶ道路（現西参道）の必要性はかなり低かったと考えられ、寛永大造替以前の両図においては道路の片鱗すら確認出来ないのは首肯されよう。

　なお、第2節第4図（「日光山古図 元和・寛永写」）において、新宮西の大黒山北方を水源とする安養沢は青線で明瞭に描かれ、新宮南で向きを東から南に変え大谷川に合流する。前述の様に寛永大造替以前に作成されたこの図では今日の浩養園付近に展開する町屋の間を3本の道路が確認されるが、今日の西参道が位置する安養沢の渓流に沿う道らしきものは確認出来ない。しかし、山内地域での堂舎配置のほぼ確定する承応期〜天和期に作成された「日光山大絵図」（注③の第4図）では、「寛

永町割」で消滅したのか、3本の道路は描かれず、南流する安養沢に沿い明確に道路が描かれている。とすると、第2節第4図と注③第4図の成立時期の間に諸般の状況変化から、西町地域と山内西部地域とを連結する道路の必要性が増大したと考えられる。つまり、元和創建や寛永大造替による諸堂舎の創建・移転は、地域的には恒例山南麓から中山地域を中心になされ、現に「造営帳」においては山内西部と西町の両地域を結ぶ新規道路造成の記述を見出せない。そこで現西参道地域での道路造成の必要性を増大させた寛永大造替以降の山内西部地域への仏教関係堂宇創建・移転等の主なものを列記すると下記の通りである（第3節②の第1表及び第1図参照）。

- 慈眼堂創建（寛永20年〈1643〉〜正保2年〈1645〉）
- 慈眼堂別当無量院草創（正保元年〈1644〉安養沢沿いの善如寺谷に）
- 二荒山神社新宮大修営（正保2年〈1645〉。（新宮境内の）三重塔移転（現在地へ）
- 日光山金堂大修営完成（正保4年〈1647〉。元和3年恒例山南麓より移転していた。尚、金堂は寛永19年〈1642〉の大雪で大破）
- 常行堂・法華堂移転
  （慶安2年〈1649〉。元和5年〈1619〉本地堂西方に移転し、再移転）
- 相輪樔移転（慶安3年〈1650〉東照宮奥の院より二ツ堂移転跡地へ。明治8年〈1875〉現在地に）
- 大猷院廟創建（承応元年〈1652〉二月着工、翌年10月入仏）
- 大猷院廟別当龍光院草創（承応2年〈1653〉5月　現在地に）
- 二荒山神社新宮別当安養院移転（承応4年〈1655〉。但し旧地・時期に関し疑義在り）

驚くべき事に正保・慶安・承応の僅か10年間で、山内西部地域に上記の如き多くの堂舎等の移転・創建・修営が集中的に為された。当にそれは規模・多様さ等において寛永大造替に次ぐ或いは匹敵するような位置を確実に占める一大事業であったと言えよう。

ところで一方、山内地域における元和創建から承応期にかけての約40年間における一連の諸造営事業等に伴い、それらを陰に陽に支える日光町方の人口は増大し市街地は急速に拡大・充実する（**第1表**）。江

戸期は職業・身分毎にその居住地域がほぼ特定されたが、日光においても例外でなく、地理的に山内に近接する西町地域は社寺との直接的・間接的諸関係が深く、その維持及び管理機能等（例えば奉行所・役人・諸職人・日光山枝院等）を人的・物的に担った。それ故東町の如く主に来晃者を相手とする商業的・宿泊業的機能が卓越した集落とは異なり、西町（或いは「入町」。「日光山志　巻之三」）は社寺の維持・管理機能が卓越し、社寺と一体化した集落を形成し、集落地理学的には社家町・僧坊町としての地域性を有していた。（注⑰）社寺の維持・管理の人的・物的供給地としての西町地域と、その需要地である山内地域との円滑な連結手段構築は両地域にとり喫緊の課題となり、ここに両地域を結ぶ道路の造成が必然化する。ではその時期は何時頃であろうか？

　大猷院廟とその別当龍光院が成った承応2年開版の「下野国日光山之図」注⑤（及び元禄期の注⑥）には、正保期〜承応期の諸堂宇が詳細に描かれているが、残念ながら両図で西町と山内とを安養沢に沿い直接結ぶ道路を確認出来ない。（注⑱）一方、時期的に若干後の承応期〜天和期作成と考えられる（寛文三年〈1663〉の家綱社参時に準備とも推定され

合計	計	職人	日光奉行配下役人	小人	御内御家来	輪王寺宮御家来	八乙女	神人	楽人	社家	種別	
6	6							3		3	久次良	村
175	14	2	5	1		1		1	3	1	蓮花石	西町
	22		22								田母沢	
	18	1	17								原町	
	8	2	6								上本町	
	14		11		3						中本町	
	3	2								1	下本町	
	8	2	6								上大工町	
	6		4		1	1					中大工町	
	8	2	6								下大工町	
	30		15	1		1			12	1	四軒町	
	16		16								袋町	
	13	5	8								板挽町	
	5		5								向河原	
	10	1	9								下河原	
76	3		3								萩垣面	東町
	8	1	1	2	1	3					上鉢石	
	8		2	1	1	2		2			中鉢石	
	15			2	1	5	6	1			下鉢石	
	5		1	1			1	1	1		大横町	
	17	6	1	2		4			4		御幸町	
	1		1								石屋町	
	1							1			松原町	
	18	3	12	1		1		1			稲荷町	
67	23						1	22			所野	村および今市
	14							14			七里	
	7							7			野口	
	6							6			山窪	
	17							17			今市方面	
324	324	27	151	11	7	19	8	75	20	6	計	

（第1表）社家等の住居別人数

る）「日光山大絵図」（注③第４図）では、山内の建物や道路及び警備上
必須の虎落や木戸の配置が、東西両町の各戸名・各院坊名と共に詳細に
描かれている。第４図で御堂山から流れ出た安養沢は、大猷院仁王門前
を通り二ツ堂の歩廊を潜る慈眼堂への参道を横切り、正保元年（1644）
創建の慈眼堂別所無量院前東側より直線的に西町に下る。「安養沢に沿
う道」（現西参道の前身となる道で便宜上この様に表記）は常行堂横（東
側）で「新道」と交わる小広場を起点に、「安養沢之木戸」と安養院入
口付近では道幅広く、次第に坂の傾斜を急にしながら慈眼堂からの小径
と合わさる付近より道幅も狭くなり、道は無量院前で安養沢を横切り、
安養沢の流れと並行して西町に達する。時期はやや下るが、「元禄　日
光御山絵図」[注⑧]や元禄期の植山版「日光山之御絵図」[注㉓-1]でも、図の描き方
に精粗の差があるが、両図とも院・坊の名を付し山内を詳細に描き、特
に道路配置は明確で「安養沢に沿う道」もはっきりと確認出来る。「下
野国日光山之図」（注⑤⑥の図）で描かれなかったが、「安養沢に沿う道」
は注③第５図及び注⑧⑲の図の三つの図が示す通り、道路としての整備
状況は推測し得ないが、山内西部地域への堂宇集中の最後となる大猷院
造営の完成する承応２年には存在していた可能性が極めて高い。

　安養沢と「安養沢に沿う道」との関係であるが、前記史料より約半世
紀後の正徳期と推定される「日光惣絵図」や、享保頃と推定される「日
光山惣繪図」[注㉓-2]に明らかである。図によれば、安養院前よりかなりの傾斜
をもった坂道として下ってきた道路は、無量院付近で西北から流れてき
た安養沢を渡る。ここより沢は道路の東側（山内側）を流れ、道路と並
行して西町方面に達する。沢が道路を横切るところには橋を確認出来（注
③図５では横切ることは確認出来るが架橋は確認出来ない）、この状態
は両図に明瞭に描かれており、「安養沢に沿う道」の整備状態をある程
度知らせてくれる。

　ところで、「安養沢に沿う道」の整備状態に関し、絵図での検討では
承応２年にはある程度の整備がなされたと推測したがそれには限界があ
り、更に別の角度から検討をすすめたい。

　大猷院廟造営中の承応元年（1652）12月２日、「日光火之御番」（承
応元年６月より）の任に就いた八王子千人同心千人頭宛ての老中からの

「承応元年十二月　日光山における見廻下知状」[注⑳-1]に依れば、「於日光山可見廻次第」の見廻り行程・場所等は次の通りである。

　「一　稲荷川之番衆者（中略）常行堂之前江出　惣門之番所改之　安
　　養沢之木戸・新宮之別所之坊江申届　新道を通り　御殿並本院江見
　　廻（以下略）」[注⑳-2]

　「一　馬町之番衆者（中略）昼之四時より八迄之間安養沢江出　新宮
　　之別所之坊江相断　常行堂之前江出　惣門之番所を改（以下略）」

とある。つまり（東町の）稲荷川火之番屋敷からの見廻は、（慶安２年
〈1649〉に移転したばかりの）常行堂前に出て、番所を改め、安養沢之
木戸及び（隣接する）新宮別所（安養院）へ申し出、（同年成った）「新道」
を通り御殿（将軍御殿）等と本院（本坊）とを見廻る。一方、（西町の）
馬町火之番屋敷からの見廻は、安養沢（に沿う道）へ出て（その道を上り）
新宮別所へ断り、常行堂前へ出、大猷院惣門の番所を改め、龍光院から
三仏堂へ向かう。これらの事は承応元年時点で新宮別所安養院は「安養
沢台」（或いは「安養沢東の台」。今日の二荒山神社宮司職舎近辺）に移
転してないが安養沢に沿って山内へと通じる道路が存在したと思われ[注⑮]、
その道路は火之番見廻りの正式ルートに組み込まれる程の状態に整備さ
れていた事を明らかにする。何故なら、火之番見廻りという昼夜を分か
たず実施しなければならない最重要任務において、沢に沿う粗悪な未整
備の道路或いは文字通りの“沢道”を通って見廻ると言うことは一般的
にはあり得ないのであろうと考えるのである。なお、上記文中の「安養
沢之木戸」に関し、極めて大規模であった家光三回忌法要を記した「承
応二年大猷院殿三回御忌記」に、現西参道に当たる道路に関し次の如く
記される[注④-1]。「一　常行堂之前ニ一間半ニ十三間ノ本番所アリ　安養沢ヨ
リ常行堂エアカル木戸ノ内ニ一間ニ五間ノ足軽番所アリ云々」と。つま
り、安養沢中の沢道でなく、安養沢に沿い常行堂へと上がる坂道が山内
に入る処に「木戸」がある。木戸があると言うことは、木戸を設ける道
路があると言うことであり、其処にやや小さな「足軽番所」が設けられ
ていたのである。

　先の史料「承応元年十二月　日光山における見廻下知状」[注⑳-1]や（注④
-1）より、「安養沢に沿う道」はある程度整備された状態であったと推

定した。では寛永期においては道路の存在自体が否定的であったが、道路造成の時期は具体的に承応期以前の何時であり、その整備状態はどの程度であったかが課題となるが、現時点で確実な史料によりそれらを特定する事は困難であるが、次の二つの時期を推測できるであろう。

　一つの時期は、正保２年（1645）の二荒山神社新宮大修営・三重塔移転〜正保４年の日光山金堂再興等の大工事が成される時期が考えられる。これらの建物は隣接ししかも地形的には同じの高さに位置し、その上「新道」は未だ造成されていなかった為、工事では新宮・金堂等と同じレベルの現上新道を大いに利用しなければならなかったと推測される。特に三重塔の移転に際しては、移築資材の運搬には新宮境内→現上新道→表参道→中山通り→現在地のコースが最良であったと考えられる。しかし、新宮・三仏堂・三重塔等の工事に要する関係諸資材の搬入・搬出路においては東照宮石鳥居から通じる上新道のみであり、果たしてこの道路のみで期待される役割を担えたのか疑問となる。と言うのは、元和・寛永等の造営で大きな役割を果たした関係職人や町人等の俗家は、この時期寛永町割により既に山内から一掃され、特に西町には多くの各種職種の職人が居住しつつあり、これら町方と新宮・三仏堂地域の位置する地域とを直結する道路の整備の必要性はかなり大きかったと考えられる。しかしその事が「安養沢に沿う道」の造成に直結したのかは、可能性としては少なからずあったと考えるが、残念ながら現時点で即断出来ない。何故ならこの時期二ツ堂は金堂と東照宮境内の本地堂の間に位置し、しかもこの地はレベル的には新宮・金堂とは大差なく一体的であり、それに反し現二ツ堂が位置する地域はレベル的には金堂より一段低くしかも安養沢が谷を形成する自然の緩傾斜地形であったと思われ、加えて現時点で道路造成の直接的史料を確認出来ない故にである。

　考えられる第２の時期は、慶安２年（1649）の二ツ堂移転〜承応２年（1652）の大猷院廟創建の時期である。安養沢の谷が形成する緩斜面を平坦化しての「大師堂ノ坂本」（「旧記」）の地への二ツ堂の移転と「新道」の造成がほぼ同時期になされたが、これら両者は地形的に高さを同一レベルとし、２年後には大猷院廟が創建されほぼ同一レベルで大猷院廟仁王門が位置する事になる。前述の如く二ツ堂・「新道」・大猷院の三

者はそれぞれ別個の理念の下に建設されたと考えられるが、これら三者
は高さ的には同一のレベルで、それらの並びは若干の齟齬を以てほぼ直
線上に配置された。正保・慶安・承応期に移転・創建等の続いた山内西
方地域にあって、承応元年からの大猷院廟造営は西部地域最大の規模に
して最後の創建堂宇であり、言ってみればそれは山内地域の諸堂舎造営
にあっても東照社寛永大造替に次ぐ規模の大造営工事であった。この大
造営関係諸物資等の運搬等において大いに役立ったのが造営直前に造成
された「新道」であったであろうがそれで十分であったとは言い難い。
何故なら先述の如く山内西部に隣接して展開する西町は、山内に位置す
る社寺を人的・物的に直接間接支える役割を担い、西町と山内西部地域
とを結ぶ「安養沢に沿う道」整備の必要性は次第に大きくなってきてい
たと考えられるのである。そして当然の事ながらこの整備は、山内諸堂
舎の管理や社寺の諸行事の執行等に加え、参拝者や人々の日常の往来や
建築諸資材の運搬等に耐えうる平坦さ・頑強さ・ある程度の幅員等を兼
ね備えていなければならない。つまり「安養沢に沿う道」は、道路とし
て「ある程度整備された状態」でなければならなかったと言えよう。

　故に、「安養沢に沿う道」の道路としてのある程度整備される時期は、
先述の第1の時期よりも、第2の時期として考えてきた慶安3年（1650）
（「新道」の造成）から承応元年（1652）（大猷院廟造営開始）の数年間
と絞り込むことが自然であり可能ではないかと考える。

　ところで、「安養沢に沿う道」の整備状態を、やや後年になるが、別
角度より推測させるのが「旧記」の次の記述である。大猷院廟創建30
年後の天和3年（1683）5月17日の大地震（5/17〜閏6/1迄に
435回の地震「日光市史年表」）が日光山を襲い、特に

　　「二十三日辰中刻大地震　御宮（東照宮）御堂（大猷院）石ノ御宝塔
　　　九輪同慈眼大師御石塔ノ九輪大ニ損ス」

　　「二十四日巳刻大地震（中略）御宮御堂宝塔笠石大ニ損ス」となり、

　　「七月二十日石ノ御宝塔ヲ改メ唐金ノ御造替」

　　「八月久次良村東ノ作場於テ鋳立之」

　　「十月御宝塔御地盤（中略）御屋根（中略）引之　道筋ハ久次良ヨリ
　　　蓮華石安養沢ヲ通リ三仏堂辰巳ノ方ヨリ奥院エ掛橋ヲ造リ奥院エ引

（注①）
上ル」。

　大地震により大きく破損した東照宮奥社の石造宝塔を唐銅に替えた
が、この極めて大切な唐銅御宝塔は山内の西方に位置する「久次良村東
ノ作場」で鋳造され、久次良村から蓮華石（村）・安養沢（に沿う道を
曳かれて）を通り奥社に据えられた。つまりこの工事が行われた天和期
には、「安養沢に沿う道」は極めて貴重で且つ重量の唐銅製御宝塔の運
搬に耐え得る道路としての状態に整備されていたと考えられよう。つま
り、文中御宝塔は「安養沢」を通過した事になるが、文中の「安養沢」
は沢そのもの或いは広く沢の地域でなく、「安養沢に沿う道」と理解し
たい（この事に関しては後述）。

（ハ）名　称

　前述の如く現西参道は大猷院廟造営の承応元年（1652）には道路と
してある程度は整備された状態となったと考えられるが、江戸時代にお
けるこの道路の名称はどの様であったか、名称を記した史料は非常に限
定されるが以下検討したい。

　先に引用した「承応元年十二月　日光山における見廻下知状」に、
　　　　　　　　　　　　　　　　　　　　　　　　　（注⑳-1）
「一　稲荷川之番衆者（中略）常行堂之前江出　惣門之番所改之　安
　　養沢之木戸・新宮之別所之坊江申届（以下略）」、
「一　馬町之番衆者（中略）昼之四時より八迄間安養沢江出　新宮之別
　　所之坊へ相断（以下略）」
とある。また、先に引用した「旧記」に、
　　　　　　　　　　　　　（注①）
「天和三年（1689）十月御宝塔御地盤（中略）御屋根（中略）引之道
　　筋ハ久次良ヨリ蓮華石安養沢ヲ通リ三仏堂辰巳ノ方ヨリ奥院エ掛橋
　　ヲ造リ奥院エ引上ル」
との記述がある。つまり、前者の安養沢之木戸とは、自明の如く安養沢
に設けられた木戸ではなく、安養沢に沿い山内に至った道路に常行堂横
（東側）と安養院入口付近に設けられた木戸のことである。見回りは徒
歩であるから後述の安養沢江出とは沢そのものより沢と平行に走る「安
養沢に沿う道」に達した事を示していると解される。そして、引用した
　　　　　　　　　　　　　　　　　　　　　　　　（注①）
２史料のうち、沢と道との関係を明確にさせるのは「旧記」の例である。

つまり後者の「安養沢ヲ通リ」で文を文字通り解釈すると、東照大権現為の御宝塔が沢の中を曳かれ三仏堂の辰巳（南東）より山内奥社に至る事になるが、これでは御宝塔という神に対する冒涜となり沢通過は無理があり、むしろこの部分は安養沢に沿う或いは並行する道を通りと解すのが妥当と考える。これら承応期と天和期の２史料に見られる「安養沢」の表現は、安養沢の沢そのもの或いは安養沢の流れる地域を表現したのでなく、安養沢に沿う或いは並行する道を表現していると解される。ただ注意しなければならないが、時には沢そのものを安養沢と記す場合もあろうし、沢に沿う道路を示す場合もあり混乱する場合もあろうが、それは文脈の上から判断せざるを得ない。いずれにせよこの時期「安養沢」と記されていた場合、「安養沢」と「安養沢に沿う道」の何れかを示しているであろう事に留意したい。

　上記のような使用上の曖昧な事例はこれ迄触れてきた山内主要道の名称に関してはなかったが、「安養沢・・」の場合何故にこの様な混乱が生じたのであろうか。考えられる要因の大きな部分を占めるのは、一方で安養沢という沢の名称の“古さ”“伝統”或いは“歴史の持つ重み”にあり、他方でそれを倍加させるのは、17世紀半ばの山内西部地域の充実がなされて始めて道路としての造成が為されたという道路の“新しさ”にあると考える。残念ながら史料では明確に確認出来ないが、古くは道路そのものの必要性がなく道路の片鱗すら無い状態があり、その後次第に文字通りの“沢道”の状態として安養沢と一体化していたかも知れない小径があり、そして漸く道路として沢から独立し沢とは別個のある程度整備された道路としての存在となったのが大猷院廟創建の承応期であったと考える。しかしながら道路としてある程度整備が進んだとしても、例えば安養沢を横切る無量院前の地点に各種絵図（例えば後述の注㉔正徳期絵図〈第8図〉）に示されるような橋が架けられ、沢の名称から道路の名称が独立し固有の名称を有するに至るのは容易ではなかったと考える。

　名称としての安養沢の古さと道路名の独立に関し、日光に関する代表的地誌書の「日光山志　巻之一」中の「安養沢」の説明に次がある。
　「(中略) 龍光院の後の谷より沢水流れ来る　古より安養沢と号せし由

然るに新宮の別所御取立の時　此所に寺地御造立のころ　地名を以て安養院と称する由　坂の名も安養坂と唱ふ」[注20-1]

大猷院別所龍光院の北方の山を源とし、山内西部地域を小谷を形成しながら流れ西町に至るこの沢には、遅くとも中世期には安養沢の名称が付けられていた。安養とは安養浄土（＝極楽浄土。「阿弥陀の浄土に往生すれば、心を安んじ身を養う」「広辞苑」）に因む名称であるが、沢の位置する山内西部地域は大鳥居のある（第1節第1図）山内中心部の中山地域から見る時西方浄土として古くより認識されていたのであろう。[注20-2]その山内西部地域に、慈眼堂が創建され（寛永20年〈1643〉～正保2年〈1645〉）、二ツ堂が移転し、更に大猷院廟が造営され、廟の敷地にあたる部分にあった安養院が安養沢台に移転した。[注⑮]先に推察した如くこの一連の造営工事時期に伴い、西町地域と山内地域を直結する道路の整備が必然化した。そして道路名も安養院の名称同様古くから山内西部地域と関係深い安養の名を冠し、更に地形を加味して「安養坂」と称されるようになったと考えられる。ここに「安養沢に沿う道」が名実ともに沢から独立

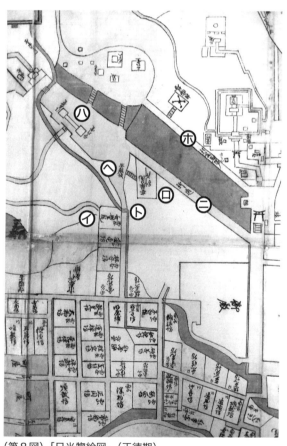

（第8図）「日光惣絵図」（正徳期）
イ．無量院　ロ．安養院　ハ．二ツ堂　ニ．新道　ホ．新宮馬場
ヘ．安養坂　ト．橋

し、道として独自の名称を持つに至ったのである。[注22]

　ところで、この「安養沢に沿う道」は各種絵図や「日光山志　巻之一」が「安養坂」と記す様に、全体的に坂道である。特に慈眼堂別当無量院（草創正保元年〈1644〉）[注23]の付近から二ツ堂東に位置する「安養沢之木戸」の間が、地形的に傾斜が大きく道路はかなりの急坂状態となり、絵図類ではこの状態が強調して描かれる。例えば大猷院廟造営より半世紀後の山内から西町に展開する院・坊と道路網が詳細に描かれている正徳期（1711–1717）と推定される「日光惣絵図」[注24]（第8図）では、無量院の前で山内からの道路が安養沢を横切り、其処に橋が架かり、沢は道路東側を流れ西町方面に流下する。そして図には道路が急坂になる部分に明確に「安養坂」と記されている。先の（第8図）よりやや後となるが開版が享保13年（1729）で後に版を重ねる「日光山名跡誌」[注25]の図でも、西町より山内に至る道全体が坂道のように描かれ、その名称として「安養坂」の添え書きがある。又、同書の別図では安養沢が山内からの道路を横切り西町方面に流下する様子が描かれ、道路を横切る地点の橋を確認出来る。更に、「日光御山之図」（植山弥平治版）、「日光御山之絵図」（植山弥平版）[注26]には、「安養沢に沿う道」に名称が付されてないが、坂の状態が明瞭に描かれている。これらの例から「安養坂」と言う名称は、二ツ堂横の安養院入口から無量院前迄の急坂部分を示す名称であるのは無論であるが、その狭い範囲のみを指すのではなく、安養沢を横切り安養沢西側を沢に沿って並行し西町に至る範囲をも含む道路の全体を指していると考える。

　現西参道の前身である安養沢に沿う道が道路として整備されるのは、山内の長い歴史の中では不思議なほど遅れ、二ツ堂移転や「新道」造成後の大猷院創建の慶安・承応期に為されたと推定された。この安養沢に沿う道の整備当初の名称は、山内西部地域を小渓として流れ西町地域に流下する沢の名称である「安養沢」が用いられた。つまり道路の名称にも山内地域で古くから用いられ定着した安養沢の名称が用いられ、道路の名称が沢の名称から独立出来ない状態が道路整備当初は続いた。言ってみれば沢の名称と道路の名称とが一体となっていた訳であるが、沢と道路とは殆ど並行しており左程の混乱はなかったと考える。しかしなが

らこの状態も道路整備から約半世紀後の正徳・享保期頃には解消され、史料により確認される様に、安養沢に沿う道の名称は明確に安養坂となる。ここに漸く名称において沢と道とが明確に分離され、沢の名称から道路のそれが独立し、以後安養沢に沿う道路の名称としての「安養坂」は江戸期を通じて使用された。

【要　約】

1　東照社元和創建や寛永大造替は、山内地域に於いて多数の堂舎創建・移動とともに俗家の増加をもたらし、聖俗混住状態の進展を生んだ。一方で「寛永町割」は聖俗分離を図り山内地域の聖域・聖地化を進めた。一連の動きは地域的には山内中部〜東部地域（中山・東山・東山谷・仏岩谷の各地区）が中心であり、山内西部地域ではこの時期堂舎創建等殆どなく比較的静かで、現下新道・西参道は存在しなかった。

2　常行堂・法華堂（「二ツ堂」）が現在地（「大師堂ノ坂本」）に移転した慶安２年（1649）の翌年に、山内西部地域と現表参道地域を結ぶ「新道」（現下新道）が造成された。この道路は山内主要道で成立時期を史料で確認出来る唯一の道路で、その名称の「新道（しんみち）」は江戸時代を通して用いられた。尚、時に地元住民は「新道」を、道路の役割からか「服道」とも称したようである（「日光山志　巻之一」）。

3　「新道」は道路両側に数段の野面整層積み石垣がある切り通し構造で、全体的にほぼ水平・平坦・直線・幅広な「大路」（「日光山志　巻之一」）である。道路両側の切り土・盛り土状態はかなり低く、「土手（注④）」程度に認識されていた。「新道」は二ツ堂の移転とほぼ同時期に造成されたが、二ツ堂の向きは日光山金堂（三仏堂）正面を向いており、「新道」の延長上に常行堂の庇が食い込む状態となっている。更に、後年創建された大猷院廟仁王門の向きも「新道」の軸と若干の齟齬を生じている。二ツ堂・「新道」・大猷院の移転・造成・創建はほぼ同時期ながら、それらは統一的理念の基になされたのでなく、各々別個の理念に基づいてなされたと推察される。

4　現時点で「新道」造成の要因を記す直接的史料は見出し得ない。しかしその背景には、正保・慶安・承応期に堂宇等の密集状態が形成さ

れ重要性の増大した山内西部地域と、東照宮・本坊・御殿等集中する表参道地域とを高さが同一レベルで直結する道路の必要性が格段に高まった事があったと推察される。

　「新道」の造成により山内随一の古さを有す「新宮馬場」（現上新道）と「新道」とが近接・平行して存在する事になった。しかし両道はその利用の仕方（≒役割）を異にし、前者は二荒山神社や東照宮の神道関係祭祀に、後者は大猷院や二ツ堂等の仏教関係法要に利用され役割の分担がなされ、今日においても同様である。

5　山内における日光山本坊・将軍御殿・元和創建・寛永大造替等による堂舎創建等は、それを人的・物的に支える地元山内地域や西町地域の集落としての拡充を促進させた。特に山内西部地域においては、正保・慶安・承応の約10年間に慈眼堂・二ツ堂・大猷院等が創建・移転したことにより天台密教伽藍集中地域が形成され、山内西部地域と隣接する西町地域とを直結する道路の整備が喫緊の課題として浮上した。

6　上記5を背景要因とした安養沢に沿う道路の整備は、遅くとも二ツ堂移転時期である慶安2年（1649）前後から大猷院造営着工の承応元年（1652）の間と推定される。尚、現時点で諸史料では慶安期以前においては安養沢に沿う道路を確認出来ないが、たとえ存在したとしても沢との区別がつかない「沢道」程度か、極めて小径であったと推察される。

7　安養沢に沿い新たに整備された道路の名称は、大猷院北方の御堂山を水源とし山内西部地域を小渓谷をなし西町に流下する沢の「古より」(注②)の名称である「安養沢」で当初は代替された。時の経過とともに道路（名）は沢（名）より独立し、整備から約半世紀後の正徳期には「安養坂」の名称を確認できる。

　尚、安養坂は山内寄りの急坂部分のみでなく、山内から西町に至る道路全体を指し、江戸期を通じこの名称が使用された。

【注　記】
① 「旧記」（宝暦3年〈1754〉）（「日光山輪王寺史」より）
　　「晃山編年遺事」　（十七世紀後、「晃山叢書一」より。旧記を補充した内容となる。）
　　　　　　　　　　　　　　　　　　　　　　　　　　（「日光市史　史料編　上巻」）

②－1　「承応三年十二月　日光山における見廻下知状」(日光市史　史料編　中巻」)

②－2　「明暦元年九月　日光山下知条々」(日光市史　史料編　中巻」)

（「二荒山神社」大正2年)

②－3　「元禄十三年九月　日光山下知条々」(「日光市史　史料編　中巻」)

②－4　「日光山志　巻之一」(植田孟縉著　天保8年正月刊)

③　「日光山大絵図」(第4図)(栃木県立博物館　蔵)

④－1　「承応二年　大猶院殿三回御忌記」(「日光市史　史料編　中巻」)

④－2　対照的なのが東照宮神域であり、御仮殿・御旅所・武徳殿等全ての神域は赤柵で厳重に囲繞されている。

⑤　「下野国日光山之図」(承応2年9月版　栃木県立博物館蔵)

⑥　「下野国日光山之図」(元禄9年11月版　日光東照宮蔵)

注⑤⑥は発行年が異なるが同一版で、⑤が開版のものと考えられる。下記参照。

「聖地　日光の至宝」(栃木県立博物館　2000年)

⑦　「日光山三仏堂万部読経図」(日光山輪王寺　蔵)

⑧　「元禄　日光御山絵図」(日光東照宮　蔵)

⑨　「日光御山絵図」(推定寛政期頃)(第5図)(日光東照宮　蔵)

⑩　「常行堂法華堂御番諏訪備前守組　勤方絵図」(天保14年)(第6図)(日光東照宮　蔵)

⑪　「明暦元年九月　日光山条目」(「日光市史　史料編　中巻」)

⑫　「元禄十三年　日光山法度」(「日光市史　史料編　中巻」)

本文の如く⑪⑫は同一内容であり、「新道」は現上新道と役割が明確に区別された。

⑬－1　両図に大きく描かれた行者堂と新宮からの参道(「滝尾下向道」)は、今日の小さな祠の行者堂と細い参道からは容易に想像できないが、杉の大木が参道両側に並ぶ姿は往時の繁栄を偲ばせるに十分である。加えて、図は東照社鎮座以前の日光山における主要道と主要堂舎が那辺にあったかを十分に示していると言える。そして第1節で引用した中世末期の日光山の、特に滝尾神社周辺の繁栄を記した下記がその傍証ともなる。

「東路の津登」(柴屋軒宗長　永正6年〈1509〉「日光市史　史料編　上巻」)

滝尾神社から行者堂を経て新宮に至る道の名称は、「日光山志」で「滝尾下向道」、「大日本地名辞典」(明治36年、吉田東吾著)で「滝尾の詣路」と、共にこの坂道が滝尾神社の歴史ある参道であることを記す。

⑬－2　このルートは二荒山神社弥生祭において、新宮より現上新道を通り東照宮・開山堂を経て滝尾神社に渡御した神輿の新宮への還御のコースとなる重要路。

⑬－3　「日光山志　巻之二」(植田孟縉　天保八年刊)に次の通り。

「行者堂　此の堂の辺より　年々峰修行の禅頂する道の始なり」

この修験コースは、現表参道→現上新道→金堂→新宮→滝尾下向道→行者堂→女峰山等日光連山となる。

日光修験の復活及び惣禅頂に関しては下記参照。

「日光市史　中巻」第二章第六節

「日光山と関東の修験道」(宮田登・宮本袈裟雄編著　名著出版　昭和54年)

⑬－4　本文の如く現上新道を通り新宮隅より龍光院・行者堂へと続くこの参道は、江戸

末期でもそうであり、今日の二ツ堂前からの直行路はない。下図参照。

「新宮権現の図」（「日光山志　巻之二」植田孟縉）

「日光御山之絵図」（植山弥平。寛政期頃）（「日光史」星野理一郎著　付図）

⑭　例えば下記の事情変化。

　　　1　寛永大造替に伴う資材等諸物資輸送の増大

　　　2　造営の為の職人等の集住するようになる西町地域との円滑な連結の必要性増大

　　　3　山内西部地域への堂舎の創建・移転等に伴う西部地域自体の重要性の飛躍的向上

⑮　安養院旧跡の位置に関し史料により微妙な差がある。時期に関しては注⑱参照。

　　「承応四年辛卯別所安養沢台被引之　号安養院別所　旧跡今　御堂水屋ノ地也」

　　「日光山満願寺勝成就院堂社建立記」　　　　　　　（修学院僧正玄海ら　元禄十年 1697）

　　「承応四年 1655　新呂別所を安養沢東の台に移す。今の当社の職舎これなり。其の
　　　旧地は大猷院霊屋の仁王門前辺りなり」

　　　　　　　　　　　　　　　　　　　　　　　　　「二荒山神社」（大正二年　二荒山神社）

⑯　江戸時代における日光の地域別戸数等の一端は下記参照。

　　　　　　　　　　　　　　「第 1 表　社家等の住居別人数」（「日光市史　中巻」）

⑰　西町の機能については下記の拙論参照。

　　「鳥居前町・門前町としての「東町」、社家町・僧坊町としての「西町」の変遷、動揺」

　　　　　　　　　　　　　　　　　　　　　　　（「大日光」第 79 号　平成 21 年）

⑱　但し、図では新宮別所安養院が「新道」脇の位置（＝「安養沢台」注⑮「堂舎建立記」）
　　に描かれているが、注⑮　の 2 史料にある様に安養院の旧跡（史料により場所が異なる）
　　から「新道」脇への移動が承応 4 年とすれば、承応 2 年の図⑤では既に移動しており図
　　⑤は誤りとなる。逆に、大猷院造営は着工承応 2 年 2 月、完成翌年 10 月であり、注⑮
　　史料の通り安養院移転が承応四年とする事は大猷院完成後も安養院が廟内に在ったこと
　　になり疑義が生じる。故に「承応元年十二月　日光山における見廻下知状」⑳記述の「安
　　養沢之木戸・新宮之別所之坊江」の通り承応元年には安養院は移転しており、注⑮史料
　　の記述は疑義の生じる可能性大と言えよう。

⑲－1　「日光山之御絵図」（日光山鉢石町　御経師　植山弥平次正利版　日光東照宮蔵）
　　　　図は植山版の「日光山之御絵図」の最初の物とされる。後のこの版の絵図と比較すると
　　　　作り方はかなり "雑" と言える。

⑲－2　「日光惣絵図」（正徳頃と推定される）（東照宮蔵）

　　　「日光山惣絵図」（享保頃と推定される）（東照宮蔵）

⑳－1　「承応元年十二月　日光山における見廻下知状」　（「日光市史　史料編　中巻」）

⑳－2　稲荷川の火の番屋敷は寛文 2 年（1662）稲荷川大洪水により流失し、翌年下鉢
　　石町の大横町に移転した。

㉑－1　「日光山志　　巻之一」（植田孟縉著　天保八年刊）

㉑－2　安養沢・安養院等に用いられる「安養」に関し下記史料に次の如くある。

　　「安養院　此寺ハ新宮権現ノ別所也、僧形ノ文殊ヲ安置ス、往古ハ一坊ノ中ヨリ役之、
　　権別当座禅院ノ名代職ナルカ故ニ、上人ト不称、或大聖云ヒ或ハ安養ト云、安養トハ沢
　　ノ名也〜（略）」

「日光山本坊・惣徒旧跡之記」

　　　　　　　（御堂別当四世　前教城院大僧都天佑　元禄四年　「日光市史　資料編上巻」）

　　　尚、日光山における御留守役座禅院権別当時期は応永元年（1394）〜慶長 18 年（1613）。天海日光山貫首就任し光明院復活。

㉒　（注㉑ -1）の引用では、「此所ニ寺地御造立のころ」に「地名ヲ以て安養院と称する由　坂の名も安養坂と唱ふ」と記されている。慈眼堂別所無量院の草創は正保元年（1644）で、安養院の「安養台」（小字名、現二荒山神社職舎が建つ）への移動は注⑱で問題となったように早くても承応元年（1652）と推察され、「御造立のころ」を厳格に狭く「時」と捉えるのでなく、数年の余裕を持った幅広く捉えたい。

㉓　無量院に関し前掲（注㉑ -2）「日光山本坊・惣徒旧跡之記」に次の如くある。

　　　「無量院　此寺ハ　慈眼大師御廟ノ別当也　正保元年ニ文月坊ヲ移侘所　此寺ヲ　建立ス（中略）将軍家ノ御修理処也」

　　　東照社創建（竣工元和 3 年〈1617〉）とともに、日光山に奉仕する社家・衆徒・一坊八十坊等召し出され、山内に院・坊が林立する事になる。この時史料にある文月坊は安養沢の小渓が山内から西町に出る付近に位置した（山内の地域割りでは「善女神谷」地域の最北端に位置。沢に沿い奥より文月坊・道龍坊・林守坊・金蔵坊の四坊が並んでいた）。寛永 20 年（1643）10 月天海が入寂し、大黒山中腹に慈眼堂が創建されると共に、別所無量院が慈眼堂より南東に下った山裾の文月坊の位置した場所に草創され、その為文月坊は「善女神谷」地域の最南端の大谷川近くに移転した（正保元年〈1644〉）。これらの位置は下記史料参照。

注㉒− 1　（第 4 図）「日光山大絵図」（承応〜天和期成立か）

注㉒「日光山名跡誌」（享保 13 年〈1729〉。大嶋久兵衛）

注⑪「日光山志　巻之一の御山内縮圖、及び巻之三」（天保 8 年〈1837〉発刊）

㉔　「日光惣絵図」（正徳頃　東照宮蔵）

㉕　「日光山名跡誌」（享保 13 年〈1729〉。大嶋久兵衛）

㉖　「日光御山之図」（植山弥平治　版　寛政期）（注⑪ -3）

　　　「日光御山之絵図」（植山弥平　版　十八世紀中頃？）

【図表等一覧】

第 4 図　「日光山大絵図」（栃木県立博物館　蔵）

第 5 図　「日光御山絵図」（推定寛政期頃）（日光東照宮　蔵）

第 6 図　「常行堂法華堂御番諏訪備前守組　勤方絵図」（天保 14 年）（日光東照宮　蔵）

第 7 図　二ツ堂経と日光山金堂の位置関係

第 8 図　「日光惣絵図」（正徳期）（日光東照宮　蔵）

第 1 表　「社家等の住居別人数」（日光市史　中巻）

写真 1　下新道（遠方に常行堂・大猷院を望む）

第2章

近代以降の主要道の状況と名称

第1節

現中山通り・表参道沿道の状況と名称

①現中山通り沿道の状況

　江戸幕府（国家）の手厚い庇護を受け国家を代表する聖地として繁栄を誇った日光山は、幕府の終焉とともにその繁栄は終止符を打ち、新国家の宗教政策に翻弄され混乱・崩壊・存亡の危機に直面する。日光奉行と輪王寺宮を中心とする「神政政治」とも称される日光独特の社寺・神領支配体制は崩壊し、社寺は庇護者・収納手段を完璧なまでに失い財政的窮乏は言語に絶する状態となった。特に例えば輪王寺宮を頂点に幕末期に学頭修学院1カ院、衆徒20カ院、一坊80カ坊、別当6カ院（東照宮別当大楽院・大猷院別当龍光院・二荒山神社別当安養院・慈眼堂別当無量院・釈迦堂別当妙道院・含満〈憾満〉別当慈雲寺）、及び承仕3カ坊（「鐘撞承仕」との3人の僧侶の住む坊。東照宮御仮殿南側石垣下に位置し「時の鐘」を担当）の都合約110カ寺の寺院関係の疲弊は著しく、多数の僧侶等は院・坊を離れ四散し、それらの多くは無住状態となった。この事は地域的には、例えば江戸時代国家最高の聖地として俗人の居住を厳しく禁じた山内地域や、日光奉行所関係役人や社寺関係者・奉仕者の多くが居住すると共に日光山の枝院（支院）・坊が空間的に地域のほぼ半分を占めた日光西町地域において特に広大な無住空間が出現する状況となった（第1図「幕末期山内及び西町の院・坊の位置・地域割」）。今日、山内の中山通り沿いには通り北側に輪王寺の三仏堂・紫雲閣・逍遙園等が、通り南側には東端より順に日光社寺共同事務所と輪王寺の5枝院（護光院・照尊院・安養院・医王院・光樹院）が位置する。しかしながら、中山通り沿道の今日の状況は幕末期（第1図参照）及び神仏分離以前の沿道のそれとは大きくかけ離れたものである故、明治とともに激しく変化し今日の姿となった中山通り沿道の状況を暫く辿らねばならない。

　「日光山輪王寺史」「日光市史　下巻」等によれば、明治2年10月4

日に日光山第 67 世門跡公現法親王が輪王寺門跡を辞任し（還俗し伏見宮復籍、同 5 年北白川宮家を継ぎ北白川宮能久親王）、同年 11 月には輪王寺宮の門室号が廃され、同 4 年 1 月 8 日日光県知事鍋島道太郎により所謂日光山における神仏分離が断行された。これにより日光山は「二十六ヶ院八十ヶ坊ヲ廃止セラレ山僧一同本坊ヘ合併、但ニ満願寺ト称ス、茲ニ至テ、従来本坊枝院凡ソ百拾ケ寺ノ総号トセシ満願寺ノ称ハ、独ターケ寺ノ寺号トナル」（注3）。本坊と 100 を超える枝院・坊の存在した日光山は解体され満願寺 1 カ寺となり、そのうえ寺地は全て官に奉還され、僅かに「禄百石、僧徒六十余名」（注2）の小寺院となった。更に追い討ちをかけるように同 4 年 5 月 13 日早暁には、江戸期日光山本坊であると共に将軍社参の折には将軍御殿の役割を果たした満願寺本坊が全焼し、寺は最悪・極貧の状態となった。神仏分離令の第 2 項目の如く、神地内の満願寺関係堂塔移転（例えば二荒山神社新宮境内の旧日光山金堂＝三仏堂等）は焦眉の急であったが、本坊焼失によりそれは困難となり、それ故満願寺は移転の 3 年延長を県に請願し許可された。満願寺関係者の懸命な努力により焼失した本坊が同 7 年 7 月に再建され（注4）、同 7 年 12 月には二社一寺の境界が確定した（注5）。移転猶予後の明治 8 年 3 月には、東照宮奥宮に寛永 20 年（1643）造立され僅か 7 年後の慶安 3 年（1650）に東照宮境内の本地堂西方の上新道沿いに（＝旧三仏堂にも隣接）移転していた相輪橖が表参道東側の現在地に再移転したが、この時現在の表参道東側石垣の一部が撤去され今日の状態となった。更に同 9 年 5 月には二荒山神社社務所の位置にあった満願寺（旧日光山）金堂（三仏堂）の現在地への移転工事が開始され、同年 8 月 10 日明治天皇より「御下賜金三千円」等もあり、同 12 年 7 月（1879）には移転工事が完成した（注6）。同 13 年 9 月には「内務省社寺局長の現地視察が行われ神地内の堂塔管理について二社一寺間で協定が成立し」（注7）、同 14 年（1881）11 月三仏堂の落慶・入仏式が営まれた。つまり神仏分離令からほぼ 10 年で満願寺（明治 16 年 10 月に寺号は輪王寺となる）境内の整備と神仏分離の内容に関する諸事項の一応の整理がなされたのである。

　ところで、前述の如く神仏分離令以前の日光山には約 110 を越える枝院・坊が存在したが、神仏分離によりそれらは全て廃され、多くの院

（第 1 図）「幕末期山内及び西町の院・坊の位置及び地域割」

【地域割】 —・—中山　　——東山谷　—・—・南谷　————仏岩谷　………善女神谷　•••••••西山谷

【記　号】◎別当（慈雲寺を除き 5 カ院）　▲衆徒（20 カ院）　無印（80 カ坊）　×鐘撞承仕（3 カ坊）

◎御宮（東照宮）、御霊屋（大猷院廟）、新宮（二荒山神社新宮）、
　御本坊（日光山本坊）、御殿地（旧将軍御殿跡地）、三仏堂（日光山金堂）
◎図は「日光山志　巻之一」の「御山内縮図」による。

・坊の僧侶等は四散し無住化した。しかしそれら枝院・坊のうちの幾つかは関係僧侶の懸命の努力により分離令から約10年前後の同12年と15年には再興され（第2図参照）、結果として今日の輪王寺枝院15カ院体制が確立する。この事が特に空間的には主要道のうち中山通り沿いの枝院配置に大きな影響を与え、従来のこの地の枝院配列を一新したので次に再興と移動の動きを略記する。先ず同12年4月には枝院の一つで分離令以後の混乱の中で指導力を発揮してきた彦坂諶厚が住職を務める東山谷地区の護光院の再興が許可され、これにより日光山は満願寺と護光院の「日光山中本枝二ケ寺ト成ル」^(注8)。同年12月には天台宗の法脈を永続的に伝える為、本寺たる満願寺に枝院15カ院より7箇条の取り決めを記した「永続方法之義ニ付願」が提出された。続いて同15年5月には「日光山元衆徒並一坊之内復旧願」が、「十一ケ院三ケ坊復旧相願渾ヘテ満願寺ノ支坊トシ、永続ノ目途ハ一山総入ノ財産ヲ分賦シ、諸堂ノ勤行古伝ノ法儀ヲ永遠ニ執行仕度候」の考え・決意を添えて栃木県令藤川為親宛て提出され^(注9)、同年8月に許可された。これにより先の護光院と合わせ12カ院、3カ坊の都合15の枝院・坊が満願寺の下にある事になった。なお、この後同16年10月5日寺号としての輪王寺使用が県より許可された。

　明治15年に再興なった11カ院と3カ坊は、「法門院・安養院・華蔵院・照尊院・南照院・禅智院・浄土院・医王院・桜本院・光樹院・唯心院」と「教光坊・道福坊・金蔵坊」である^(注10)。再興なった護光院と11カ院の計12カ院と輪王寺との本・枝関係は今日迄変化ないが、幾つかの院において再興時の位置（第2図「明治初期の再興院・坊の位置」）と現在の位置（第3図「輪王寺枝院十五ヶ院の位置」）とでは移動がありそれを辿ることにする。先ず東山谷地区にあり最初に復興した護光院であるが、前記15年の「復旧願」にもその名も無く廃絶したと考えられる中山地区の観音院跡地に移転する。その移転時期であるが、明治19年と21年出版の「日光山全図」^(注12)には中山通りに面し整然と並ぶ冠木門を有する建物が描かれ（両図ともに院・坊の名称なし）分離時期以前の中山地区の3カ院を示すが、同21年出版の「日光山名勝図会」本文の「～左の角は護光院にて保晃会の事務所なり～」^(注11)の記述及び同書中の「本

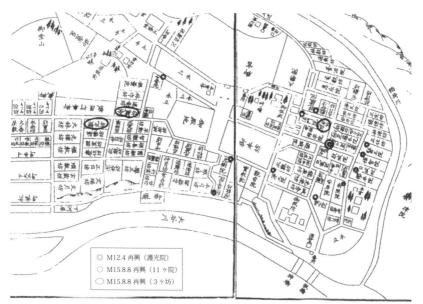

（第２図）「明治初期の再興院・坊の位置」

◎ M12.4 再興（護光院）
○ M15.8.8 再興（11ヶ院）
○ M15.8.8 再興（3ヶ坊）

○「雅新後寺門沿革略記」による
○図は「日光山志 巻之一」の一部

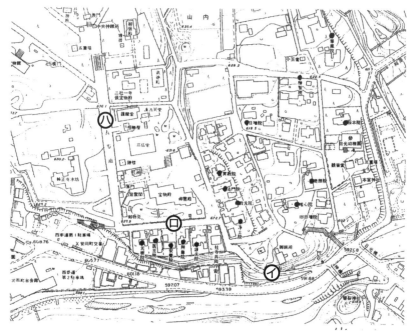

（第３図）「輪王寺枝院十五ヶ院の位置（●印）（現在）」（イ.長坂　ロ.中山通り　ハ.表参道）

宮四本龍寺及御旅所三仏ノ図」の「ごこういん」の記載から、及び法務局資料や後述の明治27年保晃会事務所移転決議[後掲注⑳]により、護光院は明治10年代末から遅くとも明治20年半ば迄には中山通りの現在地に移転したと考えられる。二荒山神社別当寺院（別所）として江戸期を通じて同神社南隣の安養台（今日の二荒山神社職員職舎の地）に位置した安養院は、神仏分離によりその任を解かれ、明治20年代半ばには観音院に隣接し中絶した広大な実教院跡地である中山通り中央部の現在地に移転した。東山谷地区の東端にあった医王院は、稲荷川の氾濫を避ける事も一因に、明治20年代半ばには光樹院隣接地に移転した。東山谷地区の東端で医王院に隣接していた禅智院は、一時期中山地区の浄土院に隣接し中絶した永観坊跡地に移動したが、明治20年代半ばには無住化し畑地・荒地化した教城院跡地を中心とした現在地に移転した。東山谷地区の東端で本宮神社北側にあった桜本院は、明治20年代半ばには桜本院の北側にあり移転した禅智院・日城院等の跡地に移転した。

　現時点でこれら枝院・坊の動きを適切に示す地図の類いを入手し得ないが、山内を詳細に描いた明治33年の「大日本下野国日光山全図」（第4図、第5図）[注⑬]が注目される。図では中山通りに面して、笠木を乗せた2本の門柱の冠木門を有する枝院と考えられる家屋を4軒、簡単な切り妻屋根と2本の主柱の棟門を有する民家と考えられる家屋を1軒、2本の門柱と石蔵を有する2階建ての大きな家屋（後述の保晃会使用。昭和43年焼失、再建）を1軒の都合6軒を確認出来る。残念ながら第4図ではそれらが前述のどの枝院等か特定出来ないが、それより若干後に成立の明治39年の「日光山総図」[注⑭]で確認出来、中山通り東端より「保晃会・護光院・安養院・文殊堂・医王院・光樹院（但し文殊堂は小さな御堂だが図ではかなり誇張されて描かれており注意が必要。現在堂は安養院敷地の一隅にある）」の配列となる。更に前図より数年後の「日光社寺大修繕事務所所蔵実測図」[注⑮]（第6図）で枝院等の配列は、中山通り東端より「保晃会・護光院・鍋島別荘・安養院・医王院・光樹院」となり、今日護光院に隣接する照尊院は依然として大谷川に面して位置する（地名では下河原に位置）。前掲（注⑭）と（注⑮）の図では、下線部の記述が異なるが、他の枝院等の名称と配列は一致し、明治20年代半ば

（第４図）「大日本下野国日光山全図」

（第５図）「大日本下野国日光山全図」（部分）

には中山通りに面して
4カ院と保晃会が立地
しほぼ現在の配列に近
づいていたと考えられ
る。残る照尊院である
が、院は明治35年の
男体山山津波に伴う大
谷川大洪水により門柱
流失等の被害を受け、
法務局資料では明治
40年代初頭には先に
移転していた護光院を
分割する形で隣接して
前掲第6図にある鍋島[注15]
別荘跡地である現在地
に移転したと考えられ
る。幕末期及び神仏分
離時に中山通りに面し
て広大な区域を占めた

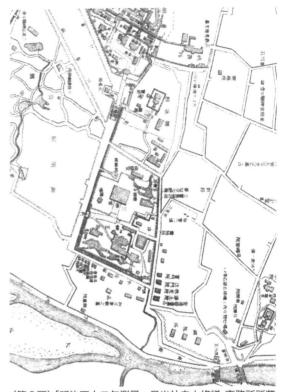

（第6図）「明治四十二年測量　日光社寺大修繕　事務所所蔵
実測図」（部分）

実教院は、明治15年の再興寺院にその名がなく中絶し、無住化した寺
地は一時三条実美等有力者の別荘として利用されたりし、明治20年代
半ばには前述の如く医王院・安養院が移転した。

　次に再興した3カ坊の移転地・移転時期である。明治15年に再興さ
れた仏岩谷地区の道福坊は、中絶した実教院を継承する形で同25年3
月に栃木県令より寺院として許可され、東山谷地区で廃絶し無住化した
永観坊跡地である現在地に移転した。同様に同15年に再興された善女[注16]
神谷地区の教光坊は、同25年には教光院と改称され、浄土院に隣接す
る永観坊跡地である現在地に移転した。同様に同15年に再興された善
女神谷地区の金蔵坊は、同25年には日増院と改名を許可され東山地区
南端の妙月坊付近に在り、大正中頃には仏岩地区南部の日蔵院が中絶し
満願寺が所有し畑地・山林化していた現在地で存続した。[注17]

以上の様に、中山通りの南側には幕末期及び神仏分離令以前の明治期迄は、通り東から観音院・実教院・光樹院の３カ院が位置したが（北側は寛永18年〈1641〉の本坊及び貞享２年〈1685〉の御殿の移転より現在に至るまで一貫して日光山本坊。現輪王寺三仏堂・逍遙園等）、通り最西端に位置した光樹院はそのままに他の２カ院が神仏分離令により廃絶し、新たに明治時代末迄に通り東端より護光院・照尊院・安養院・医王院の４カ院が移転立地し現在の配列となった。しかし今日、第３図にあるように観音院跡地には護光院と日光社寺共同事務所が立地しているが、後者の立地に至る迄には若干の紙幅が必要である（護光院に関しては既述）。

　江戸幕府滅亡と新政府の宗教政策により日光山は混乱・疲弊の極に達し、結果として社寺建造物は荒れ貴重な文化財は散逸の危機に瀕した。誕生間もない新政府には社寺建造物・文化財の保存修理の余裕なく、社寺の危機的状況に心痛・焦心深くした旧神領出身民間有志らが立ち上がり、明治12年11月28日保晃会（会長松平容保、副会長安生順四郎、幹事彦坂諟厚・矢板武等）が内務卿伊藤博文により公許された。保晃会の事務所は「保晃会規則第二条」に依れば、当初「本会事務取扱所位置ハ、下野国上都賀郡日光町二千三百番地ヘ設立ス」に置かれ、後「但十六年大会決議ニヨリ二千六百六十六番地ヘ移す」に置かれた。この「日光町二千三百番地」は当時の満願寺本坊であり、後者の「二千六百六十六番地」は江戸期の日光奉行所の位置した場所である。そして「保晃会沿革書」に依れば「同十三年一月二十八日本局を満願寺中に開き〜本局事務の統括は住職彦坂諟厚に〜無借家料無報酬にて嘱託せしむ」とあり、満願寺の多大なる支援があったことが伺える。しかしながら、明治19年発行「日光山全図」前掲（注⑫）に「保晃会事務所」として明示され、21年発行「日光山全図」（注⑫）には名は付されていないが前図と同様の建物が図示されている事から、明治16年の事務所移転は一時的であり数年後には山内に戻り、事務所は満願寺境内東側の「非常門」を少々入った付近（現輪王寺三仏堂境内の東側入口を入った付近）と考えられる。しかし満願寺境内のこの事務所は謂わば満願寺からの借地・借家であった為、会活動の本格化と共に手狭となり種々不都合な面が目

立ち移転が検討され、「日光町大字日光字中山二千二百九十四番地」の土地「一反二畝十四歩」を明治26年9月10日輪王寺（明治16年10月5日満願寺より変更）より寄付され、「同二十七年六月一日の大会に於いて本会会議場及び事務所を兼ねて新築するに決す」[注⑳]。この「字中山二千二百九十四番地」の土地「一反二畝十四歩」が、護光院に隣接した現社寺共同事務所が立地している場所で、その地に「事務所建物　木造二階建家　壱棟」と「同付属建物　石造倉庫　壱棟」[注㉑]が建てられた。中山通り南側最東端のこの地には、前掲（注⑬）「大日本下野国日光山全図」（明治33年9月発行）では「保晃会」として2本の門柱を構えた2階建ての大きな家屋及び門を入り右手に立派な石倉が配され、同様に前掲（注⑭）「日光山総図」（明治39年刊）では「保晃会」として同じ地に2階家を確認出来る。その後、明治32年に設立された日光社寺大修繕事務所が同35年設立の社寺合同事務所と合併し、大正3年11月25日に日光社寺共同事務所が設置され保晃会事務所建物を引き継いだ[注㉒]。日光社寺共同事務所が引き継いだ旧保晃会事務所として使われていた2階家は昭和48年の火災で焼失したが、花崗岩の門柱2本と石倉（門柱と同じ花崗岩で築造されているが残念ながら表面は現在モルタルで覆われている）は現存し、山内に残る数少ない明治期建造物と考えられ往時を偲ばせる。

　中山通り南側における輪王寺枝院等の分布変遷は以上の様であるが、通り北側の地域はどの様であったであろうか。周囲を堅固な石垣に囲まれた広大な空間は、寛永大造替以降本坊・将軍御殿（貞享2年以降）等の日光山の中心的施設が位置した。広大な区域南部の中山通りに面する一帯は、中山通り脇の水道を挟み本坊石垣とその上の築地塀が高く聳え、通りと本坊域とを厳然と分けている。輪王寺の広大なこの区域の東南隅地域には現在勝道上人銅像（昭和30年4月）が立っているが、この場所には江戸期から一貫して重厚な「通用門」とその脇に「番所」と称す門番小屋が本坊（及び江戸期は兼将軍御殿）警護のために置かれていた。この状況は明治に入っても変化なく、前掲（注⑫）「日光山全図」の明治19年の図では門と門番小屋が、同21年の図ではやや簡略気味に門のみが、（注⑬）「大日本下野国日光山全図」（明治33年、第4図）では重厚な門と

門番小屋が詳細に描かれ（なお、明治中〜後期と推定される**写真1**参照）、同様に（注⑭）「日光山総図」（明治39年、第5図）では「通用門」と付記し門と門番小屋が詳細に描かれ、（注⑮）「明治42年測量　日光社寺大修繕事務所所蔵実測図」（大正元年、第6図）では周囲の石垣と共に門としての位置が明確に示されている。大正時代においてもこの状況に変わりはない。例えば大正6年発行の「二荒山神社」挿入の地図（注㉓）には門と門番小屋の位置に二つの建物の記号があり、一方の建物に「拝観券交付所」と付記され、同11年発行の「日光山真景図」（注㉔）では明確に門と門番小屋が描かれ其処に「拝観券交付所」と付記されている。なお、（写真1）は輪王寺本坊蔵の明治中〜後期撮影と思われる「通用門」と「番所」の写真であるが、前掲注⑫⑬⑭図が描いた門付近の状況を知る事が出来るとともに、門の両側に高さ約三メートル程度の高い整層積み石垣を確認出来、当にこの堅固な囲はこの地が将軍や日光山御門主が利用される貴重な空間であったことを如実に示している。昭和期になると門とその周辺の描かれ方に若干の変化が見られる。例えば、昭和2年発行の「東照宮史」中の「境内平面図」（第7図）（注㉕）ではこの輪王寺本坊東南隅地域にやや広い空間を確認出来（図中の※印）、しかもその空間の隅に建物記号一つのみが記されている。日光出身の著名な画家小杉放庵による発行が昭和初期と推定される「日光山内図」（第8図）（注㉖）では、「献饌料納付所」の付記がある建物が1棟のみ描かれ（図中の※印）、周囲はやや広い空間となり、「護宝殿」と「本坊」の間の小規模な勅使門を確認できるのであるが、東南隅では最早重厚な門を確認出来ない。

ところで、広大な輪王寺本坊・三仏堂境内における重厚・堅固な門と附属の門番小屋の

（写真1）「輪王寺本坊通用門・門番小屋」

(第7図)「境内平面図」(1/2500)（部分）

役割も時代と共に変化する。つまり江戸期の門が象徴的であるが、門が本来果たさねばならない警護・警備と言った役割は、輪王寺本坊・三仏堂境内の一般開放と共に急速に低下し、その動きは例えば大正期には前掲（注㉓・㉔）の地図で門番小屋の処に「拝観券交付所」（昭和初期の第8図では「献饌料納付所」）と記されるような状況となっていたのである。この様な状況を考えれば、輪王寺本坊域東南隅に位置する「通用門」（裏門）とその脇の「番所」（門番小屋）の命運は最早明らかであり、それを決定づけたのが大正11年

4月の英国皇太子の来晃であったと考える。皇太子の来晃にあたって輪王寺は裏門周辺の整備に大正10年11月30日着手したが、県知事より「余り漠然不体裁ニ付更ニ相当改修ヲ施スベキ」「（翌年の）4月19日英太子御登

(第8図)「日光山内図」(※→献饌料納付所)

晃迄ニ体裁整フベシ」との指示を受け、「樹木移植及裏門番所移転」「砂利敷」を実施したのである^(注㉗)。大正期には本坊東南隅の門と門番小屋の命運は風前の灯火となっていたが、英国皇太子来日・来晃という国家的に大きな出来事によって重厚・堅固な門と附属の「番所」(門番小屋)の役割は終了した（残念ながらこの時の通用門周辺の整備図面等を確認し得なかった）。

　ところで、通用門と番所撤去の直接的契機は先述の通りであるが、此処に至るには行政や輪王寺に撤去を促した、或いは可能と決意させた、日光や山内を取り巻く諸変化・背景を検討しなければならない。何故なら、山内地域におけるこの門の立つ位置と社寺参拝を巡る諸状況の変化が大いに関係していると考えるからである。明治と共に聖地山内における諸規制は撤廃され種々の面で開放が進んだ。例えば、社寺参拝は所謂「日光詣」から「日光見物・観光」へと変質すると共に、参拝者・見学者の劇的な増加をもたらした。これを促し支えたのが近代的交通手段の整備である。例えば明治23年に日本鉄道会社による日光・宇都宮間鉄道（現 JR 日光線）が開通、同43年には日光電気軌道 KK により日光駅から清滝地区西端の岩ノ鼻迄の電気軌道が開通し（所謂通称「電軌」）、日光に至る人の移動と日光地域内における移動は極めて容易となった。山内地域における社寺参拝（見学・観光）も近代におけるこの交通手段変革の影響を強く受けた。例えば大正元年発行「日光大観」^(注㉘)裏表紙に、「日光電車案内」として主要停車場における電車発着時刻と停車場の位置図（第9図）及び「名所」への電車乗降場との距離が示されている。それによれば二社一寺や慈眼大師堂・滝尾神社・律院・霧降滝などの「名所」への乗降場は「神橋」となっている。今日では存在しない停車場神橋は、日光駅からの電軌が大谷川に架かる日光橋（仮橋）を渡り終えた処に位置し^(注㉙)（第10図）、電車発着時刻表に依れば日光駅停車場から「神橋」まで僅か14分であり、観光客は電軌を降り本宮坂か長坂を登り山内の入口とも言うべき中山通り東端（＝輪王寺本坊東南隅）に辿り着く。奥日光の観光開発及び大衆化は馬返し中宮祠間の道路改修・拡幅がなり、乗合自動車の運行が開始される大正14年以降であり、それまでの日光観光の中心は社寺の位置する山内が中心であり、その時の社寺参拝・見

日光電車案内

電車發着時刻表		
明治四十五年五月十一日改正		
上り		下り（中寺輪方面行）

日光停車場より岩ノ鼻までの中禅寺集客、約五哩半。電車の發着は前表に示せる通り上下共汽車の發着に連絡す 姑く電車の便に依り名所の順路を築くれば大要左の如し

名所	電車の乗降場よりの距離	名所	電車の乗降場よりの距離
東照宮	神橋より西方約五丁	羽黒瀧	田母澤より西北方約廿七丁
二荒山神社	同 約七丁	各滿淵	下河原町より約四丁
三代霊廟	同 約七丁	大日堂	花石町より東方約七丁
三佛堂（輪王寺）	同 約四丁	裏見瀧	花石町より南方約三丁
慈眼大師堂	同 約四丁	清瀧観音	裏見より西方約十四丁
慈眼堂	同 約五丁	清瀧権現	昔前
瀧尾神社	同 約十二丁	中禅寺湖華巌瀧	約二里十八丁
律院	同 約六丁	般若方等	約一里十丁
霧降瀧	田母 西北方 約一里十丁	湯元温泉	約三里
寂光瀧	同 西北方 約二十五丁	足尾町	約一里

（第9図）「日光電車案内」（部分）

学の起点は現在の表参道や西参道ではなく、実に輪王寺本坊東南隅の「通用門」付近（現勝道上人像付近）であったのである。停車場「神橋」で電軌を降りた社寺参拝者・観光客は、ややキツイ上り坂に苦労しながらも迷う事なく参拝・見学起点の輪王寺通用門前に達し、前掲注㉓・㉔・

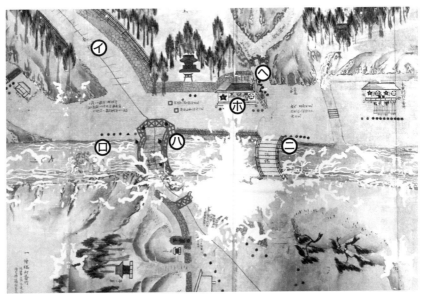

（第10図）「齋藤伊豆守勤番絵図」（部分）

イ．長坂　ロ．大谷川　ハ．神橋　ニ．仮橋
ホ．番所　ヘ．本宮坂

㉖の図にある参拝の為の「拝観券交付所」（＝「献饌料納付所」）にて拝観券を求めれば効率的に参拝・見学が出来た。地域不案内な多数の参拝者が円滑に見学するには高い石垣が左右を固め、人を拒絶する江戸期からの重厚・堅固な通用門や附属番所は不必要なものであり、客観的にも早晩撤去される運命にあったと言えるし、その重要な契機となったのが先述の大正11年4月の英皇太子来晃であった（尚、注㊸の通り、この時の英皇太子の来晃に合わせ日光御用邸（又は山内御用邸）の大増築がなされ、御用邸建物をほぼ継承した今日の輪王寺本坊の建物となる）。

　ここで近代以降の中山通りに面した両側の状況を整理する。

・　神仏分離以降中山通り南側の輪王寺枝院の配列には大きな変動があり、結果的に明治20年代半ばには（照尊院は若干遅れ明治後期）今日見る5カ院と社寺共同事務所が位置する事になった。一方、中山通り北側に面する一帯は寛永18年以降広大な日光山本坊・将軍御殿等（神仏分離以降は輪王寺本坊・三仏堂）が位置し、水道（側溝・用水路）・築地塀・逍遙園・勅賜門等の位置には近代以降変化はない。しかし本坊区域東南隅に位置した通用門と番所（門番小屋）及び門両側石垣は大正10年代初には撤去され、この地は社寺参拝者の山内への入口に当たる好位置の為、新たに設けられた広い参道に「拝観券交付所」のみが設置された。付近のやや広い空間には市制施行（昭和29年2月11日）記念事業として、日光開山勝道上人銅像（昭和30年4月1日序幕）が設置され今日の姿となった。

②現表参道沿道の状況

　江戸時代の現表参道東側には広大な日光山本坊とその表門（通称黒門。重文）や御桟鋪（御物見）等が、本坊域と小径を挟んでその北側には東照宮御仮殿の「時鐘」担当の「鐘撞承仕」3人（「日光山志　巻之一」による）の三つの坊が位置した空間があった。参道西側には貞享元年（1634）の大火により焼失した将軍御殿が再建されず臨時的利用に供した以外は「御殿跡」（史料により「御殿地跡」等）が広大な空き地として幕末まで存続し、そして参道中央には東照宮御水舎等からの流水を集め参道南端で中山谷に落ちる石造の「水道」（「日光山志」による）

があった。明治とともに参道両側のこれら諸施設・区域及び参道自体は、新政府の宗教政策（神仏分離）や経済・社会の大きな変化を受けその姿を大きく変化させて行くが次にそれを整理する。

　先ず参道中央の水道について記す。

　江戸期この水道は謂わば御宮（東照宮）で用いた御神水の「水バキ水道」（「造営帳」による）と認識され、構造は「幅参尺、深サ三尺五寸、ワリ石構造」で常時蓋のない開放状態になっており、水道を渡る為の石橋が参道に４、５カ所あった（史料により数が異なり正確な数字は不明）。水道の構造と参道中央に位置した状態は明治になっても変わらず存続するが、明治と共に参道周囲の建物等の配置や社会状況は激変しその影響を受けざるを得なくなる。広大な本坊域には明治14年山内西方の二荒山神社新宮域より三仏堂が移転、御殿地跡には東照宮朝陽館が移築され後に山内御用邸（日光御用邸）として利用され、そして何より社会状況わけても山内における道路そのもののあり方が変化する。栃木県令三島通庸の強力な指導の下で、明治16・17年には東町の日光街道中央にあった水道を街道両脇に移設、所々にあった石段を撤去し道路を平坦化し、更に東町他町に比較し道路幅の狭い鉢石町では道路拡幅もなされ（「日光道中宿村大概帳」では道幅２〜2.5間。他町は５間程度）、近代交通に対応した道路へと状況が一変した。この様な状況下に於いても、

(写真２)「東照宮町表」　イ.水道　ロ.御桟鋪（御物見）　ハ.表門

各種地図・絵図・写真等が示す如く（写真２）、参道自体は明治後期に至るまで変化しなかった。東照宮前の参道は日光東町の日光街道より道幅は格段に広く（参道南端で約７間、北端で約11間）、急傾斜（標高は南端623メートル、北端

640メートル、長さ約140間）であったが、勿論急傾斜故の悩みは多々あったが、幸いな事に日光街道と異なり参道では所々の段差は設けられてはいなかった。参道は道路としては破格とも言える立派な道路で、無論それは一般通行人の為のものではなく謂わば幕府の威信を示す有効なものであった。が、徒歩交通からの脱却を図る近代社会における道路交通状況の観点から及び一般人による社寺参拝者の増加状況からは、道路中央にある水道は障害物以外の何物でも無く、更に明治26年には東照宮別当大楽院の建物を移築した山内御用邸が設置され、これら客観的諸状況を受け水道は早晩撤去される運命にあった。そして明治30年代になり山内主要道の大規模改修の気運が高まり、現西参道にあっては同33年に道路にとって大きな障害となっていた安養沢の暗渠化工事（次項詳述）、現表参道はそれよりやや遅れ同38年に参道中央にある水道の道路両側石垣下への移設改修工事（側溝化工事）がなされた。

輪王寺寺務所文書によれば現表参道水道改修の概要は次の様である。

明治38年2月の社寺長職会議（二社一寺の長による会議で現在も定期的に開催されている）に於いて、予て県庁に提出していたと考えられる「町表通水路変更施設設計書」が「県庁ヨリ回送」され、その「施工ノ件」が可決された。続いて3月に入り「東照宮前通リ直通川溝両三日前ヨリ埋立工事ニ着手」（3月25日着手となる）し、その工事は「万事県庁ニテ監督」し、「費用ハ社寺合同出金」する事になった。ところが側溝化の工事に着手して早々の4月初旬に「外郭石垣下へ新ニ水道拡張ニ付御桟敷両側石垣孕出シ」、つまり本坊表門脇に設けられていた御桟鋪の両側の石垣が出張り、石垣崩壊の危険となるのでその修理を増工事とするよう県庁に願い出た。参道両側の石垣は江戸期に造られたものであるうえに、石垣は当初よりその根本に側溝を設ける様には構築されていない。更に又5月には「町表通水路変更ニ関シ石垣根堀溝渠新設中ノ処御仮殿横道角石垣孕出」となり、つまり御仮殿と本坊との間の小径（「横道」）角付近で参道石垣はかなりの高さとなる為か「孕出」となり、この修築の為「改築ノ義本県知事へ伺　金高七拾弐円十銭」の費用を要した。前述の如く参道中央の水道は「幅参尺、深サ三尺五寸、ワリ石構造」と横幅の割にかなり深い構造をしており多量の石を使用していたが、新

設された側溝の幅は参道中央の水道と同程度で深さはその半分程度であるが参道両側に設けねばならず、それ故旧水道の石を利用しても石が不足し、5月には若干の石の補充が必要となりこれは「宇都宮市辻田兵衞」より買い入れた。更に6月には「セメント」が必要となり「輸送費共金壱百四拾四円六銭」を「佐野町田中善吉」より調達した。参道中央の水道を道路両側の石垣下に移設し側溝化する工事は、3月下旬に始まり7月初旬に終わり約3カ月を要した。「日記」よりの推計では、その経費は水路そのもので「工事費五百五拾弐円九拾五銭」、石垣の孕出等の「修繕費用百四円六銭」の「都合六百五十七円壱銭」であった。

　ところで、江戸末期の山内を俯瞰する「御本坊略図」（「日光山志」巻之一）に描かれた参道側から見た本坊の様子には、表門とその右脇近くの石垣上に御桟鋪（御物見）が描かれている。この御桟鋪であるが、同書には

　　「寛文三年迄ハ御参詣ノ砌ハ　御殿表御門脇石垣上ニ将軍家ノ御桟敷
　　有リテ御拝覧アリタルガ　元禄四年五月御殿取払以後ハ　御参詣ノ
　　節　御本坊ヲ仮ノ柳営トセラレシユエ　御本坊御桟鋪ニシテ将軍家
　　御拝覧アリ」

とある。元来参道西側の御殿石垣上にあったものが、御殿移動後は参道東側の本坊脇に移動し、石垣上のこの施設より将軍（将軍不在の時は高家衆と御門主）が東照宮春秋例祭時（4・9月。現在は5・10月）の千人武者行列を御覧になられた。幕末期の本坊正門（「表門」。門は黒一色により通称「黒門」）と御桟鋪とは近接しており、又先の参道中央水道の側溝化時の両者は幕末期同様近接しているが、現在の両者の間には三仏堂へ連なる幅広な道路が存在し決して近接しているとは言い難い。では今日の様な状態に何時頃なったのであろうか。大正元年発行の前掲（注⑮・第6図）図では江戸期同様「表門」と「御物見」は近接し両者を隔てる道路はなく、同様に昭和2年発行の前掲（注㉕）の付図「境内平面図」（第7図）においても両者が近接しその間に道路はなく、同書中の参道と中山通りの交点付近より撮影したと思われる写真「町表」には参道南端よりかなり離れて黒門近くの位置に「御物見」が見える。時代は若干上るが二荒山神社新宮域より移転し（明治12年移転完成。同14年入

仏式）傷みの激しかった輪王寺金堂（三仏堂）の解体修理が昭和29年より開始された（工事は7年を要し同36年竣工）。この三仏堂「昭和大修繕」（「日光山輪王寺」第1号）には巨大な柱材を始め多大の諸資材が必要であったが、周囲を高く堅固な石垣に囲まれ閉鎖的な本坊・三仏堂境内にあっては先ず以て資材搬入道路の確保が喫緊の課題であった。この解決策として黒門と現紫雲閣との間に参道から三仏堂に至る道路の開削がなされ、この時（昭和29年）黒門に隣接して位置していた御物見は黒門よりやや離れた現在地に移動したと推測される。なお、現黒門右脇にある「日光山輪王寺」の大標柱は、昭和30年4月に参道より三仏堂へ至る幅広の坂道左側の現「日光山観光受付所」の建物の地に建立されたが、昭和46年に黒門前の現在地に移転した。[注36]

　次に輪王寺「表門」と（附属する）「番所」（門番小屋）に関し若干記す。格式高い輪王寺本坊の正門は、参道より本坊玄関に通じる表門であり、前述のように本坊区域東南隅で中山通りに面する門は「日光山総図」が[注14]記すように「通用門」（ただ史料により時に黒門を「表門」とすると「裏門」）としての位置付けであった。既述の如く広大な輪王寺本坊区域には本坊出入りや警備の為に門に付属して「番所」が表門脇と通用門脇の2カ所に存在した。しかし中山通りの「通用門」とその脇の「番所」は既に述べた通り、遅くとも大正11年初には整理されたのであるが、黒門に関してはやや遅れて次の事実を確認出来る。昭和6年6月の輪王寺本坊史料（「日記」）に、「表番所不用ト相成候ニ付之ガ処分ニ当本日競争入札執行ニ依リ払下ヲナス　落札価格金四拾五円也　落札者　川久保・・」とある。つまり昭和6年時点に於いて輪王寺としては表門（黒門）脇に設けられていた「表番所」が不用となった為、その撤去を競争入札により業者選定をし、川久保何某が「四拾五円」で落札した事になる。「表番所」は輪王寺正門たる表門脇に設けられ、本坊出入り監視の重要施設であったが、明治とともに広大な本坊区域の出入りは一般に開放されたうえ隣接して三仏堂が移設され、区域一帯は多くの金堂参拝者・観光客の行き交う地域となった。この様な状況に於いては門に付随しての警護・防犯の施設は最早無用の長物と化し撤去される運命となり、通用門整理の場合は先述の如く行政の関与があったが、黒門の場合は輪王寺独自の

考えで遂に昭和6年にはそれがなされたと考えられる。

　以上の様に、現表参道東側地域では明治4年5月13日の満願寺本坊焼失と同7年再建、同9年〜14年の三仏堂移転等の大きな変動があったが、これらの動きは空間的には石垣内部の動きであり、本坊地域を囲み現中山通り・表参道に面する石垣の状態に変化を与えるものでなかった。中山通り・表参道沿道の状態に変化を加えたのは、中山通り東端にあった通用門と脇の番所の大正10年代初の撤去、参道に面した御桟鋪（御物見）の昭和20年代末のやや南方への移動、そして黒門と御桟敷との間に参道より三仏堂へ通じる新しい道路の造成であった。では次に参道西側石垣のあり方に大いに関係する「御殿地跡」（既述の如く名称は御殿地・御殿跡地・御殿・御てん等史料により混在）の近代における動きはどの様であったのか探りたい。

　寛永4年（1627）に現東照宮御仮殿の地付近に造営された将軍御殿は同15年焼失、その後同16年に再建され一時期その南の地に移転するが、同18年には「座禅院屋敷ノ隣坊ヲ除キ　大樹ノ御殿ヲ移ス　座禅院ノ旧席ハ此時中絶ス」。つまり、御殿移動の時参道西側北部地域には座禅院があったがその隣地の僧坊を取り除き御殿を造営したのであり、同時にこの時應永元年日光山座主が中絶し山務が座禅院権別当に移動して以来約二百数十年間続いた座禅院も中絶したのである。^(注37)しかしこの御殿も貞享元年（1684）12月の蓮華石からの西町を襲った大火により「蓮華石町ヨリ出火〜御本坊御殿並御門御桟鋪長屋共ニ不残焼失」し^(前掲注37)参道西側に再建なった御殿は約半世紀でその幕を閉じたのである。更に惜しい事にこの時の火事により御殿そのものと共に参道西側御殿入口の御門と将軍が春秋例祭に拝覧した御桟鋪も焼失したのである。では焼失した御門と御桟鋪は参道西側石垣のどの位置に在ったのか。これらの位置に関し「日光山志　巻之一」は、^(注36)「〜御参詣ノ砌ハ　御殿表御門脇石垣ノ上ニ　将軍家ノ御桟鋪有リテ　御祭礼ヲ御拝覧アリケルガ〜」と記す。残念ながらこの記述では御桟鋪の位置は御門の右脇か左脇か不明であるが、御殿（兼本坊）が参道東側に移転した時の本坊の表門とその右脇に位置する御桟敷のあり方からすると、この時の御桟敷も表門右脇に近接して位置したと推察する事は可能ではなかろうか。

ところで、そもそも将軍御殿（貞享年間以降は「御殿地跡」）の位置した参道西側石垣には入口は何カ所あったのであろうか、幾つかの史料で確認したい。元禄９年の「下野国日光山之図」で「御殿地」の参道中央部とやや離れて南側に各１カ所の門、元禄期の「日光御山絵図」で「御殿」の参道中央部とやや離れて北側に各１カ所の門、同期の「日光山之御絵図」で「御てん」の参道中央部とやや離れて南側に各１カ所の門、天保７年の「日光山志　巻之一　其二」^(前掲注㉟)では「御殿跡」の参道中央部とやや離れて南側に各１カ所の門を確認出来、同 14 年の「家慶社参警護^(前掲注㉚)図」（第 11 図）では「御殿地」の参道中央部の入口に（は）組、やや離れて南側の入口に（に）組の警護班が割り当てられている。もとより各絵図の描き方には精粗の差があるが、参道西側の「御殿」（史料により表記は「御殿地」・「御殿跡地」・「御てん」）へは何れの図でも２カ所の入口が確認出来、この状態で近代に引き継がれた。^(注㊳)

　明治となり日光山の状況は一変、特に明治４年の神仏分離令により「神

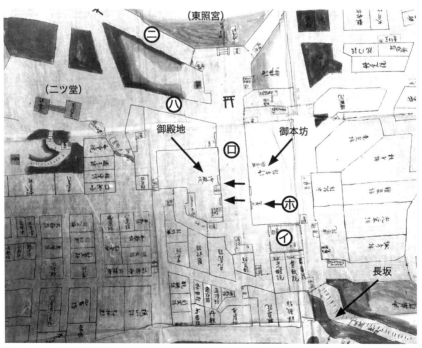

（第 11 図）「家慶社参警護図」（←は御殿の門）イ.中山通り　ロ.表参道　ハ.下新道　ニ.上新道　ホ.御物見

地仏地ヲ判然シ」（「分離令第二項目」）た結果、広大な現表参道西側の「御殿跡地」域は東照宮に属する事になった。^(注39)しかし保晃会の設立とその後の活動に見る如く維新後の社寺の困窮は大変なものがあり、東照宮と言えどもその例外ではなかった。全体的に傾斜地の山内にあっては稀な平坦且つ広大な空き地である「御殿跡」は、幕府の直接的庇護を失った東照宮にとって大変貴重な資産でありその有効利用は喫緊の課題であった。一方、明治と共に社寺を訪れる内外参拝・観光客も次第に増加するとともに、地域的には避暑地・観光地としての存在価値を高めつつある奥日光を加え、観光客を受け入れるホテル・旅館等の宿泊業や土産物産業・輸送業等の諸産業も活発化し、日光は急速に新しい時代へと脱皮を図りつつある状況となる。東照宮においてはこの様な時代状況を背に、新に確保した資産である「御殿跡地」の積極的利用を図ろうとした。そして、明治18年9月には江戸期東照宮別当大楽院の表書院移築が俎上に登り、同19年4月に御殿跡地立木伐採着手、4月末には旧大楽院建物の取り壊しに着手、6月大楽院表書院移築出来、8月11日竣工となり朝陽館と命名された。移築後の朝陽館の利活用の実態であるが、施設の有効活用と言う観点からはその実態は程遠いと思われる状況が続き、私見ながら東照宮「社務日誌」等からは東照宮にとってはかなり難渋した様子が窺える。^(注40)利用の紆余曲折の間にも朝陽館の建物は「全体ハ日本風にて頗る高尚に且つ宏壮の建築なり」で、その立地域は「殊に庭園の構造眺望区域の如きは晃山中の好位置にて加ふるに天然の風致を利用せし事なれハ彼是一点の批難を容るへきの余地なきが如し」^(注41)と、建物・環境共に最高の評価を得ている。

　そして一方、明治中期頃の夏季には奥日光や市内には、内外の数多くの避暑客・観光客等が来晃していたが、特に山内にあっては輪王寺本坊や朝陽館そして比較的大きな建物を有していた輪王寺枝院等が恰好の滞在施設であった。例えば今その一端を当時の新聞より示せば、本坊へは「レオポルト親王殿下には今二十九日午前発の汽車にて来宮本地にて午飯を喫し直ちに日光へ趣かれ今明両夜ハ満願寺へ宿泊され明後三十一日に帰京せらる」。また朝陽館へは、早くも移築翌年の夏には「北白川宮殿下にハ御息所と共に〜日光輪王寺へ着せられり〜翌十八日朝陽館へ

成らせられ登晃中なる三條公へ御面会暫時御談話の上帰館あらせらる同十九日は〜」等毎年の様に内親王等の避暑の場所とされた。輪王寺の枝院にあっては内外の貴賓を受け入れ、「追々向暑の時節となりたるに付例年の通り日光山内の各寺院ハ勿論西町は避暑の為外国人等夫夫借家の約束を整へたるもの数十軒あり」[注42]の如く、文字通りの盛況と言えるような状況を見せていたのである。

　ところで、「明治天皇・皇后は脚気病で悩まされ、皇子女は先天的に虚弱であり、更に明治期には度々コレラ等の伝染病が流行しており、これら諸状況を考えると都会からやや離れしかも山水秀麗・空気清涼な日光は避暑の為の離宮設置に最適な処」[前掲注39]であった。そしてこの様な事を背景に、周囲に堅固な石垣を巡らし且つ杉の老木が茂り外部と隔絶した安全・安心な広大な空間（空き地）が既に存在しており、その上朝陽館と言う「和風で高尚な」既設の２階建て建築物があった「御殿跡地」は、御用邸として利用するにはこの上ない好条件を備えていたと考えられる。かくて宮内省内部に於いては明治25年11月頃より朝陽館とその敷地の買収に関する動きがあり、翌年５月には設置の内部決済があり、同年８月16日には栃木県を介して御用邸用敷地・建物の買収を完了し、同年９月に東照宮・保晃会より土地・建物を受領し、10月には御料地に編入され、同29年７月には皇太子嘉仁親王の日光御用邸行啓がなされた。[注43]「日光御用邸沿革誌」によれば、買収した土地は朝陽館敷地となる日光町大字日光字善如寺「貳千貳百八十一番イ号」、面積「壱町壱反廿四歩」の土地と、その北側の「貳千貳百八十一番ロ号ノ一」の面積「壱町一反四畝二十四歩」の土地で、計二町二反五畝十八歩であった。朝陽館の建物は１階部分236坪、２階部分17坪と決して大規模な建物ではなく、玄関（12畳）・表書院（６部屋）・奥書院（３部屋）・中庭（４ヶ所）等々よりなり、書院東側で参道との間には池があった。[注44]

　江戸期将軍御殿の跡地に造営された日光（山内）御用邸は、用地としてはほぼ同面積の２筆の土地からなる。前述の如く江戸期の御殿跡地には現表参道よりの２カ所の入口が存在したが、前掲（注⑫）の明治初期史料でもそれを確認出来るが、同時期の「日光山真図」[注45]には旧御殿地跡への朝陽館移築直後と思われる様子がより詳しく描かれ（朝陽館竣工は

8月11日で、図の出版は9月である）、周囲を石垣に囲まれた区域が「旧殿地」と「朝陽館」との二つに分かれそれぞれに入口があり、特に後者の建物の入口としての冠木

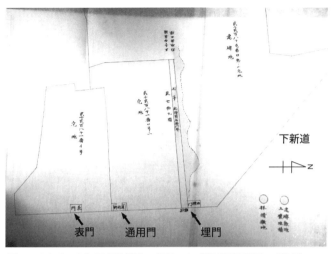

下新道

表門　通用門　埋門

（第12図）「日光御用邸沿革誌」付図の内「御用邸位置図」（部分）

門・唐羽破風玄関・建物等が描かれている。前掲（注㊸）史料の付図<「御用邸位置図」（第12図）>には御殿跡地域の二カ所の入口の名称が記され、参道石垣中央部のそれが「通用門」、やや南のそれが「表門」、そして御殿跡地周囲の石垣の外になるが現市営駐車場への入口付近が「旧埋門(うずみもん)」となっている。朝陽館敷地である「貳千貳百八十一番イ号」は、御殿跡地の南側半分を占めて造営された日光御用邸であるゆえ、参道南側の入口が「表門」とされ、北側半分の「貳千貳百八十一番ロ号ノ一」地への入口は、参道全体からすれば中央の位置であるが「通用門」とされた様である。更に注目されるのはこの付図での門の描き方である。図では「表門」より「通用門」を明らかに大きくしかも形までも描き、御用邸では「通

（写真3）「日光（山内）御用邸 正門」

（写真4）「山内御用邸 御玄関」（現輪王寺本坊）

用門」としての役割を果たしたこの門が、実は江戸初期この地にあった将軍御殿の正門ではなかったかと類推させるに十分である（しかし、残念ながら江戸期の諸絵図で貞享大火以前の御殿健在時の様子や門の名称を付したものは現時点で確認出来なかった）。輪王寺所蔵写真（**写真３**）に依れば、御用邸「表門」の石畳と門脇の石垣は今日の輪王寺本坊入口よりやや小規模ながらほぼ同様の造りであり、門の直線延長上に御用邸（旧朝陽館）正面の唐破風玄関が位置する構造になっている（尚、山内御用邸玄関は現輪王寺本坊の玄関として現存）。また、明治中期頃の現表参道全体を撮した写真（東照宮蔵）を見ると、これら門から参道に出ると前述の如く明治38年迄は参道中央に水道があり、其の部分には石橋がかけられていた。なお、第12図では現市営駐車場への入口に当たる地に「旧埋門」とあり、その名よりかつてあった門の役割を推測させる。しかし現在この部分の表参道西側石垣は高さ２メートルを越える高石垣であり門を構築するには不適であり、門の形跡は全く確認出来ない。むしろ御用邸を囲んだ石垣の北側石垣の東端にこの門らしき趾を確認出来、この門趾？に江戸期あった将軍御殿からの非常用・裏口用の門である「埋門」があった可能性が十分であると考える。

　ところで、山内御用邸竣工より５年後の明治31年に田母沢御用邸が竣工し、翌年には東宮の最初の行啓があり、その後行幸啓は専ら田母沢御用邸が中心となり日光御用邸は次第にその地位を低下させる。第７図は昭和２年東照宮社務所発行の前掲（注㉕）の付図であるが、図で明らかの如くこの時点で現表参道西側石垣には参道中央付近の御用邸「通用門」の位置と第12図で参道西側石垣北部の「旧埋門」の位置とした石垣部分にしか入口はなく、参道南部に位置した御用邸「表門」の位置の石垣には入口を確認出来ない。また、同書中の現表参道を撮した写真「町表」でも参道西側石垣の「表門」の位置に入口を確認出来ない。御用邸の「表門」という重要施設を、御用邸設置以前にこの地の地主であった東照宮が作成した地図から欠落させる事は考えられず、更に現在この施設が参道西側石垣南部に存在しない。これらの事より推察すると、山内御用邸「表門」は明治末年頃から大正期にかけての何れかの年に閉鎖されたと考えられる。なお、閉鎖されたと考えられるこの御用邸「表門」

の位置であるが、前掲（注㉕）掲載のこの施設を撮影した写真からある程度類推可能であるが、推定場所には現在樹木が茂り、残念ながら今日この門の現表参道西側石垣上での正確な位置の特定は出来ない。

　戦後、日光御用邸（或いは山内御用邸）、日光田母沢御用邸、田母沢附属御用邸（大正5年7月19日）等は廃止され、その皇室財産は国に帰属する事になる。県は昭和21年10月以降その使用許可を得、将来これら御用邸及び付属邸は観光会社を設立し経営に当たらせる利用計画を策定した。日光御用邸閉鎖後の利用に関しては、日光国立公園観光株式会社（栃木県・日光町・東武鉄道出資）により昭和22年10月パレスホテルが開業・利用される事になった（詳細経過は前掲注⑦・⑩参照。御用邸後の利用に関しての種々の動きは後掲注㊻参照）。その後パレスホテルは営業を休止し、昭和38年10月1日に日光御用邸跡地は大蔵省より二社一寺に払い下げられ、旧御用邸建物には昭和37年6月に輪王寺本坊が三仏堂前の旧本坊（輪王寺では一時期「東本坊」とも称した）より移転し現在に至る。なお、日光田母沢御用邸は平成8年に栃木県が国より取得（一部国の無償貸付）し、県は御用邸建物及び庭園等を修復・整備の後に日光田母沢御用邸記念公園として管理・公開している。

　次に現表参道東側石垣北部の状態に関係する諸施設の近代以降の動きを概観する。相輪橖は「満願寺に於いては主として学頭代彦坂諶厚の奔走により愈堂引取の策を講じ八年三月」に、慶安3年に東照宮奥の院から移転していた本地堂西側の地（現在も上新道北側の老杉中に石垣のみ残る）から現在地に、現表参道東側石垣を一部撤去し再度移転した。更に平成8年には旧光明院跡地付近と推定される地域（石垣に囲まれた旧本坊地域の最北部）に、「天台大師一千四百年大遠忌記念事業」として平成8年大護摩堂新築着工、同10年6月30日竣工・落慶法要、この時参道東側石垣の一部が撤去され現在の姿となる。

　最後に、東照宮御仮殿南側石垣下のかなり広い空間（現在この空間東側に武徳殿、南側に東照宮御鎮座400年を記念し新築された新宝物館が立地）の近代以降の利用変遷を探る。江戸期この地域には鐘撞承仕僧の住する3カ坊が位置した事は既述したが、近代になりこの坊は「明治四年の神仏分離以降無住化し廃寺処となり承仕僧三名は消息不明」と

なった。現に明治19年「日光山全図」^(前掲注⑫)ではこの地域は何もない空き地、詳細に山内を描いた同33年「大日本下野国日光山全図」^(前掲注⑬ 第4図)でも同様にこの地域は何もない空き地である。更に山内を描いたこの種の絵図等では、空き地で主要な施設がない為かこの地域そのものが描かれない。これらの事から3カ坊が撤去されたこの地域においては、明治時代を通じて何の施設もなく全く空き地化していたとの判断に至るであろう。前掲（注⑭）で青山氏は「三僧坊地は更地となり約四十年間土地を利用した形跡なし」「明治四年から大正四年迄の四十四年間は僧坊跡地利用形跡なし」と記す。

　しかしながら御仮殿南側石垣下のこの空間の利用のされ方を丁寧に辿ると、この空間の別の姿が浮かび上がる。享保期の「日光山惣絵図」では3カ坊の位置とそれぞれの名とともにその南側空間に建物2棟を表示、正徳期の「日光山惣絵図」では3カ坊の位置と名称とともにその南側地域に「古物置屋」の付記ある建物2棟を表示、寛政期の「日光御山絵図」（第13図）では3カ坊の位置と名称とその南側空間にそれぞれに「御細工所」「雑倉」の付記ある建物2棟が表示されている。明治時^(注㊿)

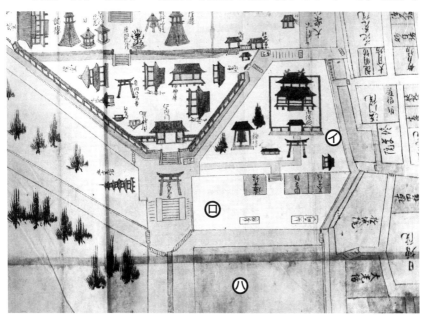

（第13図）「日光御山絵図」（部分）　　　　　イ．御仮殿　ロ．御仮殿下空間　ハ．日光山本坊

代においてもこれらの延長上にあり、例えば前掲（注⑮）中「日光社寺大修繕事務所所蔵実測図」（明治42年測量、第6図）には「御仮殿工場」としてこの空間の東部にやや纏まった状態の建物5棟が表示されている。更にこの空間の積極的利用が始まる直前の大正2年作成と考えられる「東照宮所属新築修繕模様替及移転諸工事配置図」(注㉖)（第14図）でも、「修繕・模様替及移転建物」として5棟の「御仮殿工場」（社寺大修営の為日光社寺大修繕事務所が設置。第2節①参照）が先の実測図同様空間の東部に表示されている。江戸期及び明治期のこれらの事実より、御仮殿南側石垣下のこのかなり広い空間のあり方・利用方法に関し注目すべき結論が得られる。つまり、限られた空間に宗教上の重要建築物が凝縮立地する東照宮境内と異なり、御仮殿南側石垣下の地は謂わば神域に準ずる空間であり、鐘撞承仕僧の3カ坊の建物が立地してもなお広い余白空間があり、しかも各種絵図から判明する様にこれら坊

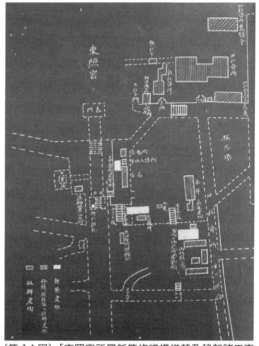

（第14図）「東照宮所属新築修繕模様替及移転諸工事配置図」（部分）

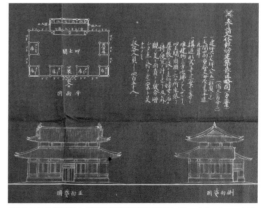

（第15図）「参詣人休憩所建築意匠略図」（後に武徳殿として改修）

は御仮殿石垣に隣接して建てられていたから、この空間の南側部分は東照宮にとっては貴重な未利用状態の空間として残っていた。それ故、江戸期にあっては「古物置屋」「御細工所」「雑倉」、明治期にあっては「御仮殿工場」と表示される様に、直接神事に関係する恒常的宗教施設でなく、補助的・臨時的・一時的利用に供する施設が、それ故に逆説的には、東照宮にとってはある意味大変貴重であったこの未利用地・余白地に設けられたと考えられるのではなかろうか。

　大正4年（1915）東照宮は300年式年大祭を迎え各種記念事業を実施したが、結果的に御仮殿南側石垣下の地には「参拝者休憩所」（大正2年の計画時には「参詣者休憩所」）が設けられた。しかしこの広い空間は休憩所が建設されてもなお余白地がありその積極的活用がなされた。先ず昭和5年御仮殿境内に設けられた茶店が御仮殿下に移転し、同6年「参拝人休憩所」を武徳殿に改修・改名（第15図）、同13年にはこの空間の南側地域に東照宮スケートリンク造成、同32年の冬季国体開催時に天皇・皇后陛下行幸啓、同40年にスケートリンクを廃止し跡地に仮宝物館建設。その後この空間南側に屋外道場設置や葵レストラン設置等がなされたが、平成27年（2015）の400年大祭時にこれらは全て撤去され新宝物館が建設され、同時に先の茶屋を継承し行幸啓時に利用された建物は撤去され広場となり、武徳殿も令和2年大規模改修が為され現在の姿となる。^(注⑫)

　ところで、現表参道東側北部石垣の状態に変化を加えたのは、この地の本格的活用を図った東照宮300年祭での「参拝者休憩所」設置である。御仮殿南側石垣下のこの空間への入口は、例えば江戸期の前掲（注㊿）の享保期「日光山惣絵図」や寛政期「日光御山絵図」（第13図）で、或いは明治期の前掲（注⑬）の「大日本下野国日光山全図」（同33年）等で明らかのように、御仮殿からの石段を下る入口のみが描かれている。しかし前掲（注⑮）の明治42年実測図（第6図）ではこの空間への入口は、御仮殿からの石段を下る方法に加えて、この空間と本坊域との間の小径へ通じる東西2カ所の入口を確認できることから、明治末期にはこの空間への入口は都合3カ所存在した事になる。この事を裏付けるのが大正4年（1915）の東照宮300年大祭諸事業の為に作成された前掲（注

㉛。第14図）の図である。図では建物を「新築建物・修繕模様替及移転建物・取壊建物」と３区分し、先述の「御仮殿工場」の五棟は「取壊建物」とされ、「参詣人休憩所建築用地」は御仮殿石垣寄りに位置し「新築建物」とされ、この空間の南に位置する輪王寺本坊域との間の小径へ通じる入口は「東方入口」（石段表示）・「西方入口」と明示されているが、図では今日存在する参道側からの入口は確認出来ない。一方前掲（第14図）より後日の作成と推定される「参詣人休憩所及講話所建築予定配置図」には「御仮殿工場」の５棟は撤去され其処に「講話所」が位置し、御仮殿石垣寄りに「休憩所」が配置され、この空間への入口は御仮殿からのそれと輪王寺本坊との間の小径への「東方入口」との２カ所のみが記されている。図にはこの空間を取り囲む木立一本一本が示されているが、小径への前掲（第14図）にあった「西方入口」は無く、この空間から「東照宮前大手通」（＝参道）への入口もない。ところが、大正６年発行の前掲（注㉓）の付図（図は略）に「講話所」はなく、空間には「休憩所」「茶屋」の２棟が記され、小径からと現表参道からとの入口２カ所が明確に図示されている。つまり大正４年の300年大祭から２年後には現在の様に現表参道東側石垣を一部撤去した入口が存在していた事になる。では現表参道から御仮殿南側石垣下のこの空間への入口は具体的に何時造られたのであろうか？大祭前後数年間分の東照宮所蔵「日誌」では参道側からの入口造成の事実を確認出来得なかったが、大正６年の「奉賛会報告書」中に「新設参拝者休憩所入口両道ヲ改修シ参拝者ノ便ヲ開ケリ」の記載がある。つまり御仮殿からこの空間へ石段を下る入口を祭典参加者が利用することは考えられず、奉賛会報告書中の「両道」とは、この空間へ入るのに西側からは参道から、東側からは輪王寺本坊との間の小径からの２カ所を指すと考える。とすれば、現表参道東側石垣を一部撤去し御仮殿南側石垣下空間（現武徳殿・新宝物館の位置する地域）への入口を確保したのは、大正４年の東照宮300年大祭直前のことと推定するのが妥当ではないかと考える。

　ここで近代以降の現表参道に面した両側地域の状況と、それと連動して改変された参道両側の石垣の状況を簡単に整理する。

　参道東側においては、明治４年の神仏分離に伴い先ず相輪橖が二荒山

神社新宮域東側より移転し、それに伴い参道東側石垣が一部撤去された。輪王寺表門（通称「黒門」）に付随し設けられていた番所（門番小屋）は、諸状況の変化を受けた輪王寺独自の判断により昭和6年には撤去された。黒門右側に隣接して設けられていた御桟鋪（御物見）は、昭和20年代末には黒門と御桟鋪の間に三仏堂昭和の大修理の為に参道より三仏堂に通じる広い坂道が設けられた為、やや離れた南方の現在地に移動した。なおその際、黒門よりやや南に離れて建立されていた輪王寺の大標柱が、黒門に隣接した現在地に移動した。平成8年には旧光明院跡地付近と推定される地に大護摩堂が新築着工され、10年には落慶しそれに伴い参道東側石垣も若干撤去された。東照宮御仮殿石垣下の江戸期鐘撞承仕僧の3カ坊が位置した空間は、神仏分離と共に僧坊は撤去され、その跡地には一時社寺修理のための「御仮殿工場」が設けられたが、東照宮300年大祭時に「参詣人（参拝者）休憩所」が設けられた。建物は350年大祭時に「武徳殿」と改修・改名され、400年大祭時には武徳殿前の空間に新宝物館が設けられた。この御仮殿南石垣下の空間への現表参道からの入口は、江戸時代より長い間存在しなかったが、大正4年の300年大祭時に石垣を一部撤去し現在の姿になったと推定される。

　現表参道西側の江戸期からの「御殿跡地」には、明治19年東照宮大楽院の建物が移築され朝陽館として利用され、同26年日光（山内）御用邸となり、戦後は一時期ホテル等に利用された後輪王寺本坊となった。参道からこの地への入口は江戸期より一貫して2カ所あったが、石垣南方の御用邸正門として利用された入口が明治末から大正期には閉鎖され、現在の如く石垣北方の入口1カ所となった。参道中央に設けられていた江戸期からの水道は、諸般の事情により、明治38年に現在の如く参道両側石垣下に移設された。

【注　記】
① 　山内及び西町地域における社寺関係の地域空間に占める大きさは、江戸期における多くの絵図に明らかである。例えば、幕末期の下記図はかなり模式的であるが、日光山の多くの枝院名を詳細に記し且つ道路網は正確であり最良である。
　　「幕末期山内及び西町の院・坊の位置・地域割り」（第1図）
　　　　　　　　〈「日光山志　巻之一　御山内縮圖」（天保7年　植田孟縉著）より〉
　　山内・西町地域の日光山枝院・坊の配置を中心とした地域割りは東照宮寛永大造替と

連動し行われた。図は幕末期のものであるが特に本論と関係する中山通りに面しては東より観音院・実教院・光樹院の３カ院と長坂沿いの浄土院を含め４カ院が位置した。東照宮寛永大造替と連動したこれら院の配置に関して次がある。

「寛永十七年庚辰九月上旬　新町ヲ鉢石ノ下エ引之其跡エ浄土院実教院光樹院観音院四ケ寺移之〜」(「旧記」宝暦三年　教城院二十七世天全)

② 「日光山輪王寺史」(昭和 41 年　日光山輪王寺門跡教化部)

「日光市史　下巻」(昭和 54 年　日光市)

「日光山輪王寺　第 86 号　年表」(平成 28 年　日光山輪王寺)

なお、明治４年正月８日付の神仏分離通達は次の通り(「日光市史　下巻」より。なお、市史下巻末の年表では１月９日に分離令となるが誤り)。

「一　僧侶之神勤ヲ廃セラレ候事

二　神地仏地ヲ判然シ、凡ソ神地内ニ属スル地ニアル仏堂ハ、都ベテ満願寺付属地内ヘ移遷スベシ。

三　新宮、本宮及東照宮、且ツ中禅寺、寂光寺ハ渾ベテ神ニ属ズルモノニ付、社家ニ引渡スベシ。

四　二十六ケ院ノ衆徒及ビ一坊等、都ベテ壱両寺内ヘ合併スベシ、其他一般上地スベシ。」

また、下記史料に依れば「百石の禄明治七年より年々十石宛てを減じ十六年に至りて全て無禄となる之を逓減禄と云」とあり、満願寺(輪王寺)の収入の厳しい現実が明らかとなる。

「日光山沿革略記」(彦坂諶照編纂。「日光山輪王寺」第 25 五号　昭和 41 年)

③ 「維新后寺門沿革略記」(「日光市史　史料編　下巻」昭和 61 年　日光市)

④ 再建された本坊は土蔵２棟を備え、今日の輪王寺宝物殿〜紫雲閣の一部付近にあり、玄関へは「表門」からの石畳が続く(焼失前本坊同様建物正面は西向き＝参道向きとなる。江戸期本坊の様子は下記参照。

「御本坊略図」(注①「巻之一」)

「日光山満願寺境内絵図」(「輪王寺寺務所文書」　明治 16 年 10 月 15 日)

⑤ 「日光における神仏分離」(平泉 澄 氏報　「日光市史　史料編　下巻」)

⑥ 星野はこの時の事を「日光史」(昭和 12 年　星野理一郎著)で次の如く記す。

「神仏分離事件も上聞に達したことと想像せられ、御巡幸御終了の後御手許金三千円の御下賜があって"旧観を改めず移転せよ"との聖旨のもとに三仏堂も再興し、其の他の堂舎社殿も保存せられた」又、「日光山沿革略記」(注②)では「御手許金三千円賜り三仏堂移転旧観を失はざれとの恩命を蒙る」

⑦ 「日光市史　下巻」(昭和 54 年　日光市)

⑧ 前掲注③「維新后寺門沿革略記」による。

なお、護光院住職彦坂諶厚氏は、前掲注②「日光山輪王寺史」によれば、明治６年天台宗務廳より満願寺学頭代職拝命、同７年７月満願寺執事、同 12 年５月満願寺副住職、同 15 年５月満願寺住職、同 16 年旧号復活した輪王寺住職、同 18 年再興なった輪王寺門跡(第 73 世。再興輪王寺第一世。同 31 年入寂)。明治初期混乱する日光山・満願寺

（輪王寺）の再興に対する業績盡大。

⑨　前掲注③「維新后寺門沿革略記」による。

⑩　「日光市史　史料編　下巻」（昭和61年　日光市）
　　「十一ケ院三ケ坊」は次の通り。「十一ケ院　法門院・安養院・華蔵院・照尊院・南照院・禅智院・浄土院・医王院・桜本院・光樹院・唯心院」、「三ケ坊　教光坊・道福坊・金蔵坊」
　　　・「明治初期の再興院・坊の位置」（第2図）
　　　　＜「維新后寺門沿革略記」（「日光市史　史料編　下巻」昭和61年）＞より
　　　・「輪王寺枝院15ヶ院の配置」（第3図）

⑪の「日光山名勝図会」（市岡正一著　明治21年6月30日出版）
　　本文中に「浄土院と云う寺内に安達籐九朗盛永の石塔あり左の角は護光院にて保晃会の事務所なり門前を西に進み北に曲がれば町表（現表参道）に出る」とある。
　　（なお上記文章では護光院と保晃会事務所が一体であるかの表現になっているが、保晃会事務所の移転は本文や注⑲・⑳・㉑の通り正式には明治29年であるが、護光院との関係は〈例えば保晃会による護光院の間借り等〉詳細不明。ただ両者は廃絶の観音院跡地に隣接していた。）

⑫　「日光山全図」（明治19年6月編集兼出版人　中村頼治　出版東京同盆出版　岸野蔵）
　　「日光山全図」（明治21年12月　出版人　小林治郎　岸野蔵）

⑬　「大日本下野国日光山全図」（第4図）（第5図）
　　　　　　　　　　（明治33年9月発行　画作　青山豊太郎　日光市立日光図書館蔵）
　　図は山内を中心にした詳細な銅版画で主要施設にはその名称を付す。

⑭　「日光山総図」（掲載不許可のため図版なし）
　　　　　　　　（「日光山改定案内記」中の挿図。明治39年刊　高塚東太郎。県立図書館蔵）
　　図は大谷川以北の山内の社寺・諸院を詳細に描いている。特に大谷川沿岸の"牛トロ"や道路と共に照尊院等も詳細である。同時に中山通り南側の院等の配列は、保晃会・護光院・安養院・文殊堂・医王院・光樹院となっている。

⑮　「明治四十二年測量　日光社寺大修繕事務所所蔵実測図」（第6図）
　　　　　　　　　　　　（「日光大観」中の挿図。大正元年9月3日発行　東陽堂。）
　　照尊院は本図作成の時期には未だ大谷川沿いにある様に記されているが、法務局資料では明治40年夏には中山通りの現在地に移転している。中山通りの現照尊院は護光院と安養院の間にある鍋島別荘を継承する。
　　なお、明治に入り無住化した枝院・坊は数多いが、それらのうち特に山内のそれらは貴顕の恰好の避暑施設として注目され、「下野新聞」（明治20年3月29日）によれば下記の如き雄大な？構想も話題に上がったようである。
　　「日光ハ年々内外貴顕の来遊する者増加すれど適当のなきにより大なる不都合なりとて今度榎本大島其他が発企にて山内寺院の跡へ鹿鳴館にも劣らざる大旅館を新築せんと専ら計画中なりと聞く」

⑯　前掲注⑮の図によれば、実教院は法門院に隣接し現在地に「實門院」と記されている。

⑰　「日記」（「輪王寺寺務所文書」　明治15年3月）
　　同1日付で教光院・実教院・日増院の3カ院が県知事より再興許可された。

及び前掲（注②）「日光山沿革略記」

⑱　保晃会の日光山社殿保存修理等の功績は多大であるが詳細は下記参照。
　　　前掲注②「日光市史　下巻」（昭和54年　日光市）
　　　前掲注⑩「日光市史　史料編　下巻」（昭和61年　日光市）

⑲－1　「保晃会規則」（前掲注⑩「日光市史　史料編　下巻」）
　　　この事務所の位置した「〜日光町二千三百番地」であるが、この番地は江戸期の「御殿地」つまり現輪王寺本坊の地と、現輪王寺三仏堂の位置する地とを占める。しかしながら、この場合の「二千三百番地」は当時の日光山満願寺本坊の位置であり、現輪王寺三仏堂・紫雲閣の位置する地を指す。現輪王寺本坊の地は御殿跡地として当時空き地。

⑲－2　「保晃会沿革書」（前掲注⑩「日光市史　史料編　下巻」）
　　　「日光町地積図」（制作日光町　昭和4〜19年？　栃木県立図書館蔵）

⑳　「保晃会沿革書」（前掲注⑩「日光市史　史料編　下巻」昭和61年日光市）
　　　事務所移設の件について同書は次の様に記す。「本会事務所は従来借家なりしも本地追々繁盛となり家賃騰貴し又会議場は東照宮付属建物朝陽館を借用し来たりしも宮内省御買上後他に用ゆへき場所なきを以て目下必要に迫り建築せしものたり」
　　　なお、文中下線部朝陽館に関する記述があるが、これに関しては本文中の御殿跡地の利用で触れたい。後述の（注㊵）参照

㉑　前掲⑩「保晃会沿革書」中の「地所及び建造物の部」に記される。

㉒　なお、保晃会は明治12年より約40年間弱活動し大正5年に全財産を処分し解散するが、その間明治32年には古社寺保存法が制定され国宝等の指定と共に文化財に対する保存費交付等開始され、会の役割は変化し財団組織化された。

㉓　「二荒山神社」（大正6年発行　二荒山神社社務所）掲載地図（縮尺1/2500）

㉔　「日光山真景全図」（大正11年4月印刷・発行　松井天山筆）図は山内のみならず東町・西町・奥日光を模式的だが詳細に描く。特に町中の主要商店等の名称付。

㉕　「境内平面図」（第7図）＜「東照宮史」（昭和2年発行　東照宮社務所）付図＞

㉖　「日光山内図」（第8図）（東照宮蔵）
　　　小杉放庵の筆になるこの図の正確な発行年は不明であるが、図中の「日光町役場日光町観光課」の付記から、日光町役場における観光課設置は昭和6年であるから、この図の発行は少なくとも同6年以降と推察される。
　　　（写真1）「輪王寺本坊通用門・門番小屋」（明治中〜後期？　輪王寺寺務所蔵）

㉗「日記」（輪王寺本坊史料　大正10年11月30日及び11年4月）
　　　因みにこの時の費用は539円の多額を要した。昭和6年の黒門脇番所の撤去費用は45円であった。
　　　なお、英皇太子来晃の概要は、「日記」（輪王寺本坊史料　大正11年4月19・20・21日）に依れば次の通り。自動車で中宮祠往復をしている事及びそれが1日で可能であったこと等が特に注目される。
　　　＜4月19日午後3時上野発　6時45分日光着　自動車にて日光御用邸に。午後7時日光市民提灯行列にて歓迎。20日東照宮・薬師堂参拝　自動車にて中宮祠へ午後5時帰邸。陸軍大将鮫島重雄訪問。21日山内散策　御召列車で帰京＞

㉘ 「日光大観」（大正元年発行　東陽堂）

　　電軌の時刻表によれば　日光駅停車場から主要停車場までの所要時間は次の通り。神橋まで14分、田母沢橋まで21分、精銅所前まで40分、終点の岩ノ鼻まで43分。奥日光の玄関口馬返しまでの延長2.2キロメートルの完成は大正2年である。下記参照。「日光電車案内」（第9図）は裏表紙に掲載。

㉙　日光橋（仮橋）を渡ったこの地点は、江戸期には聖地山内を守護する前面の重要地点で番所等が設置され、明治中期には社寺見学の起点としての機能に転換した。

　　前者の例として、例えば最後の将軍社参であった天保14四年の家慶社参時の警備体制を示した「齋藤伊豆守勤番絵図」参照（第10図）。

　　後者の例として前掲注⑬「大日本下野国日光山全図」（明治33年9月発行）（第4図）には、この場所に茶店風の2軒の家屋が牛車軌道と共に描かれている。なお、大正中期と推定される参拝案内図「参拝路志るべ」（輪王寺本坊蔵）には「神橋」を起点とする社寺参拝モデルコースが示されている。尚、この時点では参拝起点としての「西参道」の記載はない。

㉚　御桟鋪又は御物見の名称に関し若干記す。

　　江戸期の多くの絵図には日光山本坊の名称「御本坊」とその範囲が描かれているが、反対に殆どの史料には御桟鋪の名称と位置は記されない。「日光山志　巻之一」（注①）は「御桟鋪」の名称として「オンサンジキ」と記し、この施設を次の如く説明する。

　　「〜御参詣の砌は　御殿表御門脇石垣の上に　将軍家の御桟鋪有りて　御祭礼を御拝覧ありける〜」。

　　私見では従来この名称が江戸期を通じたこの施設の唯一の名称と考えて来た。しかし、「家慶社参警護図」（天保14年　東照宮蔵）には「公方様御本坊」の囲みにこの施設が朱書きで示され、そこに「御物見」の名が付されており江戸期この名称も（一般的か？）用いられていたとも考えられる。

　　なお、近代に於いては東照宮春秋例祭に将軍やその名代（「高家衆」日光山志）が参列する事はなく、この施設は専ら輪王寺門跡門主が春秋渡御祭で利用するのみである。また、名称としては一般的に「御物見」の名が多く用いられている様であり、「御桟鋪」の名は殆ど確認し得ない。

　　なお、管見では明治期で「御物見」の名を確認出来る最初の例は、「下野新聞」（明治24年4月20日）が「日光通信」なる記事の中で弥生祭を扱い、「東照宮の花表内輪王寺物見下にても前同様の踊を為し全く之を了り」と記す。他史料での例は明治39年の前掲（注⑭）にある。

㉛　水道の詳細は拙稿「大日光」（85号　平成27年8月発行）参照。

　　参道中央の水道への水は、下新道北側側溝からの水と千人枡形両側側溝からの水を、下新道と参道の合流地点付近で集め参道中央を流下する。水の流れは「日光御山絵図」（寛政頃　東照宮蔵）に詳しい。

㉜　写真・絵図等に記された明治中後期における参道中央の水道の様子は次を参照。

　　前掲（注⑬）「大日本下野国日光山全図」（明治33年発行）

　　前掲（注⑭）「日光山総図」（「日光山改定案内記」中の挿図。明治39年刊）

「明治中・後期写真」中の「東照宮町表」写真（東照宮蔵）（写真2）

㉝　参道が急傾斜故に起きる道路管理者や通行人の苦労の一端を示す次の報道。

「序に一言し置きは山内社前の道路なり此修繕法たる専ら石礫のみを排列したれハコロコロザラザラとして頗る歩行に難む謂んや挽車をや聞くか如んは費額に限りあり理事者百方苦慮するも〜」（「下野新聞」明治26年6月21日）

　　なお、前掲注⑦「日光市史　下巻」では、「神橋までの道路改修でなく、山内の石段の道路も更に明治末年までに改修され〜」と記す。しかしこれまで記した如く山内における石段の道路は主要道路に於いては皆無であり、市史の記す「山内の石段の道路」が何れの道路を言っているのか不明である。

　　また、「日光市史　下巻　年表」には「明治16年　この年道路改修」とあるが、改修は鉢石町などを中心に拡幅を伴うもので16年には終了せず、翌年中半でも継続している。次の記事参照。（「下野新聞」　明治17年8月8日、9月5日）

㉞　「日記」（「輪王寺寺務所文書」　明治38年）

　　引用した日記中の「町表通」「町表道路」「東照宮前通り」は現在の表参道である。

　　参道中央の「水道」移設直後と思われる参道の様子は下記写真に鮮明である。

「日光山改訂案内記」（明治39年刊　小松崎雛鶴編）

（「東照宮祭礼」の名の扉写真には、参道中央に千人行列を見学する多数の人達が陣取り、参道東側石垣下には新設の水道＝側溝が見える）

　　なお、「日光市史」（前掲注⑥）の中で星野は「山内方面も町表には水路が縦貫し道路が二分せられていた。これが大正の初年に埋められて今日の如くなった」と記すが、水路移設は本文で記した通りであり、この記述は誤りと言えよう。

㉟　前掲（注①）「日光山志　巻之一」（天保8年　植田孟縉著）の「御本坊略図」及び同書中の解説文の「御桟敷」「御本坊」の項参照。

　　江戸期以降今日までこの御桟鋪（御物見）にて輪王寺門跡門主が東照宮春秋例大祭の千人武者行列の渡御と還御を拝覧する。移動に関しては次の（注㊲）も参照。

㊱　「三仏堂大修繕」に関しては「日光山輪王寺」（創刊号　昭和30年、第6号　同31年、第17号　同37年）、輪王寺大標柱に関しては「日光山輪王寺」（第2号同30年）、三仏堂資材搬入に関しては「大日光」（第2号　同30年　東照宮）、御物見移動に関しては「大日光」（第2号）の扉写真参照。

㊲　「旧記」（宝暦3年　教城院天全　著）

「光明院ノ旧跡ノ隣坊ヲ除キ本坊引之　座禅院ノ旧席ハ此時中絶ス」と記される如く、隣坊と共に座禅院そのものも廃されたのであり、それ故に周囲を石垣に囲まれた御殿地跡は座禅院と隣坊等を合わせた広大な空間であったと考えられる。

　　なお、座禅院は慶長18年権別当昌尊が退山し天海が日光山貫首となり光明院住職になった時日光山の中心ではなくなっていたが、一時期仮本坊になったりし命脈を保ってきたが寛永18年で絶えた。

㊳　「日光御山絵図」、「日光山之御絵図」、「下野国日光山之図」等。（東照宮蔵）

「家慶社参警護図」（第11図）（天保14年？　東照宮蔵）

（家慶の社参は将軍最後のそれで天保14年〈1843〉になされ、本図はその時に作成さ

れたと思われる。「御殿地」の２カ所の入口、「御本坊」の入口と「御物見」に注目）

㊴　「日光田母沢御用邸記念公園　本邸保存改修工事報告書　本文編」

（栃木県土木部建築課　平成 12 年）

上記報告書引用の「宮内庁管理部工務課蔵沿革史第十三冊六　日光御用邸」より

「明治四年日光山ニ於テモ土地建物ヲ二荒山神社、輪王寺、東照宮ニ分属セシメシガ
御殿趾地ハ之ヲ東照宮ニ付属サル」

㊵　前掲（注㊴）に「東照宮社務所　日誌」からの下記の引用文参照。

「～朝陽館ノ用途　十九年十一月飯田某ヘ年金三百円ヲ以テ貸与シ旅館ノ経営～三ヶ
月ニテ終リ爾後大久保主典ノ妻女西洋料理ヲ開店、二十年之又両三月ニシテ止ム或
ハ一部ヲ晃山踏秀会ヘ貸与シ十二月二日或ハ保晃会ノ集会場ニ宛テ、或イハ町民会、
保晃会総会各種慰労宴会（二十一年度）ヲ開キ貴賓招待ノ用ニ宛テ（北白川宮殿下
御招待宮司ヨリ洋食献上等）美術展覧会ヲ催スコトアリ、其之ヲ用フルコト正ニ公
会堂ノ如シ」

なお、文中下線部「飯田某～」の「旅館ノ経営」に関し下野新聞（明治 20 年 4 月 14 日）
に次の記事がある。

「～朝陽館は先頃悉皆落成したるが今度当地の飯村多三郎と云へる人が発起して去る六
日より同館中に和洋式の割烹仕出し並に旅客の賄を開業せり～」

また、上記引用文中の美術展覧会（下線部）について、

「日光美術展覧会　来る十五日より日光山内朝陽館に於て開かるる同展覧会へは北白川
宮殿下並に徳川家達公よりも已に夫夫出品の申込みあり～会長には松平容保、幹事には
～推薦するらん」（下野新聞　明治 23 年 4 月 5 日）。同展は「5 月 24 日閉場」。

㊶　「下野新聞」（明治 20 年 6 月 21 日）記事。

㊷　「下野新聞」（明治 20 年 3 月 29 日、8 月 16 日、21 年 7 月 3 日）記事。

なお、北白川宮は江戸期最後の第 13 代輪王寺宮門跡（兼天台座主。日光山第 67 世）
で、明治 5 年北白川宮を相続、同 28 年 10 月台南にて 49 歳で陣没。宮の墓及び霊廟で
ある護王殿、そして乗馬姿の銅像木型を安置した奉安殿が慈眼堂手前左にある。

㊸　朝陽館とその土地の買収及び御料地編入迄の経過は前掲注㊴及び「日光御用邸沿革誌」
（宮内庁書陵部所蔵史料）による。

この後、日光御用邸は「大正十年英国皇太子御来遊ニツキ九年五月ヨリ日光御用邸ノ
大増築アリ」（注㊴。報告書引用の「宮内庁管理部工務課蔵沿革史第十三冊六日光御用邸」）
がなされ、今日の輪王寺本坊の建物の姿となる。

なお、この記述では英国皇太子来晃は大正 10 年となっているが前掲（注㉗）及び
「栃木県歴史年表」（昭和 45 年）の通り来晃は「同十一年四月」であり、先の「報告書」
の記述は誤りである。

ところで、「日光市史　下」は本文に於いて「明治二十三年五月、山内御用邸がつく
られた」、更に巻末年表でも本文同様同時期に「山内御用邸設置」とある。

しかし本文に記した様に、明治 26 年に御用邸用建物・土地の買収が完了するのであ
るから、買収以前の 23 年の設置は有り得ず市史の記述は不適切と言える。

蛇足ながら、大正天皇の日光への行啓は 11 回、行幸は 13 回に上る。下記参照。

「日光史」（昭和12年　星野理一郎）、「日光市史　下」、及び前掲注㊵。

㊹　「日光御用邸元朝陽館総地図二百分一」（宮内庁書陵部蔵特定歴史公文書）

㊺　「日光山真図」（明治19年　出版人鬼平金四郎）

（再掲）「御用邸位置図」（第12図）

　　　　＜「日光御用邸沿革誌」（宮内庁書陵部蔵）付図の内の一部＞

　　図中に「埋門」と記される位置であるが、今日のこの位置にある石垣の大規模さ、及び旧御用邸敷地北側石垣の東端にある門跡と思われる石垣の状況（＝現輪王寺本坊の北側入口）を考えると、図の示す門の位置に若干の疑問が残る。図の示す位置の門は、次の第5図の示す様に、浩養園への単なる入口（門ではなく）として描かれたのであれば首肯される。埋門であれば非常用の門としての本来の機能として、当然旧御用邸敷地北側石垣に無ければならない。現に今日の埋門跡と推察される地の敷石に門柱跡と思われる穴を確認出来る。

（写真3）「山内御用邸正門」（輪王寺寺務所蔵）

（再掲）「境内平面図　縮尺二千五百分之一」（第7図）前掲（注㉕）の付図

　　なお、同書中の写真「町表」では、門を撤去し参道石垣を新しく造成したと思われる部分を確認出来る。

㊻　日光御用邸の利用に関しては「中学校校舎としての利用」「パレスホテル経営に日光町議連反対」等種々の意見があった。前掲（注⑩）参照。

　　なお、「日光御用邸」の名称が通常であるが「山内御用邸」とも呼ばれた。

　　輪王寺本坊の移転に関しては「日光山輪王寺」（第17号　昭和37年）参照。

㊼　前掲（注㉕）

㊽　「日光山輪王寺」（第66号　平成11年　輪王寺門跡）

㊾　「日光山における明治維新の神仏分離と東照宮御仮殿鐘撞承仕僧坊跡地利用の変遷」

　　　　　　　　　　　　　　　　　　　　（青山隆生。「大日光」87・88号）

㊿　「日光山惣絵図」（享保期）、「日光山惣絵図」（正徳期）、「日光御山絵図」（寛政期）

　　　　　　　　　　　　　　　　　　　　（上記絵図は全て東照宮宝物館蔵）

（第13図）上記のうち「日光御山絵図」（寛政期。東照宮宝物館蔵）

51　「東照宮所属新築修繕模様替及移転諸工事配置略図」（東照宮文庫蔵）

（第14図）上記（注51）の図

52　本文に記した如く参詣者休憩所前の空間は臨時的に種々利用されたが、貴重な空き地として下記の様な利用もあった。例えば「日誌」大正2年10月2日「供奉員休憩所」、4年6月3日「三百年祭記念直会」、同月7日「休憩所前で園遊会」。

53　「参詣人休憩所及講話所建築予定配置図」

（東照宮文庫内部300年祭関連文書。作成　日光大修繕技師　大江新太郎　大正2年）

　　図は図名の通り予定であり現実にはこの後の検討により、「講話所」は建設されず、その予定地に「休憩所」が建設される。この事に関し「東照宮史」（昭和2年）は、「（大正四年）六月一日〜栃木県知事幣帛供進使として参内せられ、同日午後をもって記念事業の一つである宝物館・参拝者休憩所・防火設備等の落成式を挙げ〜」（中略）「三百年祭記念事業として遂行競られましたものは宝物館の建設〜参拝者休憩所の建設等であり

まして、当社の面目は更に一段と輝く〜」と記す。

　図中の２カ所の入口は既設のものであり、（注㉛）の「西方入口」は小径とこの空間との段差がかなりあり急坂となりしかも参道からは見えにくく参拝者にとっては判り難いので造成されなかったと考えられる。とすれば、大正四年頃迄この空間への入口は２カ所と推定される。

㊴　「三百年祭奉賛会報告書」（大正６年　東照宮文庫蔵）

㊵　前掲注㊾に掲載される「休憩所付近実測図」によれば、図は大正11年作成ながら、現表参道から御仮殿下空間への入口が明確に示されている。この空間への入口は、参道側、御仮殿側、本坊側からの３カ所である。

【図表写真等一覧】
＊一覧は次の③に一括掲載。

③現表参道・中山通りの名称

　明治とともに内外から多くの人々が社寺参拝・避暑・登山等々多様な目的で来晃するが、その中には著名な実業家・旅行家・文人墨客等も含まれ、例えば明治初期のエミール・ギメ、イザベラ・L・バード、田山花袋もその中の一人である。彼らは山内の主要道を如何に記しているであろうか？

　神橋から東照宮に向かう道筋の状況をギメ氏は、「われわれは山腹にずっと続くうねった並木道（長坂）を上り、土手が花崗岩でできているまっすぐな別の幅広い道に達する」と記す。バード女史は、「ここではあらゆる道路、橋、並木道がこれらの神社に通ずる。赤橋（御橋）を通るのが壮大な参道である。これは広い道を上がって行くもので、所々に階段があり、両側に石垣の土手があり、その一番上に杉の並木がある。この坂の頂上に立派な花崗岩の鳥居がある」（日光　金谷にて　明治11年6月21日）と記す。また田山は日光の各所を訪ねる中で東照宮を訪れ、「長阪を登り、祭礼の時神輿渡臨を以て名高き旅所（東照宮御旅所）の山王社を右に見て、観音実教光樹の三院の前を真直に、そのまま右に曲れば、烟雨空濛たる中に、一箇の大なる華表を認む」と記す[注①]。山内の中心的な道路である現表参道の具体的な名を紀行文・各種案内書・観光地図等々においてなかなか見出せず、著者は確実に参道を歩んでいるのであるが、多くの場合場所を示すのに上記の様な曖昧模糊とした表現となる。特に田山の例の様に文学的表現が優先する場合道路自体さえ表現されず、歩んでいる道路は読者の頭の中にのみ存在する。この様な表現の背景にあるものは何なのであろうか。文学的表現など確かな理由は不明で推測の域を出ないが、少なくとも言える事は、この参道の名称そのものが非常に漠たるものであるからであり、であるからと言ってこの道を表すには漠たるもので十分であったからに他ならないからではなかろうか。

　明治時代になってもなお現表参道の名称は、例えば江戸中期の詳細な案内書である「日光山名跡誌」[注②]が記す「町表通」や、幕末期の日光に関する代表的地誌書である「日光山志」[注③]が記す「大路の通」の類いの漠た

る名称、言ってみれば用いられている名称は固有名詞でなく普通名詞であった。繰り返すが、この参道は山内地域の五つの主要道路の中でも群を抜いて道幅広く且つ直線の長い道路であり、それ故にそれは客観的にも山内を代表する道路であり、そうであると皆が共通に認識していたが故にこの参道を示す名称としては漠たるもので十分その役割を果たす事が出来るものであった。次に記す様に表現に若干の違いはあるが、殆どの史料に用いられているこの種の漠たる名称としては、例えば「町表」「町表通」や「表町通り」「表町通」、或いは「大道」「（東照宮前の）大路」「（東照宮）大手前」「大手道」等の表現である。そこでこの種の名称の実際の使用例を次に２、３記し（出典は注④〜⑥）、名称使用の差違に関して若干の考察をしたい。

　先ず、所々に詳細な図を入れた案内小冊子「日光山名勝図会」（明治21年）では、「東照宮と称す明治六年六月九日別格官弊社に列せらる町表より北に石段を登りて〜」。近代における最初の日光の通史とも謂うべき「日光史」（昭和12年）では、「今でも東照宮前の大通を町表と言うのは東照宮鎮座以前民家のあった名残である」。日光の鉢石（町）に住した鬼平金四郎は日光に関する地図・案内書等を多数発行しているが、彼の編集になる「日光山名細記」に、「表町通　東照宮の門前をいふ」とある。日光山志に似た形式で詳細な記述の案内書である「晃山勝概」（明治20年）では、「中山を過ぎて更に右へ向へハ左ハ御殿跡地右ハ本坊の表門なり此中間の大道ハ東照宮の正面にして遥に石の華表を見る」。当時としては珍しい変型Ａ４判の冊子で詳細な説明と実測図が入る「日光大観」（大正元年）では、「此道（中山通り）を出れば廣小路に達す。是れ東照宮表門の大通りなり。〜境内大手道より進めば俗に千人石段と唱ふる十級の石階あり〜中程の敷石に照り降り石といへる石あり」。

　以上の引用例に見る如く、名称としては非常に漠たる用語である「町表・表町通り・大道・大通り」等々は、それを用いる場合単にそれのみ単独で用いるのでなく、山内地域を代表し誰でも分かる謂わば目印となる東照宮・御殿地跡・本坊等と殆どの場合セットで用いられる。名称自体は漠然としたものであるが、それに付随したものが著名であれば名称の意味するところが明確化し、それが地名であれば地名の示す位置・内

容（規模・歴史等）を明確に表現している事になる。つまり山内地域において現表参道を表す場合、前述の如き漠たる地名表現で地名としての役割を十分に果たし得たのである。明治時代を通じて、多分にそれは江戸期よりの延長であるが、現表参道は山内の5本の主要道路の中でも比類無きものであったのである。

　ところで、前述の様に参道に関する様々な名称が使用されたが、それらの使用に関して明治時代を通じて時期的な変化があったのか次に問題となる。ある時期にはある名称の使用が盛んであったとか、逆にある時期にはある名称は使われないとかの事実であるが、結論的には現時点に於いてはその事は確認できなかった。参道に関して使用された名称の具体例を記した史料（前掲注④～⑥）は時期的に様々であり、いみじくも先に引用した「日光史」の著者星野（氏は日光に生を受け生涯を教育に尽力した）が記している様に、江戸期に用いられていた名称（江戸期の名称に関しては第1章第3節③参照）が昭和時代初期になっても使用されていた例もある。故に明治・大正期における現表参道の使用名称に関して、時期的な趨勢を云々する事は極めて困難であると言わざるを得ない。

　しかし現表参道の使用名称に関し別の角度からの検討も必要である。つまり参道の名称を使用する人々の違いによりその使用名称に違いがあったのかどうか。換言すれば名称を使用する人が参道をよく知っている人（地元日光の人）か、そうではない謂わば来晃者・参拝者等（地元外の人）により使用名称に違いがあったのかどうかと言う点である。この事は出版物が誰を対象としたものかにより其処で使用する名称の違いを見る事により明らかとなる。しかし残念ながら前掲（注④～⑥）で列挙した史料を観れば明らかの様に、この点に関し明確な違いは見出し得ないようである。ただ、注意深く見ると前掲（注④）の「東照宮史」・「日光史」・「日記」等では「町表」「町表通」の名称が使用されており、更にこの名称を「日光社寺共同事務所石倉保管文書」での使用例から確認すると、これら名称が事務所の出金簿（**第16図**）や業者作成見積書、輪王寺本坊史料「日記」等にも用いられている。と言うことはこれら名称が日光居住者にとっては極一般的に用いていた名称であったと言えるのではなかろうか。「日光史」で著者星野が「今でも東照宮前の大

通を町表と言う〜」と記す様に、市民にとっては参道名称としての「町表」「町表通」は慣れ親しみ広く用いていたものと理解して良いのではなかろうか。この名称は用語的には普通名詞であるが、それを使用する人にとっては位置・内容・歴史が明確な固有名詞としての名称であったと言えるであろう。

ところで、「町表」の例とは異なる用いられ方をしているのが、「大道（ハ東照宮の正面）」「（東照宮前の）大路」「（東照宮）大手前」「大手道」等の名称である。これら名称には一般的にその前後に「東照宮」・「東照宮前」・

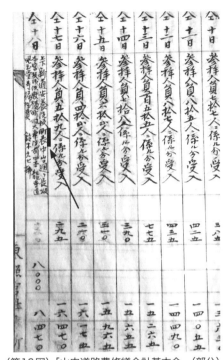

（第16図）「山内道路費修繕会計基本金」（部分）

「東照宮大門」等の付随する言葉があり、その中によって参道名称が名称としての役割（位置・内容）を果たし活きてくるのである。この付随する語句（形容詞）が付かないとこの名称は活きて来ず、名称の示す事は判然としない事になる。つまり大道・大路・大手道と言ってもそれは極一般の普通名詞であり、何処の大道・大路かという事になり全く以て不完全な意味不明な名称となる。日光居住者ならばこの名詞の示す位置・内容は明らかなのであるが、観光客等の来晃者にとってはその意味するところは不明であり迷うばかりである。故にこの種の用い方をするのは、（注⑥）に記す様な主に日光以外で発行された観光案内書の類いが中心となるようである。なお蛇足ながら、（注⑥）には明治22年の「下野新聞」の例もあるが、それは日光在住者以外の県民相手の記事であり、日光に関しては不案内であるという点では観光客と同類であろう。

ところで、近代社会の進展と共に既存道路の利用上の諸問題が浮上してくる。徒歩交通の時代に立派に整備された山内地域の主要道路も、車

交通の時代においてはそれへの対応・脱皮を強く迫られ、且つ増加する社寺参拝者・観光客の効率的拝観・観光に対応しなければならない。この様な状況を受け浮上した様々な問題・障害となったのが、例えば中山通りにあっては輪王寺三仏堂境内東南隅の「通用門」や「番所」であり、現表参道にあっては中央の「水道」であり、山内西部地域の現西参道にあっては道路として狭隘で劣悪な未整備状態等であった。この状況打破の為例えば、前述の如く「通用門」「番所」は大正11年初には撤去され、「水道」は明治38年には側溝として参道両脇に移設され、現西参道を江戸期より苦しめてきた安養沢は暗渠化され、道路としての拡幅整備は明治33年になされる等（詳細は次項）、山内地域の主要道は近代社会への対応を急ぎ結果としてその姿は大きく変貌をとげる。

　注意しなければならないことは、山内地域におけるこれら主要道の動きは、日光全体の近代交通体系の整備や来晃者の増加に伴う諸状況と密接に関連したものである。例えば日光における近代交通体系整備に関する主要なものを略記すれば、明治16年東町大通りの石段撤去・道路中央水道の側溝化、同19年細尾・神子内間索道完成（細尾峠越で足尾銅山産出銅を日光へ）、同21年日光・細尾間軽便馬車鉄道開通（同26年牛車軌道化）、同22年中禅寺道開鑿、同23年宇都宮・日光間鉄道開通（現JR日光線）、同41年日光電気軌道設立され同43年日光・岩の鼻間開通（大正2年馬返迄延伸）、大正3年日光遊覧自動車会社設立、大正14年馬返・中宮祠間の道路改修・拡幅完成（乗合自動車運行可能化）、昭和4年東武鉄道日光線全通等と続く。一方、増加する内外の観光客を迎える宿泊業も急速に拡大・多様化し、例えば山内に近接する西町では明治6年金谷カテージイン、同21年日光ホテル、同25年新井ホテル等のホテルが開業し、其の他東町を中心に多くの旅館が、そして前述の如く山内では同19年に朝陽館、同26年には日光御用邸が開設される。

　これら日光地域全体の観光地・避暑地としての整備・充実の流れの中で山内地域への内外貴賓の宿泊・滞在もあるが、その際の日光へのアクセスと其処での移動手段に関しての具体例を下野新聞の記事より2、3引用する。

　「御用邸に御滞在中なる常宮昌子内親王　周宮房子内親王両殿下には

再昨十二日午前六時御用邸を御出門あらせられ中宮祠へと成らせら
　れたり〜両殿下には腕車（人力車）に召させられたるが〜鳥居警部
　等何れも人力車にて御随従申しあげ〜」
「両宮殿下には山内朝陽館の御用邸に御避暑中なりしが明後九日午前
　七時日光停車場発の上り汽車に召され八時二十分　宇都宮駅御着〜」。
「去る八日登晃したる米国大統領令嬢アリス嬢は〜金谷ホテルを出て
　一行腕車にて停車場に出発したるが〜午前八時五十四分日光発列車
　にて出発同十時十九分　宇都宮停車場着(注⑦)」。
　　この例に見る様に、明治中・後期の日光へのアクセス手段は日光（山
内）御用邸設置直前に開通した東京直結の汽車が利用され、日光での移
動は両殿下や大統領令嬢と言えども腕車が一般的であった。両殿下が日
光に滞在された当時の時刻表を見ると、1日5本運行された普通列車で
上野・宇都宮間が約3時間半、宇都宮・日光間が約1時間20分で、上
野午前5時始発の列車を利用すれば日光汽車停車場（現JR日光駅）に
午前10時半に到着出来た。そして、汽車開通より遅れて同43年開通
の「電軌」に乗り替えれば、日光停車場より約14分で山内の玄関口た
る乗降場「神橋」に到達出来た(注⑧)。日光は明治時代中・後期には普通列車
利用でも確実に東京からの日帰り圏に位置する事になったのである。
　　これら諸々の動きは日光地域全体を日本を代表する観光地・避暑地へ
と変質・拡充させると共に、日光における参拝者・観光客等の移動の流
れを変えるとともに、山内地域へのアクセスと地域内での人の流れを大
きく変化させる。例えば、日光線開設と連動した「電軌」開設は、足尾
銅山産出銅を明治39年創設の古河電工日光電気精銅所で製品化し首都
圏への円滑な搬出を主目的としたが、それは同時に参拝客・観光客を多
数受け入れ発展してきた日光市街地のあり方にも甚大な影響を与えるも
のでもあった。電軌開業を間近に控えた日光市街地の様子を当時の下野
新聞が「日光騒擾」と題し次の様に記している。
「此鉄道は日光橋を境として東町と西町とを折半し双方盛衰の分かる々
　処にして東町側よりいへば電車の為泊まるべき客も西町に泊められ
　乗るべき人力車も電車に取らる々のみならず美術館骨董店にも貴紳
　が立寄ず土産物も西町にて購ふ等全く東町は疲弊すべしといふ之に

反し西町にては従来東町に取られし客も電車の為運込まるる訳なれ
ば此上もなき利益を得る事とて非常に歓迎せるが〜」。[注⑨]

　電軌開業は明治維新に伴い幕府関係者・院坊居住者の四散により衰退
した西町地域にとり観光活性化の大きな起爆剤となる福音であったが、他
方それは日光東町にとっては打撃となる可能性を孕み、東・西両町の各
方面での競合・軋轢を生起増幅させる危険性も危惧された。

　電軌開業に伴う地域変化を加速させたのが自動車の登場と急速な普及
である。明治末の時点では奥日光への自動車運行は中宮祠道のうち深沢・
剣が峰間の激流と急坂が大きな障害となり不可能で、観光客等の移動は
なお馬・駕籠等に加え先の両内親王やアリス嬢の例にある様に（時に２
人引き）腕車等が利用されていた。これを根本的に変えたのが自動車で、
日光市街地での自動車導入はホテル事業者が観光客の送迎用に明治末に
導入したが、一般の旅客輸送はそれより大部遅れ、日光・宇都宮間乗合
自動車開通（大正２年）や日光・馬返し間乗合自動車開通（大正６年）
した大正初期頃であり、更に奥日光・中宮祠への乗合自動車導入はいろ
は坂の難所を克服出来た大正14年以降であった。[注⑩]様々な障害を克服し
ながら日光は大正末期には自動車交通の時代を迎え、これにより自然豊
かな奥日光と豊かな歴史・文化財を有す日光市街地とが円滑・完全に直
結し、明治と共に萌芽を見せていた日光観光の形態は全く新しい時代を
迎える事となった。[注⑪]

　山内地域もこの大きな変革の波を受け、二社一寺参拝・見学は日光観
光の大きな柱である事は尚確実であるが、極論すればそれは最早日光観
光の全てではなくなり、一方の柱である奥日光観光との併存による社寺
参拝・観光となった。日光観光における社寺参拝・観光の地位の変化は、
二社一寺の位置する山内地域へのアクセス方法と山内地域内の社寺参拝
ルートに大きな影響を与えた。つまり、従来の日光汽車停車場→神橋→
長坂→山内（社寺）→神橋→日光停車場とのルートに加え、日光停車場
→奥日光→現西参道→山内（社寺）→現西参道→日光停車場へと言う、
勿論この逆の山内見学後奥日光へという場合も含めて、日光観光での謂
わば新ルートが加わる事になった。この事により新に現西参道地域が山
内への玄関口としての役割を担い登場する。この動きの結果として西町

地域は社寺を直接的に支え密着した職人・院坊地域（集落地理的には僧坊町・社家町）から、観光客を相手とする商業地域（集落地理学的には門前町）へと急速に変化して行く。この急激に変わりつつある大正末〜昭和初期の西町地域の様子を山口は、

> 「西町〜更に電車に沿ふて段丘上の安川町に入れば住宅群で、北白川宮御別邸を始めとしてそろ々別荘が出て来る。只四間町の三門丈けは中禅寺帰りの遊覧客が電車又は自動車を捨てて裏道から参拝する裏門前に當り門前町の飛地を構成した。十産物店兼茶店が十二戸(90%)、自動車預所、茶店が列在している〜」

と記している。繰り返しになるが、社寺参拝・観光における山内への玄関口（起点）は神橋地域が江戸期より続く中心であったが、大正から昭和初期にかけて新しい玄関口（起点）として現西参道地域が加わった。このルートを山口は「裏道からの参拝」とするが、裏道から云々は別にして、これにより社寺拝観順路の起点は社寺参拝の長い歴史上初めて「神橋」（＝「神橋口」）と「西参道」（＝「西参道口」）からとの二つとなったのである。そして時代と共に急速に進む自動車交通の更なる展開は、「神橋口」に比べ山内地域との高低差の少ない地形的優位性と、社寺に近接した至近性という距離的優位性を有する現西参道周辺地域の一層の隆盛を促した。茲に至り山内地域における社寺参拝のメイン道路も従来からの参道である「町表」に加え、明治33年に改修・拡幅された現西参道（江戸期名称は「安養坂」等）と「賄い坂」を経由するルートが新に加わる事になった。（この詳細は次の第2節②を参照）。

この新しい状況を受け社寺参拝の主要な二つの道路の名称も必然的に次第に変化して行く。つまり江戸時代から明治を通して山内地域のメイン道路であった「町表」が「表参道」となり、それと対を為す形で、新にメイン道路として加わった旧「安養坂」が「西参道」と変化してゆく。これらの新しい名称は昭和とともに次第に普及し、市民の間でも通用している事は無論、各種観光案内書・出版物等にも広く用いられ定着する。前述の通り現表参道の名称は、明治・大正期では様々な場面で様々な使われ方をした。それは極論すれば使用に混乱はあったかも知れないが、しかしその漠たる名称でも、その名称を持った事物（道路）が地域に置

いて圧倒的存在であるが故に、地名として十分その役割果たせたのである。しかしながら、近代社会の進展と共に山内を取り巻く諸状況は一変し、「町表」は参拝・観光の唯一・無二の存在ではなくなり、相対的なものになった。つまり、社寺参拝・観光には「町表」に加え、「安養坂」（現西参道。後述）のルートが加わったのである。ここに於いて江戸期より大正末までの時期に社寺への唯一のルートであった「町表」等の名称も変化を余儀なくされ、社寺への参道は東西で分担することになり、それぞれの参道の名称も新たなるもの　表参道・西参道　に変化するのである（変化の時期を含め第2節で詳述する）。

　最後に、「中山通り」「中山通」の名称に関して記す。中山地区は地形的には恒例山から続く尾根筋が緩やかになる微高地に位置し、この尾根筋には北より東照宮・東照宮御仮殿・輪王寺（三仏堂や紫雲閣）そして輪王寺の5枝院が立地し、地形的・歴史的にも山内地域における中心的地域を形成した。東照宮鎮座以前は社寺と民家の混在する謂わば聖俗混在地域であった。寛永期の町割により民家は鉢石宿東方に移転し（現在の御幸町の母胎となる）、整備された中山地区に直線の道路とその沿道に輪王寺の3枝院（観音院・実教院・光樹院）が立地した。輪王寺の成立を経て明治中期以降は輪王寺5枝院が沿道に立地し現在に至る。地形的に山内地域の三山（東山・中山・西山）の一つである「中山」の中央部地域に位置した直線の通りの名称としての「中山通」「中山通り」は、明治以降現在に至るまで一貫してこの名称が使用されている。

【注　記】
① 　引用文は下記による。文中（　）は訳者注記。引用文中に若干の誤字等あるが原文通り。下線は現表参道及び中山通り部分。
　　「日本散策－東京・日光－」（ギメ 青木啓輔訳 新異国叢書第二集 明治9年 雄松堂）
　　「日本奥地紀行」（バード　高梨健吉訳　　明治11年　東洋文庫　平凡社）
　　「日光」（「六　殿堂の美観」明治22年　田山花袋）
② 　「日光山名跡誌」（享保13年　石屋町　大嶋久兵衛）
③ 　「日光山志　巻之一」（天保8年　植田孟縉）の「御殿跡地」の説明文
④ 　「日光山名勝図会」（明治21年　市岡正一著　長尾景弼発行）
　　「晃山真趣」（明治26年）
　　「最新日光明細地図」（明治44年）

「東照宮史」（写真　昭和２年　東照宮）

「日光史」（昭和 12 年　星野理一郎）

「日記」（輪王寺文書　明治 38 年分　２月８日、４月 14 等）

「日光社寺共同事務所石倉保管文書」（数点の内明治 28 年の道路修繕関係）

⑤　「日光山全図」（明治 19 年　小林頼治編集　小林監竣繍繪）

「日光山名所便覧」（明治 29 年）

「日光山名細記」（明治 30 年　鬼平金四郎発行）

「日光明細記」（明治 33 年　鬼平金四郎編集）

⑥　「晃山勝概」（明治 20 年　錦石秋編集　鬼平金四郎発行）

「下野新聞」（明治 22 年３月 18 日）

「日光名所案内記」（明治 32 年８月　井上茂兵衛発行）

「日光明細記」（明治 33 年　鬼平金四郎編集）

「大日本地名辞典」（明治 33 年　吉田東伍著）

「日光改訂案内記」（明治 39 年　小松崎雛鶴）

「日光大観」（大正元年　田中市之助編集　東陽堂発行）

「日光社寺共同事務所石倉保管文書」の史料中の下記文書

　　「山内道路費修繕会計基本金」（明治 28 年。第 16 図）

⑦　「下野新聞」（明治 30 年８月 14 日、同年９月７日、同 38 年 10 月 11 日）

⑧　電軌時刻は大正元年発行の「日光大観」掲載時刻表。

　なお、鉄道は開業当初より日光と東京を直結する事を目的とし、直通運転の汽車が往復１日１本運行された。下記「下野新聞」（明治 23 年５月 26 日）参照。

「日光鉄道線ハ昨日ヲ以テ全線路落成シ自今毎日一回　以テ来月通シ宇都宮発午前五時二十五分、同十一時五分（上野ヨリ通シ列車）～。今市発～午後五時十三分（上野迄通シ列車）～」

⑨　「下野新聞」（明治 42 年４月 15 日）

⑩　「日光市史　下巻」（昭和 54 年　日光市）

　　　　日光における自動車導入の全般的状況を記している。

「下野新聞」（大正 14 年 11 月５日）

　記事に依れば、中宮祠道が深沢・剣が峰間の難所を克服し、馬返し・中宮祠間の乗合自動車の運行は 14 年 11 月２日であり、記事はこれを報道している。

　なお、中宮祠道の自動車運行に関しては大正６年には日光・馬返間の乗合自動車の運行が開始される。ただ注意すべきは馬返以遠の中宮祠道の自動車運行が大正 14 年迄全く不可能であった訳ではなく、特別な場合は通行可能な場合もあったようである。例えば、前項（注㉗に見る如く大正 11 年には来晃した英国皇太子は自動車にて中宮祠遊覧をしている。しかしながら中宮祠（奥日光）への乗合自動車運行は、それまで中宮祠への観光客輸送を一手に引き受けてきた人力車業界にとって一大事態であり、業界の死活的問題を生起させた。

　「中禅寺自動車の為　車夫死活問題　市村署長組合を論」）の記事はこの混乱を報道している。「下野新聞」（14 年 11 月 12 日。）

⑪　日光市街地と奥日光地域が一体化した新しい日光観光のあり方を示す好例の一つが下
　記案内書で、書名は日光観光の二つの中心地「日光」と「中禅寺」が並列。日光市街地
　と奥日光地域が一体的に良く表現されている。
　　　「日光・中禅寺　名所案内」（掲載不許可のため図版なし）
　　　　　　　　　　　　　　　（昭和3年　発行 日光町 篠原　静　栃木県立図書館蔵。）
　　　なお、本文に記す様に一体化は西町地域の優位性を伸長させた。旧日光奉行所跡地に
　　位置した「日光ホテル」の下記宣伝文句はそれを端的に示す。
　　　「同ホテル前に電車停留所アリ　社廟拝観後中禅寺見物ノ御方又ハ中禅寺ヨリ帰途社
　　　廟拝観サルル御方モ最モ便利ノ所デ内外人ノ宿泊人ハ交通便ノ為〜」
　　　　　　　　　　　　　　　　　　　＜「下野新聞」（大正14年11月5日）＞
⑫　「日光付近の地誌」（昭和9年　山口貞夫著　発行 古今書院）
⑬　社寺参拝の起点としての「神橋口」「西参道口」に関し下記参照。
　　　「大日光」（第1号　昭和28年4月発行　日光東照宮）
　　○日光観光のモデル日程として
　　　1　午前十時迄に日光着の場合＝日光駅→神橋→社寺→西参道駅→中禅寺→日光駅
　　　2　午後一時迄に日光着の場合＝日光駅→神橋→社寺→西参道→日光駅
　　○社寺拝観順路
　　　イ　神橋口
　　　　神橋→輪王寺→東照宮→二荒山神社→三代廟→宝物館→神橋又は西参道
　　　ロ　西参道口
　　　　西参道→三代廟→二荒山神社→東照宮→宝物館→輪王寺→西参道又は神橋

【図表写真等一覧】（＊第1節①②③の図表等）
第1図　「幕末期山内及び西町の院・坊の位置及び地域割」
　　　　　　　　　　　　　　　（「日光山志 巻之一」の「御山内縮図」を基に）
第2図　「明治初期の再興院・坊の位置」
　　　　　　　　　　＜「維新后寺門沿革略記」（「日光市史　史料編　下巻」昭和61年）＞
第3図　「輪王寺枝院15ヶ院の配置」
第4図　「大日本下野国日光山全図」（明治33年4月発行　東照宮蔵）
第5図　「第4図（部分）」
第6図　「明治四十二年測量　日光社寺大修繕事務所所蔵実測図」
　　　　　　　　　　　　　　　（「日光大観」挿図。大正元年刊　岸野蔵）
第7図　「境内平面図」（「東照宮史」昭和2年発行　東照宮蔵）
第8図　「日光山内図」（小杉放庵筆。日光町。昭和6年以降〜年代不詳　東照宮蔵）
第9図　「日光電車案内」（「日光大観」裏表紙。大正元年刊　岸野蔵）
第10図　「齋藤伊豆守勤番絵図」（天保14年？。東照宮蔵）
第11図　「家慶社参警護図」（天保14年？。東照宮蔵）
第12図　「日光御用邸沿革誌」付図の内「御用邸位置図」（宮内庁宮内公文書館蔵）
第13図　「日光御山絵図」（寛政期。東照宮蔵）

第14図 「東照宮所属新築修繕模様替及移転諸工事配置図」（東照宮蔵）

第15図 「参詣人休憩所建築意匠略図」（東照宮蔵）

　　　図は300年大祭直前に作成故に「参詣人」となっている。

第16図 「山内道路費修繕会計基本金」（明治28年　日光社寺共同事務所蔵）

写真1 「輪王寺本坊通用門・門番小屋」（「明治中期頃？写真」輪王寺蔵）

写真2 「東照宮町表（まちおもて）」（「明治中頃？写真」輪王寺蔵）

写真3 「山内御用邸正門」（時期不詳。輪王寺蔵）

写真4 「山内御用邸御玄関」（時期不詳。輪王寺蔵）

Chapter 2

第2節

現上新道・下新道・西参道沿道の状況と名称

①現上新道・下新道沿道の状況

　第1節では近代以降の現中山通り及び表参道沿道の状況と名称に関し記した。近代以降変化の激しい沿道状況であったそれら両道とは対照的に、本項では比較的変化の少なかった現上新道・下新道の沿道状況について先ず記し、次項では両道の名称について記す。

　東照宮表門地域と二荒山神社とを結ぶ道路として、山内随一の古さを有する現上新道の西端に位置する二荒山神社楼門の北側山中に、東照宮境内の本地堂（本尊薬師如来。昭和36年焼失、同42年再建。別名薬師堂）裏から続く比較的大きな石を用いた石垣がある。今日石垣上のかなり広い平坦地は杉林となっているが、江戸期から近代にかけてのこの地の利用には何回かの変遷がある。嘉祥元年（848）円仁による創建とも伝えられ、古くから日光山の修行道場としての役割を担った二ツ堂（常行堂・法華堂）が、東照宮元和造営に際しこの地に移転新築（元和5年〈1619〉）され、その後東照宮寛永大造替後の慶安2年（1649）に坂本の現在地に再移転した。慈眼大師天海により寛永20年（1643）5月28日東照宮奥の院に造立された相輪橖が（同年10月2日天海入寂）、慶安3年（1650）に二ツ堂再移転後の跡地に移転し、その後日光山の神仏分離に伴い明治8年（1875）には三仏堂北側の現在地に再移転した。相輪橖再移転後のこの地は今日に至るまで社殿堂宇等の建立は一切なく、空き地（林地）として石垣のみを残す状態が続いている。近代以降東照宮境内での建物移動は皆無であるから、上新道北側地域における明治以降の変化は相輪橖の移転のみである。(これらの移転の動きは第1章第3節の第1図を参照されたい。)

　上新道の景観を大きく変化させる程ではないが、上新道南側石垣のうち二荒山神社楼門近くの石垣が明治期に一部撤去され今日に近い姿となったが、この事に関し若干記したい。今日二荒山神社大駐車場（昭和

47年整備）が位置する上新道と下新道に挟まれた小字「中島」の地は、江戸期より社殿堂宇の立地がなく杉の大木が林立する貴重な空間であり続けた。この空間を利用したのが明治中期に始まる「日光社寺大修繕事務所」（組織に関しては後述）による社寺建築物の修繕事業である。この修繕事業は2期に分かれ、第1期修繕が明治32年〜44年、第2期修繕が同45年〜大正8年である。この修繕事業はかなり大規模なもので、修繕対象社寺建築物に近接して修繕の為のかなり広い空間に「工場」（修繕のための各種作業場・材料保管庫等が建てられ、巡査派出所までをも備える大規模施設）[注②]が設けられた。狭隘且つ傾斜した地形に社殿堂宇の密集する山内において、「工場」を設置できる空間を確保することはかなり困難であり、東照宮御仮殿南側空間の「御仮殿工場」（現在東

照宮の武徳殿・宝物館が立地。この地の利用変遷は第1節②項参照）と「中嶋」（現在の小字名は中島。史料では「中嶋」「中之島」）[注②]の2カ所に設置された。「中嶋」の利用[注②]に関して史料に次の記述がある。「御仮殿工場及中嶋工場並大猷院廟方面現場監督派出所共各建物ハ明治三十二年第一期大修繕起工当時ノモノニシテ既ニ腐朽及破損等著敷相成居リ候」[注②]。つまり上新道と下新道に挟まれた「中嶋」には、第1期修繕時に「中嶋工場」が設けられたが、この文書の記された第2期修繕の大正2年時

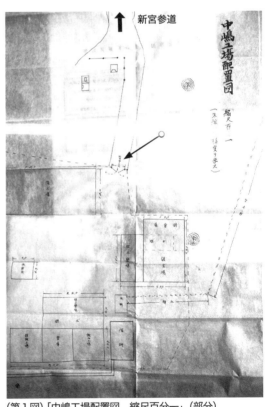

（第1図）「中嶋工場配置図　縮尺百分一」（部分）
（○→表木戸門）

点には設置より 15 年程度の年月が経過し、「腐朽・破損等著敷」く修理・模様替えが必要になったようである。当該文書に添付された図面（第1図）によりこの時の「中嶋工場」の建物配置・建物規模・建物用途が明らかになると同時に、図には「工場」入口として上新道南側石垣から「工場」に至る進入路及び「工場」より現西参道に至る「表木戸門」が記されている。「工場」より修繕箇所の一つである東照宮へのアクセスは、上新道南側石垣の撤去がない場合は不可能である故、上新道南側石垣の一部撤去の時期は日光社寺大修繕事務所の第1期修繕が始まる明治32年頃になされたと考えられる。図面に依れば「表木戸門」の柱間は6尺幅で両開き扉が付いた構造であり、上新道より「工場」への入口も「表木戸門」と同様の造りであり、後述の（注⑯-⑤図。第4図）に2カ所の入口が示されているが、其処でも上新道からの石垣撤去部分の入口はかなり狭く大幅に拡幅された今日の姿と異なり差がある。今日上新道から二荒山神社大駐車場に入る角の石垣の石積方法は、山内地域の石垣の角に広く見られる算木積でなく全体として曲面を形成した近代以降の積み方であることから、大幅な石垣撤去時期は大駐車場の整備時期ではないかと推察される。

　明治期以降において上新道の景観を大きく変えたのは、上新道東照宮側石垣下への石灯籠の建立と二荒山神社楼門の建立そして楼門前の大華表建立（「二荒山神社」と刻印。昭和39年4月）とである。石灯籠建立は「東照宮三百五十年祭奉斎記念石灯籠建立」として、岡崎産花崗岩（「大川石」）を用いて日光市内外の篤志家により 37 基奉納された。[注③]灯籠の図案考案・監修を東大教授関野克氏、設計を元東照宮技師二本松孝蔵氏が、制作は岡崎市石製品工業協同組合加盟各社が担い、昭和43年5月17日献灯された。灯籠の大きさは高さ12尺（3.63メートル 1基）、8尺5寸（2.55メートル 1基）、7尺5寸（2.25メートル 35基）の3種類で、それぞれの竿の部分に奉納者名が刻されている。寛永大造替以来3世紀以上の間上新道には建造物は皆無であった故、この石灯籠建立に対する評価は賛否分かれるが、確実に言えることは、（注③）掲載の写真「石灯籠建立前後の上新道」に見るように、この石灯籠の建立により上新道の景観が著しく変化した事である。東照宮側の籬子塀を乗せ

た比較的高い石垣と、反対側の所々に杉の大木を挟んだ比較的低い石垣
とが道の両側にあり、遙か遠方に二荒山神社拝殿を望む切り通し構造の
上新道はその姿を一変させたと言える（第1章第3節③の写真18参照）。
加えて上新道の景観を大きく変化させたのは、上新道西端への二荒山神
社楼門の建立である。この入母屋造り朱塗りの楼門は、二荒山神社「男
体山頂鎮座一千二百年祭記念事業」の記念建造物として、日光市内外の
多くの崇敬者の協力により昭和52年（1977）に建立された。東照宮
寛永大造替以降道路として整備された上新道は、当初東照宮五重塔より
二荒山神社拝殿及び当時同一敷地の日光山金堂（三仏堂）に至る迄建造
物は皆無であったが、元禄8年（1695）現社務所後方より杉4本を切
り出し境内東端に鳥居が建立され、その1世紀後の寛政11年（1799）
に現在の唐銅明神鳥居に改造され今日に至った。^{（注④）}つまり寛政期より昭和
30年代迄の約2世紀弱の間、上新道東端に位置する東照宮五重塔より
二荒山神社境内唐銅鳥居迄は建立物等構造物は一切無く直線の非常に見
通しの良い、且つ「馬場の両辺ハ老杉鬱鬱として頗る幽遂なる」（「晃山
勝概」明治20年出版。次項②の注②）道路状態が続いたのである。

　江戸期より上新道景観の一部を形成してきたものとして、上新道東照
宮側石垣のほぼ中央部に安山岩の頑丈な排水口を2カ所確認できる。こ
れらは寛永大造替の石垣構築時に設けられたもので、何れも東照宮境内
の雨水等の排水を目的とするするものである。2カ所の排水口のうち二
荒山神社寄りの排水口は東照宮境内本地堂（薬師堂）裏から、中央部の
それは東照宮経蔵（輪蔵）裏からの排水を担い、両者より排水された水
は後者排水口近くで上新道を石樋で潜り下新道へと導かれる。上新道を
横切る石樋は上新道東端にもあり、上新道中央部から東側の側溝の水を
集めやはり下新道へと導く。

　近代以降の上新道景観の一部に若干の変更を加えたのが数カ所に見ら
れる消火関連施設である。八王子千人同心の日光勤番（"日光火之番"
承応元年〈1652〉開始）や、社殿堂宇の桧皮葺から銅板瓦葺への改造（承
応3年〈1654〉）等、社寺建築物を火災より守ることは日光山にとり極
めて重要な事であり最大限の注意・警戒が払われて来た。近代において
も社寺の防火対策の重要性は論を待たず、社寺自身や行政機関及び特に

戦後は（財）日光社寺文化財保存会（およびその前身組織）により計画的・大規模に消火設備の充実が為されてきた。今日上新道東照宮側石垣の東端近くに、管中を勢い良く水の流れる赤錆た太い鉄管を確認できる。この鉄管の水は上新道を埋設管で横切り、上新道東南側石垣裏を吸水口が４カ所設けられている直径500ミリヒューム管で二荒山神社境内近くの上新道と下新道の間に設けられた「中の島貯水槽」（通称1000トン水槽）に導かれる。更に水は同水槽より二荒山神社及び二荒山神社職舎方面の消火栓に導かれ、一部余剰水は２カ所で直接下新道に導かれる。また、この消火水路とは別に昭和26年には稲荷川の水を利用した直径150ミリ管が上新道東南側石垣下に側溝と平行して埋設され、石垣下に現在その消火栓が２カ所設置されている。これら一連の消火関連水路は国・県・社寺の出資により（財）日光社寺文化財保存会の「消火水路連絡工事」としてなされ、それらに要する水は稲荷川からと日光社寺電気事務所が設置している山内発電所（旧滝尾第二発電所）の放流水とを利用している。尚、これら消火水路・消火栓は埋設物や小さな構造物であり、且つ社殿堂宇や石垣等の文化財の変更を伴うものでない故、石灯籠や楼門と異なり上新道の景観を大きく変えるものではない。

　次に現下新道及び沿道の状況について記す。今日観るように上新道と異なり下新道には石灯籠や楼門のような建造物は一切なく、この状況は慶安３年（1650）の道路造成以降今日まで連綿と続いている（名称は一貫して「新道」。後述）。近代以降下新道の姿に変化があったのは下新道南側石垣の状況に関してのみである。今日下新道南側石垣は道路中央部と東端の２カ所において一部が撤去され近代以前の姿とは異なる。下新道南側石垣の一部撤去は沿道状況、特にこの場合下新道南方地域の利用のされ方と密接に関係する故、先ず下新道南方地域の近代以降の利用状況を辿らなければならない。

　幕府崩壊と神仏分離の混乱の中で日光山の社寺建築物は荒廃の危機に瀕したが、その危機を軽減し修繕・維持に多大の貢献をしたのが保晃会（明治12年〈1879〉設立〜大正５年〈1916〉解散）であった。保晃会は山内において様々な事業を行ったが、今日も山内にその名残を留める浩養園の造成もその一つである。浩養園は保晃会碑（「保晃会之碑」篆

額^{がく}北白川宮能久親王、勝海舟撰書）に付随する庭園として、明治26年
3月に造成が開始され、同年9月15日竣工、同月18日の盛大な開園
式には「本県知事臨場ノ処、御用都合ニテ小山参事宮本属鶴見属来晃」
した。^(注⑥)浩養園は現輪王寺本坊域（江戸期の「御殿跡地」）を除いた現表
参道・下新道・西参道に挟まれた山内西南部の広大な地域を占め、園内
には保晃会碑・池（今日通称「瓢箪池」）・橋・灯籠・植え込み等が配置
され、園の維持管理費捻出のため敷地の一部を「美術参考所」・喫茶店・
飲食物販売等の営業を行う民間に貸し付けた。これら諸施設のうち中心
的施設の一つとなったのが西沢金山（旧栗山村大字上栗山字西沢）の開
発・経営を主導した高橋源三郎が明治28年に開設し、その名を浩養園
にちなみ「浩養館」と称した「美術参考所」（今日の小規模美術館・展
示館。展示品等の販売の有無は不明）である。しかしこの施設は、安生
によれば、「浩養園は湿気が多く浩養館内の書画骨董を損傷したことも
あり、明治33年2月高橋は浩養園内に所有する木造家屋を社寺に寄付
し浩養園内の事業より手を引いた」。^(注⑦)浩養館の経営は高橋から社寺に移っ
たが、移行後の館の運営には当時の文化財保護の動きが微妙に陰を落と
す。故に以下少々長くなるが、国における社寺所有文化財の保護活動・
政策の動きを交えながら、移行後の動きを東照宮・輪王寺の史料より若
干補足素描したい。

　神仏分離令以後の廃仏毀釈の動きや欧化主義の風潮の中で、社寺の貧
困化によりその有する貴重な文化財が散逸する危機的状況に陥る。その
様な全国的な危機的状況の中で、特に日光山の場合幕府による手厚い保
護を一挙に失ったが故に、その危機的状況は言語に絶するものがあっ
た。この状況を背景として国においては我が国文化財保護制度の原型を
為す法律とされる古社寺保存法が明治30年（1897）公布された。^(注⑧)この
法律は「古社寺ニシテ其ノ建造物及宝物類ヲ維持修理スルコト能ハサル
モノハ保存金ノ下付ヲ内務大臣ニ出願スルコトヲ得」（第1条）を目的
とし、特にその運用において「前条ノ建造物及宝物類ノ修理ハ地方長官
コレヲ指揮監督ス」（第2条）や「社寺ニ下付シタル保存金ハ地方長官
之ヲ管理ス」（第10条）の如く、地方行政機関の果たす役割が大きかっ
た。保晃会は明治31年財団法人として認可され、堅実な組織として寄

付金を原資とする保晃金を社殿堂宇の修繕に当てた。社寺建造物の修繕を具体的に如何に執行するかに関しては「保晃会規則」第11条で「修繕は県庁ノ監督ヲ仰ギ、社寺ヲ以テ、其所属限リ担任者トス（後略）」とした(注9)。具体的にその事業を実施する主体は「二社一寺が協議の上、栃木県庁に修繕事務所設立を願い出た後に設置されたもので栃木県事務官が所長となり（中略）一種の官営事務所であった」日光社寺大修繕事務所が担った(注10)。この明治32年（1899）設立の「日光社寺大修繕事務所」と保晃会の関係であるが、概括的には「保晃会が社堂維持に努力したのは、主として資金調達の面であり、技術的には社寺修繕事務所がこれに当たった」(注10)。職員としては県派遣職員とともに保晃会規則第11条の「社寺ヲ以テ、其所属限リ担任者トス」や、東照宮社務所「日誌」にあるように社寺からの派遣職員により構成された(注11)。つまり、山内における社寺建造物等の修繕には国・県・二社一寺・保晃会の4者が関わったのである。

　ところで、「日光社寺大修繕事務所」（以下「大修繕事務所」と略す）の事務所は具体的に山内の何処に設けられたのか、東照宮・輪王寺の史料等により検討したい(注12)。明治32年6月19日の「日誌」に「大修繕事務所（「県官技官等出張所」）之義保晃会下座敷借請使用ノ件（中略）事務所二階ハ総会ノ場会ヲ除ク外是又当分使用差支ナキ旨回答ニ依、楼上借請、大々準備ノ上、昨日ヨリ事務所開設シタル旨回覧書達ス」（カッコは原文）。6月18日の「日記」に「保晃会楼上ナル大修繕事務所ヘ六歌仙屏風一艘貸与ス」の記述がある。また、明治32年7月24日の「日誌」には、「保晃会楼上ニ開設相成ル大修繕事務所ヨリ技士参社　奥社御宝塔石段等再調査ヲ要スル旨申立・・」とある。これらの記述から事務所は山内中山通り東端に位置した木造2階建ての保晃会事務所の2階部分を借用し、明治32年6月18日に開設し、事務所に輪王寺から六歌仙屏風一艘を（この借用理由は不明であるが、2階は保晃会の「総会」に使用する様な当時としてはかなりの程度の広さを有する部屋である故に間仕切り用かと思われる）借用した(注13)。

　明治32年に発足した「大修繕事務所」であったが、その事務所は保晃会より借用したものであり、且つ借用した大広間は保晃会が総会等で使用する場合もある故等により、当初より自前の事務所確保が喫緊の課

題となっていた。課題解決の一つが事務所の移転であり、高橋氏が経営に息詰まりその処方を思案中の浩養館（明治28年開設）がその候補として浮上したと思われる。明治32年11月14日の「日記」には「浩養館ヲ以テ三カ所（二社一寺）大修繕事務所ニ充ツル為、星野技師（栃木県派遣職員）ノ検分ヲ受ル為メ三カ所各員出頭ニ付事務所（輪王寺）ヨリ華蔵院（輪王寺枝院の十五院の一つ）出張ス」とあり、県当局の意向を仰ぎながら保晃会事務所2階への事務所開設から僅か数カ月にして浩養館への移転が具体的に動いている事が伺える。

　一方、「大修繕事務所」の保晃会事務所からの事務所移転先と考えられる明治28年開設の浩養館においては、「大修繕事務所」開設翌年早々に次の動きが確認される。明治33年1月31日の「日誌」に「浩養園ノ浩養館予而持主日光町民高橋源三郎ヨリ三社寺へ寄付申出ニ付、報酬金之義合同積立金ヨリ支出之義本件上申ノ処、聞届ケラレ指令書到着ニ付、三カ所へ回覧有之」とあり、続けて2月10日に「浩養館高橋源三郎ヨリ引渡ニ付二荒山ヨリ祢宜村上信夫当宮ヨリ田中池田両主典輪王寺華蔵院現場立会受取候事」「浩養館寄付ニ付報酬金弐千五百円寄付主へ下賜ニ付請取書回覧ニ相成本書者月番ニアリ」とある。浩養館のあり方に関し高橋氏から寄付の申し出があったが、その理由は日記から定かでないが、文字通り寄付とはせず社寺は「報酬金」として「弐千五百円」を「下賜」し、同時に同日浩養館を二社一寺職員立ち会いのもと受け取った。この結果大修繕事務所の事務所は、高橋の個人所有から社寺所有となった浩養館に4月15日「大修繕事務所本日ヨリ浩養館へ移転ノ旨　久保技士（栃木県派遣職員）ヨリ申出之有候事」（「日誌」）移転し、同日「下新道入口之処へ大修繕事務所此奥ニアリトノ表札掲出」（「日記」）した。尚、移転の事実は社寺で共有される為、社寺当番の東照宮より輪王寺・二荒山神社に連絡があり、輪王寺「日記」（明治33年4月13日）に次の如くある。「月番東照宮より通知左之　大修繕事務所本日浩養館へ移転候旨久保技士ヨリ申出有り之候条此段及御通知候ヤ」。

　かくて「大修繕事務所」は社寺所有となった浩養館に移転入居したが、家主である社寺による館の維持も前所有者の高橋氏同様数年にして行き詰まる。明治35年8月23日の「日記」には「浩養館三カ所（＝二社

一寺）所有ニ相成候以来何等ノ用方無之結局不必要ニ相成居リ候折・決修繕等モ要スル次第ニ付相当価格ヲ以テ売却致旨本県知事ヘ伺イノ件ニ対シ三カ所ヘ稟議ス」とある。社寺は確保した施設を十分活用する事が出来なくしかも修繕費等がかかる故、それは多分に取得見通しの杜撰さ或いは甘さの誹りを免れない事と考えられるが、同年9月24日に競売入札が実施され、結果的に「浩養館競売入札午前九時ヨリ執行ニ付立会トシテ二荒山神社ヨリ戸田主典、東照宮ヨリ田中主典、本院ヨリ浄土院出席致シ十時半入札開札候処結果左之　金三二五円五十銭　神山庄平、金二五〇円　山崎恭次　右ノ次第ニテ神山ヘ落札（後略）」（「日記」）となった。浩養館は社寺の手を放れる事になり、自ずから「大修繕事務所」も事務所の再度の移転を余儀なくされる。33年4月15日の浩養館への事務所移転から35年9月24日の浩養館競売入札の2年間の中で次の動きが注目される。「日記」（33年8月30日）に依れば、「大修繕事務所」は事務所移転から4カ月後の33年8月には「大修繕事務所建築用敷地として浩養園内地借用」した。つまりこの事は、社寺及び「大修繕事務所」としては当初より自分専用の新事務所の確保を目指していたと推測され、浩養館への事務所移転は一時的な言わば間に合わせ的なことであったと言える。

(注34-1)

(注34-2)

　浩養館から移転した新事務所の位置であるが、輪王寺「日記」（明治33年8月30日）に「下新道ヨリ浩養園内修理事務所ヘ通ズル経路凸所土取リニ付　保晃会ヘ照会左之・・」とあり、修理寺務所（大修繕事務所）は下新道より浩養園内へ入った処に位置している事が判る。そして、明治35年の入札より数年後の42年測量の実測図（第4図　後掲）に依れば、「大修繕事務所」の事務所位置は東照宮旧宝物館（東照宮350年祭時に建設）付近にあり、この場所が明治33年8月30日に「借用」（「日記」）した場所と同一と考えられる。「大修繕事務所」の第一期修繕工事が32年に開始されるのであり、当時の「大修繕事務所」の仕事量は大変多く、自前の事務所専用建物の確保は強く望まれていたと推察される。浩養館への移転と新事務所設置検討・建設は多分同時並行的になされ、更に第一期修繕が重なり多忙を極めたことは想像に難くない。

(注36-(5))

(注35)

　ところで、前述の如く「大修繕事務所」が浩養館に移転した時、事務

所は「下新道入口之処ヘ大修繕事務所此奥ニアリトノ表札掲出」（明治
33年4月15日「日記」）した。と言うことはこの時明らかに下新道か
ら浩養館へと通じる入口が存在した事になり、下新道南側石垣は既に一
部撤去されていなければならない。この下新道中央部分と考えられる入
口であるが、「日記」には入口を設け表札を掲出したとは記されてなく
単に「表札掲出」とあり、且つ「大修繕事務所」は浩養園内にある既設
の浩養館の建物に移転したのであるから、石垣撤去という大工事をして
まで入口を設けたとは考えられない。故に、「大修繕事務所」が移転し
たから石垣を一部撤去し入口が設けられたのではなく、明治26年の浩
養園の造成時に下新道中央部分において南側石垣を一部撤去したと考え
るのが自然であろう。また別の考えとして、明治28年の浩養館開設時
に石垣を一部撤去する事も考えられないことはないが、館建設とは別に
石垣撤去の為の土木工事が必要となる故にそれも考えにくく、浩養園造
成時に園の有効利用の為に庭園造成の土木工事の一環として石垣を一部
撤去した可能性が高いと考えられる。更に浩養園地域は広大でありその入
口としては、旧「御殿地址」北側の現表参道からと現西参道の旧無量院前
付近からとの入口は既に江戸期より存在しており（例えば「日光山大絵図」
17世紀中頃。県立博物館蔵）、当時当該公園地域に入る入口として存在し
ないのは下新道からのそれのみであった事を併せ考えると、現下新道南側
石垣の一部撤去の時期は浩養園造成時とするのが自然であろう。

　次に問題となるのは現下新道南側石垣の一部撤去箇所は、下新道中央
部（浩養園造成後は後に建設される「浩養館入口」部分となる）のみで
あったか或いはそれ以外にも存在したのか、そしてそれら石垣撤去部分
の位置は下新道のどの辺であったのかである。そこで次に明治〜大正期
期の絵図等に注目し検討して行く。

　先ず明治19年発行の **（第2-1図）**（注⑯ - ①図）がある。図は日光
山の社殿堂宇を詳細に描くが、下新道南方地域は鬱蒼たる杉林で、その
林地南方の建物に「朝陽館」（江戸期東照宮別当大楽院の建物）の名が、
林地に「旧殿地」の名の記載があるのみで、現下新道そのものはごく簡
単に描かれ道路両側の石垣の状態等確認できない。**（第2-2図）**（注⑯
- ②図）（紙数関係上部分図）は、山内地区を図の中心に据え周辺に模式

（第２－１図）「日光山真図」

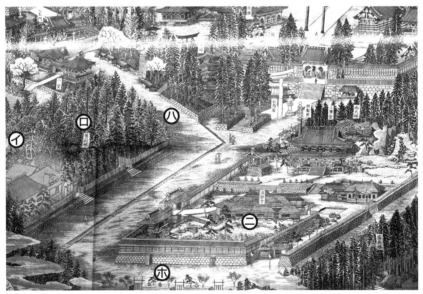

（第２－１図）「日光山真図」（拡大）　　　イ．朝陽館　ロ．旧殿地　ハ．現下新道　ニ．満願寺
　　　　　　　　　　　　　　　　　　　　　ホ．中山通り

（第2－2図）「日光山全図」（部分）　　イ．旧御殿地　ロ．表町通り　ハ．満願寺　ニ．現下新道

的に日光各地を描いているＢ２サイズの詳細な銅版画である。図の名称
は、「View of Nikko-San 日光山全図 The Province of Shimotsuke
Japan」と、明らかに外国人参拝者を意識した絵図である。この図も前
図同様に山内の主要な建物は実に詳細に描いているが、下新道南方地域
は鬱蒼たる杉林があるのみでその中に建物の姿は一切なく、ただ杉林の
中に「旧御殿地」の名が記されているのみである。（注⑯‐③図）（紙数
の関係上図の掲載略）は前掲（注⑯‐①・②図）より簡単な表現であり、
下新道南方地域には杉林のみが描かれ、建物及びその名の記載はない。
つまり現表参道・下新道・西参道に挟まれた下新道南方地域は、貞享元
年（1684）の将軍御殿焼失以降は石垣に囲まれた「御殿跡地」（名称は
「御殿跡地」等各種）としての空き地とその北方の杉林のみがあり、「御
殿跡地」への朝陽館（明治19年移築・竣工、後「山内（日光）御用邸」
となる）や杉林地域への浩養園造成（明治26年）が成る以前は、社寺
の建物とその名を詳細に描いた山内の他地域とは対照的に、明治初〜中
期の絵図等では極めて簡単な表現となっているか、時には地域そのもの

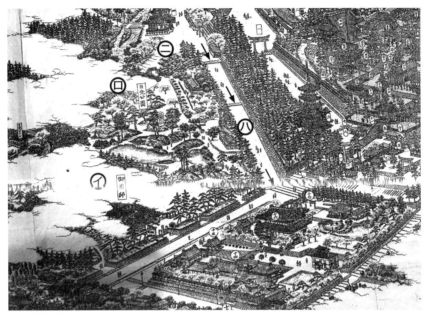

（第3図）「大日本下野国日光山全図」　　　イ．御用邸　ロ．日光公園（浩養園）　ハ．現下新道
　　　　　　　　　　　　　　　　　　　　　ニ．現西参道　※矢印は石の橋（石樋）

が省略されている場合があり、明らかに左程注目される地域ではなかっ
た事が明白である。時が下り（第3図）（注⑯‐④図）は造成間もない
浩養園内に建設された浩養館（明治28年開設）が、高橋源三郎氏より
社寺に譲渡（同33年2月）された直後の発行で、山内地域を中心に描
きながら西町から清滝方面をも描き、特に朝陽館移築や浩養園造成等に
より大きく変化した下新道南方地域（除御用邸地域）の様子を詳細に描
いている。図に依れば下新道の東西両端と中央部の3カ所に道を横切る
石樋（石垣下側溝の水が道を横切る。図中→部分）があり、「日光公園」
と記された浩養園には散策する人々と共に池（今日も存在しその形から
通称「瓢箪池」）・記念碑・灯籠3基・東屋風の簡単な建物3戸・立派な
建物1戸（浩養館か？）・冠木門構えの大きな家1戸（今日の二荒山神
社宮司職舎か？）が描かれている。「日光公園」（＝浩養園）南方の旧「御
殿跡地」に移築された朝陽館とその敷地は明治26年8月には東照宮・
保晃会より宮内省が買収し「山内御用邸」となるが（詳細は第2章第1
節②参照）、図では現表参道の西側石垣中央に位置する山内御用邸の二

つの門以外はクモの中となり「御用邸」の名のみの記載となっている。図は詳細に山内地域を描いているが残念ながら鳥瞰する視点が東南方にあるため、現在注目している下新道南側石垣の一部撤去の状態は東端と中央部分と推定されるが明確には確認できない。これを補うのが（第4図）（注⑯-⑤図）の実測図である。図は詳細に下新道南方地域（「公園」地域）の道路網や建物等を示すと共に、「御用邸」・「公園」・「二荒山神職々舎」・「大修繕事務所」の名を記している。先ず図に描かれた「日光公園」内の「大修繕事務所」（注⑮の通り「事務所」は明治33年に民間の浩養館に移転し、同35年には図の位置に再移転いると考える）と他に数軒の建物（注⑯-④図では3軒）があるが、これらは浩養園の一部の土地を賃借し各種営業活動をした民間人が設けた建物の一部と思われる。[注⑰]「日光公園」中央部分に描かれた「大修繕事務所」は、社寺合同事務所（二社一寺が明治34年5月4日に設立。事務所は三仏堂に近接して在り社寺より職員を派遣）と大正3年11月27日に合併し日光社寺共同事務所となり、その事務所は保晃会解散後の建物に移るが、第4図作成の明治42年時点では浩養園内の旧東照宮宝物館の地付近にあったと推察される。[注⑮参照]第4図における現下新道南側石垣の状態であるが、石垣の一部撤去部分は明らかに現下新道東端・中央部・中央やや西寄り（「二荒山神職々舎」域に近接）の3カ所となる（図中→部分）。ところが、この第4図より約10年後発行の（第5図）（注⑯-⑥）では石垣の撤去部分は現下新道中央部分と東端の2カ所のみ確認でき（図中→部分）、中央やや西寄りのものは確認できず、第4図より約20年後の（第6図）（注⑯-⑦図）でも石垣撤去部分は同様に現下新道中央部と東端の2カ所である。つまり、第4図で確認できた「二荒山神職々舎」寄りの撤去部分は第5・6図（注⑯-⑥・⑦図）では確認できないのである。第4図は「日光社寺大修繕事務所」と言う半ば公的機関が作成した、しかも実測図であり、第5・6図もそれぞれ二荒山神社及び東照宮が作製した地図であり、これら3枚の地図に記載されている内容は何れも事実であると考えられよう。と言うことはつまり、「二荒山神職々舎」寄りの入口は第4図の作成段階の明治末には存在し、第5図作成の大正中期には入口は閉じられ、現下新道南側石垣は元通りに復元されたのではないかと考えざる

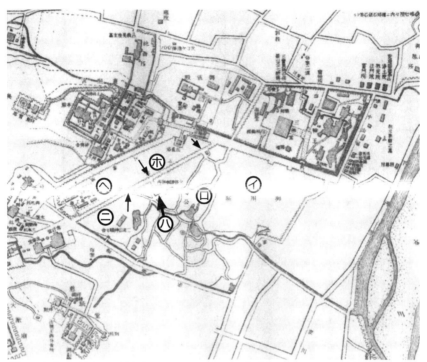

（第4図）「日光社寺大修繕事務所所蔵実測図」　イ.御用邸　ロ.公園　ハ.大修繕事務所
ニ.二荒山神職々舎　ホ.下神道　ヘ.中嶋工場

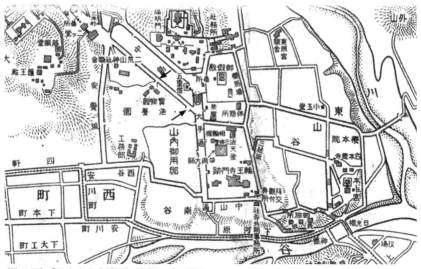

（第5図）「日光山山内略図　縮尺八千八百分の一」

を得ない。尚、「二荒山神職々舎」地域への主要道からの入口であるが、第４図では「安養坂」（現西参道）からの１カ所が確認されるが、第５・６図では特に第６図で明確であるが、その入口は閉ざされ現在の如く現下新道と安養坂との合流地点よりの入口となる。

　ところで、実測図である第４図（注⑯‐⑤）によれば、浩養園内の小径は園の中央部より四方に伸びて園周囲の主要道路と接続しており、明らかに社寺参拝・観光客等の山内主要道路利用者を園内に円滑に誘導し園内を散策できるような構造となっている。山内西部に位置する二荒山神社・大猷院・二ツ堂方面からの人達を下新道中央部の公園入口まで誘導することは距離的にやや無理があり、出来る限り二荒山神社等の近くに公園入口を設ける事が理想的である。しかしながら（第７図）（注⑯‐⑧図）では明治21年の時点で既に「二荒山神社職舎」区域が下新道南方地域において特定されており、これを史料として追認・確定させるのが明治26年の土地登記であり、広大な現表参道西側＝下新道南側地域の浩養園・二荒山神社職舎・山内御用邸の土地所有権の明確化＝地域区分がなされる故、二荒山神社近くの下新道西端に公園入口を設けることは不可能であったと考えられる。公園入口を理想的な位置に設けることは不可能であった

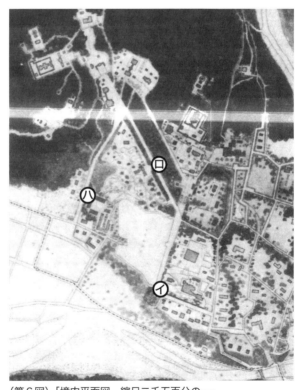

（第６図）「境内平面図　縮尺二千五百分の一」
イ.現表参道　ロ.下新道　ハ.西参道

が、第4図の如く「二荒山神職々舎」寄りの位置への入口設定が次善の策として選択・実現されたと考えられる。以上の事を勘案すれば、「日光公園」（浩養園）への3ヶ所の入口、つまり現下新道西部「二荒山神職々舎」寄りの入口と現下新道中央部と東端部の入口としての現下新道南側石垣の一部撤去は、同26年の浩養園造成時に一体的になされたと考えるのが自然であろう。

　ところで、現下新道南側石垣の一部撤去は浩養園造成時に3カ所同時に行われたのではないかと推定したが、この考えは逆に石垣の一部撤去と言う大きな土木工事（つまり浩養園造成の様な）を必要とする様な何らかの事実が公園造成時迄は現下新道南方地域に無かった事を確認すれば補強されよう。現下新道は道路の北側は切り土、南側はやや高い盛り土の構造で、現上新道程ではないが通り全体が周囲よりやや低い切り通し構造となっている。この盛り土した南側石垣を一部でも撤去する事は、現下新道南方地域において不特定多数の人々が出入りする入口を必要とするような何らかの地域改変（例えば社殿堂宇等の建立や公園造成等）がなければならない。しかしながら、近代におけるこの地域での社殿堂宇等の移動は、二荒山神社別所であった安養院が中山通りの現在地に移動し、その跡地が二荒山神社の土地となり、「二荒山神職々舎」が設けられた以外には確認できない。勿論二荒山神社の職員

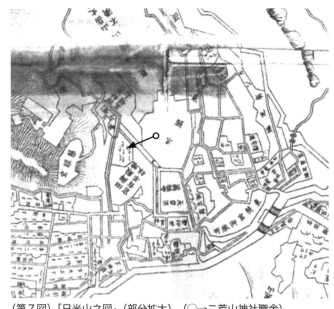

（第7図）「日光山之図」（部分拡大）（○→二荒山神社職舎）

宿舎は神社職員専用のものであり、その宿舎地域への出入りは一般参拝者や観光客を対象としてなく、むしろ出来ればその様な人の出入りを制限したい施設である。それ故その出入口は「浩養園」のそれとは明らかに区別されなければならない。この事は（第7図）が示すように、現下新道南方地域は「旧御殿地　官有平地林」の区画と他の一区画（それは二荒山神社の職員宿舎と考えられるが図には名称なし）のみである。また、（注⑯-①・②・③図）に表現されているように、この現下新道南方地域は大楽院表書院移築（明治18年）や浩養園造成（同26年）及び日光（山内）御用邸（同26年）が立地するまでは林地や「御殿跡地」であり、社殿堂宇の痕跡は一切ないのである。

　以上の事から明かな如く、現下新道南方地域（旧「御殿跡地」除く）は浩養園が造成される明治26年迄は文字通り喧噪を離れた静寂な空間として存在し続け、現下新道南側石垣の一部を撤去する事が必然化する程の地域改変を確認することは出来ない。現下新道南側石垣の一部撤去は、下新道南方地域の土地区画割り（＝土地所有権の明確化）を実施し、次に地域の多くを占める浩養園の造成と言う大土木工事に伴い下新道東端・中央部・二荒山神職々舎寄りの三カ所が同時になされた。その後公園を取り巻く諸状況を背景に、明治末期頃に二荒山神社の職舎寄りの入口一カ所が閉鎖されたと推定される。これらの結果として公園入口（＝下新道南側石垣の一部撤去部）は下新道中央部と東端の二カ所となり現在に至る（尚残念ながらこの結論は下新道南側石垣の一部撤去の土木工事の確認により補強されるが、現時点で工事関係史料を見出し得ない）。

【注　記】
① 　二ツ堂及び相輪橖の移転詳細は拙文第1章第3節参照。
　　　二ツ堂移転の為に造成された広大な空間に、比較的小規模な相輪橖が奥の院より移転し造立されたが、この時のこの地の余白地の多い空間利用状況は、前記第3節の第3図「下野国日光山東照宮総絵図」に明確。
② 　日光社寺共同事務所石倉保管の「保晃会関係文書」中の下記文書参照＜文書整理番号1086（大正2年）＞
　　　　「御仮殿工場・中之島他修理工事豫算書」
　　　　「同書付図「配置図2葉」＜「中嶋工場配置図　縮尺百分の一」（第1図）＞
　　　付図にある「中嶋工場」の建物用途は次の通り。尚、図に付記された大きさは略。
　　鋳倉庫・鋳工場・鋳工磨場、鍛冶工場、倉庫、鋳職工場、休憩所、漆工場・漆庫、便所、

係員詰所、大工・木挽工場、巡査派出所、銅倉庫、不用材置場、木端置場、表木戸門、裏木戸門等

③　石灯籠建立前後における上新道景観の変化は下記記念誌の写真「石灯籠建立前後の上新道」に、及び灯籠建立前の上新道二荒山神社寄り景観は「明治中期日光山写真集」（東照宮蔵）に明らかである。なお、「日光東照宮三百五十年式年大祭」は昭和 40 年（1965）5 月 17 日催行された。

　　　「日光東照宮三百五十年祭誌」（昭和 56 年　日光東照宮発行）

④　「二荒山神社」（大正 6 年　二荒山神社社務所発行）

　　　唐銅鳥居柱に寛政 11 年の刻銘、及び鳥居上部には有栖川宮幟仁親王による「二荒山神社」の扁額が架かる。

⑤　「山内の防災対策と火災の歴史について（その 1）

　　　　　　　　　　　　　　　　　高橋俊雄　（大日光　第 76 号　平成 18 年）

　　　「山内の防災対策と火災の歴史について（その 2）」

　　　　　　　　　　　　　　　　　高橋俊雄　（大日光　第 77 号　平成 19 年）

　　　及び（財）日光社寺文化財保存会事務局聞き取り。

⑥　浩養園の造成は、老杉の中に社殿堂宇の林立する山内の日本的景観からはやや異質の趣をもって受け止められた様であり、且つその造成費用がかなり高額となった事から、その評価は必ずしも高くなかったようである。

　　　例えば、明治 29 年（1896）3 月 20 日「東京毎日新聞」掲載の日光町民有志による「非事八ヶ条」との掲載記事があるが、その第 3 項目に「保晃会は其主意に悖り、巨額の金員を消費して、不用の庭園を築造せし事」とある。

　　　　　　　　　　　　　　　　　　「日光市史　下巻」（昭和 54 年　日光市）

　　　なお、本県知事来晃の記述は東照宮社務所「日誌」（明治 26 年 9 月 18 日）

⑦　①「日光山内・浩養園　沿革概要」安生信夫（大日光　第 79 号　平成 21 年）

　　　②「忘れられた明治の日光」（安生信夫　随想舎　2018 年）

　　　引用の浩養館の平面図に依れば、館は総坪数は 33 坪で 3 部屋の比較的小規模で、各部屋は 16 坪（28 畳）、6 坪（8 畳）、4 坪（4 畳）の間取りであり、前二者が展示室として用いられた。

⑧　「古社寺保存法」（明治 30 年 6 月 10 日法律第 49 号）

⑨　「保晃会規則」明治 32 年（「日光市史　下巻」昭和 54 年　日光市）

⑩　「日光市史　下巻」（昭和 54 年　日光市）

　　　また、「日光社寺大修繕事務所」に関する同様の記述は下記にもあり。

　　　「日光史」（星野理一郎　昭和 12 年）、「東照宮史」（昭和 2 年）。

　　大修繕事務所は下記の通り 2 期に分け修繕事業を実施。費用は国と社寺で折半。

　　　　　第 1 期修繕（明治 32 年〜 44 年。工費 22 万円

　　　　　　　　　　　　内 11 万円国庫補助、11 万円社寺負担）

　　　　　第 2 期修繕（明治 45 年〜大正 8 年。工費 32 万円

　　　　　　　　　　　　内 15 万円国庫補助、17 万円社寺負担）

　　　なお、上記市史によれば「保晃会が社堂維持に努力したのは、主として資金調達の面

である」とあるが、「社堂維持」を狭義にとれば社寺建造物等文化財に限られるが、膨大な保晃会関係史料を見れば明らかな如く、保晃会実施事業は保晃林管理・保晃金運営管理・社寺参拝所拝観所の運営管理等や山内の道路補修や公園造成等多岐であったのである。

⑪　東照宮社務所「日誌」に、「大修繕事務所」への社寺派遣職員に関して次の記述がある。
「大修繕検分トシテ昨日ヨリ社堂調査之処」「主典池田才寿計大修繕事務員被命候旨辞令オ以テ披露有之」（明治33年6月16日）
「輪王寺事務所ヨリ左ノ人名ヲ大修繕事務員被申付候義通知ニ相成ル、山口忠太郎、小室宗一郎」「池田主典出勤　大修繕事務所へ出頭ノ趣キナリ」（明治33年6月18日）
なお、この大修繕事務所に対する世間一般の認識は「県官技官等出張所」（明治32年6月19日「日誌」）の如くと考えられる。

⑫　以下の文では、
「東照宮文書」の東照宮社務所の社務日誌を「日誌」
「輪王寺文書」の輪王寺事務所の寺務日記を「日記」と略記する。

⑬　この土地（「日光町大字日光字中山二千二百九十四番地」）は江戸期に観音院があった場所で、その一部「一反二畝十四歩」が明治26年9月10日輪王寺より保晃会に寄付され、そこに保晃会の「事務所建物　木造二階建家　一棟と付属建物　石造倉庫　一棟」が建てられた。【注⑦-②】に掲載されている保晃会事務所平面図（1階部分と2階部分の2面）によれば建物は当時としてはかなり大きく、特に2階部分は8間×5間で坪数75畳の大広間となっていた。
この建物は昭和48年焼失し、後日再建された現在の建物に「日光社寺共同事務所」

⑭-1　明治35年9月24日の「日誌」及び「日記」に同様の記述がある。
浩養館は「三二五円五十銭」で神山庄平氏が落札したが、社寺がこの館を高橋源三郎氏より寄付を受けた時、氏は寄付とするが社寺はこれに対して報酬金を「下賜」した。その下賜金の額は「弐千五百円」であったから、社寺の持ち出しはかなり多額となる。

⑭-2　社寺は「大修繕事務所」の浩養館への移転（明治33年4月15日）直後の同年8月には、事務所用地として近接する別の土地を借用している。と言うことは、移転時に大金を高橋氏に支払って（「下賜」）おり、移転そのものの必要性が真にあったのかどうか、一連の動きにはある種の懸念が生じる。

⑮　日光社寺大修繕事務所の事務所位置変遷と後継事務所位置は概略次の通り。
なお、浩養館入札（明治35年）から実測図作成（42年）の間を含めたこの時期の「大修繕事務所」の事務所の確定位置は現時点で不明であるが、下記の通り事務所用地を借用し新事務所を建築したものと考えられる。
明治32年6月　日光社寺大修繕事務所設立＜中山通り保晃会事務所二階に＞
明治33年2月10日　社寺高橋源三郎より浩養館取得
明治33年4月15日　中山通りの事務所から浩養園内浩養館へ移転
明治33年8月　事務所専用建物用地として浩養園内の土地借用
明治35年9月24日　社寺が浩養館競売入札実施（神山庄平取得）

明治35年〜大正3年　事務所は園内の東照宮旧宝物館付近の前記借用地に移転か？
　　　　　　　　　　（建物の建築自体に関しては現在「日記」等でも確認しえない）
大正3年11月27日「大修繕事務所」が「社寺合同事務所」（社寺が共同して明治
　　　　　　　34年5月4日に設立）と合併し「日光社寺共同事務所」となる。
・新組織の事務所位置は、大正期になり東照宮「宝物陳列館」建設が構想され、且つ
　保晃会解散（大正5年）が俎上にあることから、当初より大規模であった保晃会の
　建物への移転が考えられる。なお、下記参照。
　「大正4年5月31日に大修繕事務所があった付近に東照宮「宝物陳列館」が出来る
　　のでそれに先だって事務所は土地を明け渡し（後略）」移転したと考えられる。[注⑥]
・「日光史」（星野理一郎）による。
　「保晃会解散に伴って大正3年11月27日知事官許の許に、日光社寺共同事務所な
　　るものが出来、事務所を保晃会址においてこれらの事務を執ることとなった」
・大正12年12月　日光社寺共同事務所廃止。日光社寺営林事務所・日光社寺電気
　事務所を分離設立。事務は社寺の合議制（「月番事務所」）で処理。
・昭和15年5月　社寺建造物等修繕は「日光二社一寺文化財保存委員会」が設立さ
　れ、以後三回の名称変遷。現在名「(財)日光社寺文化財保存会」。
⑯　①「日光山真図」（明治19年9月出版　出版人　鬼平金四郎　銅版画　東照宮蔵）
　　　　　　　　　　　　　　　　　　　　　　　　　　　　（第2−1図）
　　②「日光山全図」（明治19年6月1日出版　東京同盆出版社印行　銅版画　編集兼出
　　　　　　　　版人中村頼治　岸野蔵）　　　　　　　　　（第2−2図）
　　③「日光山全図」（明治21年11月　印刷兼発行　小林次郎　東照宮蔵）
　　④「大日本下野国日光山全図」（明治33年9月発行　画作兼発行 青山豊太郎　東照
　　　　　　　　　宮蔵）図は山内を中心とした詳細な銅版画）（第3図）
　　⑤「日光社寺大修繕事務所所蔵実測図　明治42年測量」
　　　　　　　　　　（「日光大観」大正元年発行の掲載図）　　　　　　（第4図）
　　⑥「日光山山内略図　縮尺八千八百分の一」
　　　　　　　　　　（「二荒山神社」大正6年4月15日発行掲載図）　　（第5図）
　　⑦「境内平面図　縮尺二千五百分の一」
　　　　　　　　　　（「東照宮史」　昭和2年発行掲載図）　　　　　　（第6図）
　　⑧「日光山之図」（市岡正一著　「日光山名勝図会」明治21年刊掲載図）
　　　　　本文に記した如く、図では下新道南方地域は「旧御殿地官有平林」とそれ以外
　　　　　の土地とに明確に区画されている。　　　　　　　　　　　　（第7図）
⑰　浩養園内の土地を借りた人として、注⑦で安生は「高橋源三郎、山越トメ　4坪、落
　合林之助　3坪、岸野仲五郎　15坪　後に144.6坪」らを記している。ただ、高橋が
　浩養館を建設したがすぐ経営に行き詰まり社寺に寄付（社寺は報酬金を下賜）した如く、
　これらの人々が一貫して賃借していたかは別問題である。下記史料には「岸野仲五郎、
　落合林之助、山・・・・、吉田清作」の名がある。ただ、本史料では賃料の記載はある
　が借用土地面積の記載はない。又史料表紙に明治35年とあるが、内容的には明治43
　年迄の記載有り。

保晃会文書「明治三十五年　浩養園内地所貸渡料受入簿　保晃会　会計係」

⑱　安養坂から江戸期安養院（神仏分離により院は移転し跡地に二荒山神社職舎）への入口の位置は、現在の入口より坂の途中にあり、江戸期の多くに絵図でも確認出来る。例えば下記参照。

第1章第3節④の「日光山大絵図」（承応〜元和期。栃木県立博物館蔵）
第2章第2節③の「日光惣絵図」（正徳期。東照宮蔵）

⑲　宇都宮地方法務局日光支局の資料に依れば、「二荒山神社職員宿舎」は字「安養園」（原本による。正しくは安養院）に位置し、浩養園造成開始時の明治26年3月18日より若干早く3月2日に登記される。同時にこの時下新道南方地域全体（＝二荒山神社職員宿舎・山内御用邸・浩養園）の土地所有権区分の明確化が為されている。つまり公園造成は下新道南方地域での土地所有の明確化の処理後になされている。

⑳　入口閉鎖の明確な時期は史料で確認し得ないが、公園を取り巻く諸状況の変化が背景にあると考えられる。状況の変化は例えば下記の通り。

①浩養園内で営業開始した民間業者は悉く撤退した。
②代表的な民間施設であった浩養館でさえ明治33年には社寺に寄付（社寺は報酬金を下賜し）営業を止めた。
③浩養園自体の芳しくない世評（注⑦-①）。
④園内に「大正元年頃東照宮は浩養園内九百八十坪の借用を保晃会に申し込み大正4年5月宝物陳列館が竣工」（注⑦-①）。館は東照宮300年祭の一環として建設された。その後東照宮350十年祭時には宝物陳列館を撤去し、旧宝物館を同地に新築し昭和45年5月19日開館した。これらにより浩養園は公園としての機能を著しく殺がれた状況となっていった。

　浩養園の動きとは別個のものがこの地域西部にある。安生は（注⑦-①）で「明治三十八年吉田長吉は（中略）二荒山神社前に、三間十六角高さ五間の頌徳記念館を建設し、徳川十五代に関する書画等を陳列、一般に公開した。頌徳記念館は通称パノラマ館と呼ばれ（後略）」と記している。これと関連し、明治38年12月21日の「日誌」に、「古田長吉昨日建築工事安全祈願祈祷願出ノ処御煤払ニ付本日執行竸セリ」とあり、安生の「三十八年」は詳しくは安全祈願祭を記したことになり、竣工は翌年となる。半年後の5月4日「山内（ハノラマ）開業式ニ付招待ニ預リ祢宜以下神職〜」（原文ではパノラマをハノラマと記す）とあり、39年に開業した。しかし、営業の詳細は不明で、例えば明治42年実測図（【注⑭】第④図）でその位置に館の建物を確認できず、館は開業程なく営業を休止或いは撤退したと考えられる。また、館建設の時に二荒山神社職舎への現在の入口が設けられたとも考えられるが現時点で不明である。なお蛇足ながら、日本最初のパノラマ館は明治23年5月7日開館の「上野パノラマ館」で、同20〜30年代に全国各地に設置された。日光でのパノラマ館は遅い開館と言えるようである。

【掲載図一覧】

＊第2節①の図は、②文末に掲載。

②現上新道・下新道の名称

　江戸時代を通して現上新道の名称は、「新宮馬場」（名称は史料により若干の違いがあり「新宮之馬場」、「御馬場通」、「御祭祀御馬場通」、「御祭祀ノ御馬場通」等を確認できる）が、現下新道の名称は慶安３年の造成以来一貫して一般的に「新道」（稀に「服道」）（両道の詳細は第１章第３節③を参照）が用いられてきた。本項ではこれら両道の名称が明治以降如何になったか諸史料より検討するが、先ず最初に日光以外の人々を対象とした参拝・観光案内書や紀行文の類から、次に地元日光の社寺及び文化財関係機関等の各種史料より検討する。

　明治11年６月21日、金谷家に滞在して９日目のイザベラ・バードは東照宮を訪ねる。「この坂（現表参道）の頂上にりっぱな花崗岩の鳥居がある。〜壮大な入口の門（表門・仁王門）は、鳥居から40ヤード、堂々たる石段を登ったところにある〜」と現表参道から東照宮を参拝・見学し、この後大猷院を訪ね、東照宮や大猷院の建築・彫刻等の詳細な記述・説明をする。東照宮から大猷院へ至る行程は、現上新道か或いは若干遠回りとなるが現下新道を通らねばならないが、女史の記述には現上新道や下新道そのものやその沿道の状況に関しての記述は一切ない。残念ながらバード女史の関心は専ら東照宮や大猷院等の立派な社殿堂宇に向き、其処に至る道程に関して触れることはなかった。

　女史の来晃より６年早く神仏分離直後の混乱真っ只中の日光を訪れた観察鋭敏・知識欲旺盛なアーネスト・サトウの紀行文もあるが、残念ながら東照宮や大猷院の建築物等の記述はあるが前掲書同様現上新道・下新道に関する記述はない。また、明治９年９月に来晃したフランスの実業家にして宗教や東洋美術に関心深いエミール・ギメは、日光の故事来歴や社寺の建築及び宗教行事の詳細を語るが、山内の道路状況やその名称に関しては簡単に次の如く触れるのみである。「副住職（後の輪王寺第73世門跡門主彦坂諶厚　明治18〜31年）が招いてくれた大儀式が行われるのは午後である。杉の大通り（現下新道）を通って寺院（常行堂）に着くと、院の外側の回廊の下に人が集まっている。日光の全僧侶が盛装して立っている」[①]。

上記以外に明治10年前後刊行の史料を見出し得なかったので次に20年代以降の刊行史料から検討する。明治20年出版の「晃山勝概」[注②]は出版人が日光在住で、幕末期の日光に関する優れた地誌書である「日光山志」に似た3巻からなる詳細な案内書である。現上新道に関しては「新宮馬場」と項立てし、「東照宮の表門外なる五重塔の前より真直に二荒山神社へ至る大道を云ふ長さ二町許所ハ東に東照宮の宮殿高く輝き馬場の両辺ハ老杉鬱鬱として頗る幽遂なり一たひ歩を進むレハ実に仙境に遊ぶの思ひをなさしむ」と記す。又別の箇所で「～西に（東照宮の）埋門ありて新宮馬場の大半に至る」「相輪橖～慶安二年新宮馬場の傍に移し後明治六年此の所に移す」とある。現下新道に関しては「新道　東照宮石華表の下より左へ入る平坦なる道を云う　長さ三町余霊屋（大猷院）へ詣るの本道なり」、また常行堂を説明した箇所に「常行堂　御殿地（江戸期の将軍御殿跡地、現輪王寺本坊が位置）脇なる新道を出抜れば～」とある。

　前掲書と同じく明治20年発行の「日光山小誌」[注③]がある。本書の体裁・内容は編集兼発行者が前掲書と同じである為か、著者は異なるが内容的に前掲案内書とかなり似ている。内容は簡単でしかも上・下に分冊され簡便な旅行者用案内書として出来ており、説明文に付された前掲書にはない数十枚の詳細な銅版画は、内容を分かりやすく親しみ深いものにするとともにそれ自身としても価値あるものにしている。現上新道に関しては相輪橖の説明で「～此堂（相輪橖）ハ始め東照宮奥院の側に建てしか後新宮馬場の傍に移し後又此処に移せりといふ～」。また新宮馬場と項立てし、前掲書同様の記述内容であるが次の通りである。「東照宮の表門より右折して二荒山神社へ至る大道を云ふ長さ二町許此処ハ東に東照宮の宮殿高く聳え老杉鬱鬱として幽遂なり一たび歩を進むれバ実に仙境に遊ぶの思ひをなさしむ」。また、鳥居（二荒山神社唐銅鳥居）の項に「馬場の行詰りにあり高さ二丈二尺周囲六尺五寸～」とある。なお、本書も前掲書同様現下新道に関する記述はない。前掲（注②・③）と同時期の出版で、記述の仕方や内容は前掲書とほぼ同じ体裁であるが、数カ所に詳細な挿し絵が入る案内書に明治21年刊の「日光山名勝図会」[注④]

がある。本書では現上新道の名称に関し「〜此檬（相輪檬）最初東照宮奥の院の辺に建てられしが慶安の頃新宮馬場の北東照宮の築地外の山腹に移し〜」「〜東照宮表門より五重の塔の後を西に行けば新宮馬場に出つ突当りに唐銅の華表は二荒山神社なり〜」とある。尚、本書も前掲書同様現下新道に関する記述はない。

　時代はやや下り明治30年前後の史料を見る。

　明治29年4月発行の「日光山名所便覧」[注5-①]は、参拝者が携行するのに極めて便利な様に縦9センチ×横13センチのポケットサイズの2分冊（1冊は名所解説、1冊は名所景色図）の案内書である。その緒言には「本書は専ら当山参拝者の先導を旨とす故に廃殿に属するもの及び故事雑事の如きは皆な省き」「誤謬腐陳に出るもの多く殆ど実際に困めり因って該地の年寄に質し傍ら実見を尽くして編了す」と記され、本書に懸ける制作者の強い意気込みと誠実な姿勢が伺われる。記述は多くの案内書同様社殿堂宇を個別に解説するが、文章は簡潔で歯切れ良くかなり個性的である。現上新道に関しては、「（東照宮）表門の両辺より塀囲を設け東は裏門に達し西は新宮馬場の大半に至る」、また現上新道及び二荒山神社唐銅鳥居を項立てして「新宮馬場　東照宮の表門より右折して二荒山神社へ到る大道を云ふ長二町許此処は東に東照宮の宮殿高く聳ひ老杉鬱々として幽遂たり一たび歩を進むれば仙境に遊ぶの思ひをなさしむ」（記述は東照宮仁王門側より見た場合。二荒山神社鳥居側より見れば左折）、「鳥居　馬場の行詰りにあり高さ二丈二尺〜」と3カ所に記され、名称は新宮馬場又は単に馬場である。現下新道に関しての記述は前掲（注③・④）同様ない。なお、理由は伺い知れないが、一読して判るようにこの記述は（注②）の新宮馬場の記述とかなり似ている。

　また、明治32年9月発行の「日光名所案内記」（総頁54頁の小さな旅行案内書）[注5-②]があるが、発行者は前掲書と同じ井上茂兵衛であり内容・文体もかなり似通っている。現上新道の記載は「新宮馬場」の説明1カ所のみであり、内容は前掲書と同じである。本書でも現下新道の記述はない。

　また、明治39年9月発行の「日光明細記」[注5-③]がある。本書は前半24頁が日光各所の絵、後半35頁が案内文となっている小型の案内書であ

る。本書の編集兼発行者は前掲（注②・③）の日光在住の鬼平金四郎で、現上新道に関する説明は内容的に（注③）と同一であるので引用は省略する。又、下新道に関する記述はない。

　時期はやや下るが文豪田山花袋が日光について記した明治32年発行の紀行文集「日光」がある。本書は体裁・内容等においてこれまでの案内書と大きく異なり、随所に文筆家としての豊かな感性と見識を織り交ぜた紀行文である。本書中で「殿堂の美観」として山内を案内し、東照宮より二荒山神社に到る行程中の一節に現上新道に関して次の如く記す。「～（二荒山神社）は日光の歴史の中にて、最も古く最も由緒を備へたるものなり。新宮馬場の尽んとする処に高さ二丈周囲六尺五寸の銅造の大華表いと立派にあらわれたるを見る」とある。日光に関する深い歴史認識を土台とした記述は簡潔にして明瞭であり、新宮馬場の名称は田山にとって深い歴史を感じさせる名称である事は明らかである。尚、現下新道に関する記述はない。

　前掲書より若干後の明治39年発行の案内書「日光山改定案内記」がある。本書の体裁はこれまでの案内書と同様であるが、内容・記述は他書よりかなり簡単である。しかしこれまで記した案内書等では写真の掲載は皆無であったが、本書では杉並木・神橋・日光町全景・東照宮祭礼等の貴重な当時の写真が掲載され注目される。現上新道に関しては「新宮馬場」として「二荒山神社鳥居際より東照宮表門迄の道筋長さ二町余処を云ふ」と類書と同じ記述である。なお、本書においても現下新道に関する記述はない。

　近代とともに社寺参拝・観光・避暑・湯治・登山等多様な目的を持った内外の多くの人々が来晃し、その人達を対象とした案内書の類が数多く出版された。しかしそれらは内容・体裁等かなり類似しており、これ迄概観してきた様になかなか独自色を発揮出来ていないのが現実であった。その様な状況下にあって「日光大観」は、変型A判・総頁数104頁の内容的にかなり充実した案内書で、地誌書とも言えるものである。その出版意図は次の通り「凡例」に明らかであり、本書によせる著者の並々ならぬ意気込み・自信の程を伺い知ることが出来る。「日光山の天下に喧伝するや久し。而して其の特絶の美観と希有の勝地とを説明し。

来遊者の指導に供せしもの。世間其の書に乏しからずと雖も。或いは煩瑣に失し。或いは粗雑に流れ。読者の意に適するもの甚だ稀なり。是に於て我輩不才を顧みず筆を提げて親しく其の実況を探査し。叙述此の編を成す。未だ十分に特絶の美観と希有の勝地とを発揚するに足らざるも。他の紛々たる従前の著書に比すれば。聊か其の選を異にせりといふを得べし。従前の著書は往々誤謬を踏襲し。正確なるもの幾むど稀なり〜」(文中句読点が多用されているが原文の通り記す)とある。著者自ら実地調査、社寺及び市民への聴取、そして建築専門家等の協力を得、更に随所に写真・挿図・地図等を配置し、出色の案内書・地誌書として仕上がっている。本書では現上新道について「東照宮大鳥居内五重塔の前より高石垣の籠塀（ささらべい）に沿ふて今の新道即ちもとの新宮馬場を行けば〜」、「常行堂、法華堂は新宮馬場の新道を過ぐれば。大猷廟に至る左方に相並べり。大なるを常行堂〜」と記述。現下新道について「東照宮の大鳥居はぼうえんを圧して聳ゆ。左に一路あり。新道といふ。長さ三町余」、「東照宮大鳥居前より左に折れ新道を経。常行、法華二堂の前を過ぎて進めば。左に拝観券改所〜」とある。

　一読して明らかの如く、現上新道の記述に関しては非常に歯切れが悪く、それは「今の新道即ちもとの新宮馬場」つまり（現上新道は）「〜籠塀（ささらべい）に沿って今は新道と言うが元は新宮馬場と言った道〜」の文に端的に表現されている。また「新宮馬場の新道」つまり「かつて新宮馬場と言った今の新道」の表現は、どう解釈しても何とも意味不明な曖昧な苦しい表現であり、本書に懸ける著者の意気込みからすれば著者の苦渋の表現が明らかではないでしょうか。一方、現下新道に関しては江戸期より一貫して使用され、その命名時期・経過が明らかである「新道」の名称をものまま記述している。とすると、著者は現下新道の伝統的名称である「新道」と区別する為に、現上新道に関しては何とも回り諄い「新宮馬場の新道」との記述を敢えてしたのかも知れない。さらに推測するのを許されるなら、「今の新道即ちもとの新宮馬場」と記しているように、新宮馬場と言う歴史的名称がありながら当時地元ではその名称を用いず、（後述のように）当時地元で使用され始めていたと考えられる「上新道」と言う名称への抵抗或いは抗議の意識が込められていたのかも知

れない（明治20年代以降社寺等地元諸機関で使用されていた「上新道」「下新道」等の用い方に関しては後述）。

　前掲書の数年後の大正6年に二荒山神社社務所から「二荒山神社」[注⑨]が刊行された。本書は二荒山神社自身の手により記された神社の来歴に関する古代からの貴重な多くの史料を蒐集した総頁数272頁、挿図22枚等の本格的な神社史であり、本書により現在検討している山内主要道の名称に関しての二荒山神社の認識の一端を知る事が出来る。現上新道・下新道に関して二荒山神社自体を紹介する文の冒頭部分で次の如く記す。「〜神橋の側日光橋を渡り、長坂を登り、東照宮石の鳥居の前を左に下神道を進めば、当社華崗石（花崗岩）の社標の下に達す。もし西町より安養坂を登るも、また同所に到るべし。或いは石の鳥居をくぐり、東照宮表門の前を左に上神道を西北に進めば、当社唐銅の鳥居下に到るべし〜」。また、別宮滝尾神社を説明する文の冒頭部分で、「〜又本社唐銅鳥居をくゝり、上神道より東照宮表門の前を経ても滝尾に達すべし。境内の東には稲荷川流れ、〜」と記す。

　本項においてこれまで扱ってきた案内書等の刊行物では、現上新道の名称は「新宮馬場」（時に「馬場」）と記され、「日光大観」での苦渋なやや不可解な「新宮馬場の新道」の記述もあるがそれは例外的と言え、現下新道の名称は「新道」であった。しかしながら大正初期刊行の「二荒山神社」では、現上新道を「上神道」と、現下新道を「下神道」と記し、これまで観てきた案内書等での名称使用とは全く異なる名称を用いている。二荒山神社自体が責任編纂・発行した神社史である公的刊行物に記された「上神道」「下神道」の表現は、神社自身の認識・考えを色濃く反映したものであると考えられ大変重要であることは勿論であるが、其処に記されている事が一般社会でもその様に認識されていると即断する事は危険である。

　現上新道・下新道の名称に関し、明治10年代〜30年代の案内書・紀行文等地元外の刊行物と、大正初期発行の「日光大観」「二荒山神社」によりその使用名称を検討してきたが、次に地元社寺等での名称使用を検討する前に現段階で一応下記の如く整理したい。

①現上新道の名称として、地元外刊行物に於いては明治時代を通して江戸期使用の名称と同じ「新宮馬場」（時に一部省略して「馬場」）

の名称が用いられた。

②大正初期地元外刊行物の「日光大観」においては、地元に於ける従来の使用名称が変化していることを背景に、大いなる疑問を内に秘めてか、現上新道の伝統的名称である「新宮馬場」に替えて曖昧な「新宮馬場の新道」等と表現。現下新道は従来通りの「新道」が用いられた。

③地元刊行物である「二荒山神社」（大正6年）においては、これまで検討してきた史料では本件のみであるが、現上新道及び下新道の名称として各々「上神道」・「下神道」を用いた。

地元外刊行物の案内書・紀行文・地誌書等は広く不特定多数の人々を対象とした情報伝達物であり、其処に記載されていた事項の重要性は論を待たないが、その記載事項が即地元においてもその様であったとは即断できない。また、地元使用例と刊行物での使用例とに乖離があり、例えば地元で使用している道路の名称が変化しても、地元外刊行物等一般人を対象とするものでは使用が変化しない場合もあるしその逆もあり得る。道路名称等の地名は永久不変のものでなく社会の諸状況により変化するものであり、「日光大観」での現上新道の名称に関してのある意味曖昧不可解な表現は、この辺の混乱とも言える事情を物語っているのかも知れない。それ故今問題としている道路名称の変化に関しての検証には、日常的に道路を利用している当事者である地元の各種史料での検討が必要であろう。

そこで先ず地元史料として明治から大正にかけ広く社寺建造物の保繕・修復等を担ってきた保晃会（明治12年～大正5年）関係文書において、現上新道・下新道の名称が如何になっていたか検討したい。数千点に上る保晃会関係文書は現在山内中山通りの日光社寺共同事務所内の石倉に整理・保管されている。多くの文書の中より現上新道・下新道の名称が見られる文書を選別したが、それらの中から最も早い時期に今日用いている名称である「上新道」・「下新道」を用いている明治28年の下記文書①②と、別の名称表記がされる同35年の文書③④を引用する。^(注30)

①山内主要道路掃除時の出納簿記載事項である。主要道掃除費用の支払日、支払金額、清掃道路箇所、支払先業者名を記載。

「十一月十七日　金八円

　　　　　　　　上下新道安養園坂町表中山通長坂

　　　　　　　　本宮坂御仮殿横町旧大楽院前四本竜寺坂

　　　　　　　　児玉堂前掃除費　鈴木久七渡　　　　　　　」

　（なお、引用文中「安養園坂」は現西参道、「町表」は現表参道）

②上記「出納簿」の別の箇所の記載例。１月に降雪があり雪掃をした

　時の支払月日、支払金額、雪掃箇所、支払先業者名を記載。

　　「一月二十三日　金壱円九十二銭

　　　　　　　　一月十日長坂中山通り町表

　　　　　　　　上下新道本宮坂

　　　　　　　　輪王寺表通り・・下通雪掃人足費

　　　　　　　　　　　小林源五郎渡ス　　　　　」

③東照宮御水屋からの排水は現上新道の側溝に落ちるが、その水が散

　乱する事を防ぎ又排水口を道路より見えなくする工事を明治35年

　に実施した。この工事受注業者が社寺合同事務所（明治34年5月

　4日発足。大正3年11月に日光社寺大修繕事務所と合併し日光社

　寺共同事務所となる）へ提出した請求書。

　　「　　　　　請求書

　　　一　金拾円弐拾銭也

　　　　　　　但上神道下水隠し修繕工事大工職御雇御入費

　　　　　内訳　職名　大工職　　　人員　拾七人

　　　　　　　　単価　金六拾銭　　小計　金拾円弐拾銭

　　　　右請求候也

　　　　　　　　　　　　上都賀郡日光町大字日光百九十三番地

　　　　　明治三十五年六月　　　　　　　神山庄平　（印）」

④上記工事の請負業者への修繕費用支払の許可を求める為の社寺間稟

　議書。稟議書起案は社寺合同寺務所。

　　「東照宮所属御水屋下水上新道水除及下水

　　　隠シ修繕費中大工職雇上賃金別紙ノ通リ

　　　請求相成候ニ付左記之金額通路費中ヨリ

　　　支払方取扱可然成此段乃稟議也

　　　　高金三十九円八拾銭ノ内
　　　　一金拾円弐拾銭　　　東照宮所属上新道下水隠シ
　　　　　　　　　　　　　修繕工事大工手間賃神山
　　　　　　　　　　　　　庄平へ支払分　　　　　」

　上記引用文書に加えてこの時期の道路関係文書で、現上新道・下新道
の名称が記されている日光社寺共同寺務所石倉内の文書名及び文書番号
と文書に記載されている道路名は次の通りである。
　「文書番号992　山内道路費修繕会計」（明治28年）では「上下新道」
　「文書番号993　道路費別途積立金」（明治28年）では「上新道」「下新道」
　「文書番号1378安養坂道路改修稟議書」（明治33年）では「上新道」「下新道」
　「文書番号1018　道路費受取書」（明治34年）では「上新道」「下新道」
　「文書番号988　山内道路費出納簿」（明治35年）では「上新道」
　「文書番号990　道路費計算書」（明治35年）では「下新道」
　以上のように、保晃会及び社寺合同事務所の道路関係文書に見られる
現上新道・下新道に関して用いた名称は、筆者が調査した限りでは前記
③「道路費支払請求書」を除き、上記の通り現在用いられている名称と
同じであった。現上新道の名称に関し先に検討した案内書等の地元外刊
行物では、江戸期より用いられてきた「新宮馬場」の名称が用いられた
が、地元の保晃会等社寺修繕機関の文書からはそれを確認できない。と
言うことは、現在使用している上新道・下新道の名称は、明治20年代
末には地元ではある程度定着していたのではないかとの考えに至ること
も不適切とは言えないのかも知れない。
　ところで、現上新道の名称に関して江戸期より用いられてきた「新宮
馬場」や保晃会文書に多用された「上新道」でなく、「上神道」と記し
た明治35年の前記③「道路費支払請求書」の記述が注目される。この
請求書を作成した業者が単純に上新道の新を神とし「上神道」と誤記し
たのか、或いは意図的に神を用いたのかこの文書のみではその理由は判
然としない。が、業者より提出された上神道と記された請求書を発注者
である社寺合同事務所が受け取り、しかもその代金支出の為社寺合同事
務所より社寺間の稟議書（前記④）に添付されている事実に注目しなけ
ればならない。つまり記載内容は実に簡単な請求書であるが、請求書に

記すべき修繕場所の場所名を誤記することは常識的にはあり得ず、仮に誤記されたものであってもそれを社寺合同寺務所と言う正式機関が受理し社寺間の稟議に付す事は尚更あり得ない。しかも合同事務所が作成したその稟議書には、業者が作成した請求書に記載されている上神道を上新道と記すのである。と言うことは、長い歴史を有する新宮馬場の名称に関して、社寺及び地元機関の間においては、「上新道」又は「上神道」と記すことは暗黙の了解事項・是認事項ではないかと推察する事も無謀とは言えないのではなかろうか。そしてこの現上新道の名称としての上新道・上神道の混乱・不統一の事実を補強するのが、時期は若干後のこととなるが、「二荒山神社」（大正六年刊）が「上神道」の名称を多用していた事実である。

　上記のように保晃会及び社寺合同事務所の文書に見られた現上新道・下新道に関する名称は、上新道や上神道の混乱・不統一状態を内包しつつ、明治期地元外刊行旅行案内書等が用いた伝統的地名としての新宮馬場の名称とは大きく乖離したものであった。それでは地元のもう一つの主要機関である社寺自身は両道に関してどの様な名称を使用していたのか。次に明治10年代半ば以降の輪王寺寺務所記録の「日記」、東照宮社務所記録の「（社家御番所）日誌」、二荒山神社社務所記録の「社務日誌」（明治期記録では「日誌」、後年整理し「社務日誌」となるが、本論では後者名を用いる）にて検討する。ただ、残念ながら両道の名称に関して輪王寺・東照宮・二荒山神社の明治十年代記録では確認できず、筆者の知り得た限りでは、明治24年の「日記」の記録が最初であった。

　先ず、輪王寺寺務所「日記」においては、
①山内主要道路の修繕に関する明治24年7月1日の記述。
　「上下新道、町表道路土盛り引ならしに付立会として二ケ所（輪王寺と東照宮か）より立会人相勤め候事」
②月番当番の二荒山神社よりの社寺回覧文書で明治25年3月19日の記述。
　「山内境内及び道路市中（山内）掃除ヶ所左記図面之通総代石嶌亨、文挟唯吉両名ヨリ取調書候旨一・供御回覧候や
　　　　　　　　　　　　　　　　　　月番二荒山神社々務所

　　　　　　別紙図面各々
　　　　右回覧に付東照宮付書左の通
　　　　　　一　　上下新道掃除　　　　　　　　　　　　」
③浩養園内への大修繕事務所移転に関して月番当番輪王寺から東照
　　宮・二荒山神社への回覧文書で明治 33 年 8 月 30 日の記述。
　　「下新道より浩養園内修繕事務所へ通ずる経路凸所土取りに付き保
　　　晃会へ照会左之　　予て大修繕事務所建築用地として貴会御所属
　　　の浩養園内地所〜」
④社寺合同事務所よりの稟議書で明治 37 年 4 月 25 日の記述。
　　「合同事務所より稟議左之下新道五重塔下石垣崩れヶ所繕い方鈴木
　　　仙太郎へ申付けの件」
　　次に、東照宮社務所「(社家御番所) 日誌」においては、現上・下新
道に関する記述は極めて少なく、明治 20 〜 30 年代で次の一件のみ確
認出来た。
　⑤大修繕事務所より社寺への申し出について明治 33 年 4 月 15 日の
　　記述。
　　「浩養館門口札掛柱建設並ニ下新道入口之処、
　　　大修繕事務所此奥ニ
　　　アリトノ表札掲出方
　　　之件申出有之候事　　　　　　　　　　　」
　　次に、二荒山神社社務所「社務日誌」においても現上・下新道に関す
る記録は非常に少ないが、明治 15 年〜 30 年で次の 1 件のみ確認できた。
　⑥二荒山神社における明治 26 年 4 月 17 日の出来事を記した次の記録。
　　「本日大祭当日ニ付 〜中略〜 当
　　　番町石屋町ノ屋台ニテ手踊三幕
　　　アリ夫ヨリ順次山車屋台・・・一
　　　団ニテ上神道引貫磐戸町メニテ表鳥
　　　居ヲ出ルヤ神楽本宮社渡御〜〜」
　　以上の如く輪王寺「日記」・東照宮「日誌」の記録では、明治 20 年
代中頃以降において、江戸期よりの伝統ある名称である「新宮馬場」を
「上新道」と替え、また江戸期成立が明確な道路である「新道」に替え

「下新道」の名称を用いたことが確認された。ただ二荒山神社「社務日誌」での１件のみの確認であるが、明治26年４月に現上新道を「上神道」と用いている事が注目される。言うまでもなく社寺の「日記」・「日誌」・「社務日誌」は、社寺当直者が社寺におけるその日の主な出来事を記載したものであり、その内容は当直者が認識・注目した事項を記したと言えどもそれのみでなく、当然ながら記載内容は私的なものでなく、それぞれの機関において上司の承認を得た内容であると言えよう。換言すれば、今検討している現上・下新道の名称に関して、「日記」・「日誌」・「社務日誌」で用いている道路名称は、各社寺において是認若しくは共通認識している名称であると考えられる。特に引用した社寺間回覧文書②・③及び社寺間稟議書④は、当に社寺間で共有する内容である故、其処に記された上新道・下新道の名称は当時の社寺間においての共通認識であった事の確固たる証左であると言えよう。これらの事からすると、現上新道・下新道の名称として明治10年〜30年代の案内書・紀行文等の地元外刊行物に広く用いられた歴史的名称とも言うべき「新宮馬場」「新道」の名称は、確認できた限りでは、社寺や保晃会・社寺合同事務所等の地元諸機関においては、20年代半ば以降には最早用いられていなかったのではないかと考えられる。

　と言うことは次の問題を含む。つまり、遅くとも明治20年代半ば以降、案内書・紀行文等の地元外刊行物と地元諸機関との間には、現上新道・下新道の使用名称に関し乖離した状況があったのではないかと言えよう。道路名称使用に関してのこの大きな乖離の事実は更に次の事をも明らかにする。つまり、新しい名称である「上新道」・「下新道」の名称使用が社寺や保晃会等地元機関独自の動きの結果であり、行政機関や地元外公的機関等との連携の下に遂行されたものではないのではないかと推察される。前記「日光大観」[注⑧]で著者山下重民氏が、現上新道に関し記している実に曖昧な苦渋の表現「〜今の新道即ちもとの新宮馬場を行けば〜」や「〜新宮馬場の新道〜」は、現上新道の名称を巡り著者が示した大いなる疑義であったのではなかろうか。山下氏が前掲著書の凡例[注⑧]で「〜因て本書は之を編輯するに当り。日光山の二社一寺及び日光町の廨署に就て専ら其の材料を求め。貫地を歴巡して古今の事実を探査し。

編次の後其の筋の検閲を経たり。〜」と記す様に、氏の著述に対する真摯な姿勢や熱意そして実証的態度からすると、歴史的・伝統的名称を疑義のある新しい名称に転換する地元の動きへの鋭い指摘・警鐘であったとは考えられないであろうか。兎に角山下氏が「日光大観」付図として掲載する「日光社寺大修繕事務所所蔵実測図」では、現上新道・下新道は明確に上神道・下神道と記されているにも関わらず、氏は本文に於いて敢えて？これを用いなかったのかも知れない（第8図参照）。

　ところで、明治20年代半ば以降社寺等地元諸機関において広く使用されたと考えられる「上新道」・「下新道」の名称、及び二荒山神社「社務日誌」⑥（明治26年4月17日）で用いられた「上神道」の名称は、「日光大観」の著者山下氏が懸念？したと推察されるように、下記の重要な問題点を含む事をここで指摘しておきたい。

1　山内主要道中最古の道路の一つと考えられる「新宮馬場」の名称に替え、「上新道」とする例が明治20年代半ばより社寺及び地元諸機関文書に広く見られる。しかしながら山内における「新道」とは、山内主要道路中一番新しく慶安3年（1650）に造成され、江戸期を通して使用された名称であり、他道の名称の一部としてこの

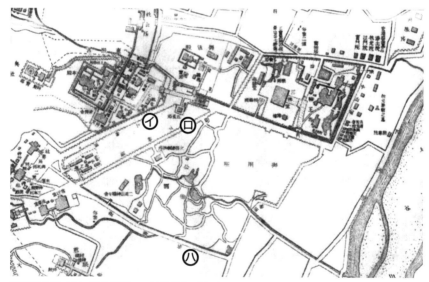

（第8図）第4図の現上新道・下新道部分（拡大）　イ.上神道　ロ.下新道　ハ.安養坂（現西参道）

「新道」を使用する事は本来の道路の持つ歴史を混乱させる。

2　「上新道」「下新道」或いは「上神道」「下神道」と、道路名称として上・下を付け道路を区別する便宜性優先とも考えられる用い方は、各道路が有する道路成立の背景や利用の歴史を軽視・無視する危険性を内包している。

3　「新宮馬場」の名称を「上新道」・「上神道」とする事は、自ずから本来の「新道」の名称を「下新道」・「下神道」とする事になり、伝統的に「新宮馬場」が「神的」役割・用途を、「新道」が「仏的」役割・用途を担って来た歴史的事実を軽視・無視する事になる(注⑪)。

4　上新道」・「上神道」、「下新道」・「下神道」の名称は、それぞれ同じ発音であるがその意味するところは異なり、日常的に広く使用する道路名称としては出来る限り同音異義の名称は回避すべきである。

5　名称としての上・下の呼称には発音に於いて市民間に混乱があり、現在使用されている現上新道・下新道の名称は発音上からも問題である（注⑫参照）。

最後に、山内地域等を描いた絵図・地図類で現上新道・下新道の名称がどの様になっていたか検討する。各図に描かれた山内地域は社殿堂宇の姿・形状とその名称が中心となり、道路そのものの存在が省略されたり或いは道路名称が記載されない場合が殆どである。山内地域を描いた地図類として前項①の注⑯で用いた①～⑧の８葉について、現上・下新道が如何に表現されていたかを下に列記する。（図に使用した番号は前項と同じ）

①「日光山真図」（明治19年7月）現下新道は表現、上新道表現なし。名称なし。

②「日光山全図」(明治19年6月)現上下新道表現。名称なし。他道で「表町通り」。

③「日光山全図」（明治21年）現上下新道を簡単に表現。名称なし。

⑧「日光山之図」(明治21年)地図で現下新道表現、上新道なし。名称なし。

④「大日本下野国日光山全図」（明治33年）現上下新道表現。名称なし。

⑤「日光社寺大修繕事務所所蔵実測図　明治42年測量」（大正元年発行）

詳細な地図で現上下新道表現。現上新道を上神道、現下新道を下
神道と記す。

⑥「日光山山内略図　縮尺八千八百分の一」（大正6年）

　現上下新道を表現。名称なし。他道で「大手通」「安養坂」の名
称あり。

⑦「境内平面図　縮尺二千五百分の一」（昭和2年）山内の詳細な図。
名称一切なし。

　前項で用いた地図類の現上・下新道に関する記載は以上の通りである。
明治期の図①～④及び⑧においては、現上新道・下新道の名称は残念な
がら確認できない。明治末測量・大正元年発行の図⑤においては、現上
新道を上神道、下新道を下神道と記している。図⑥は二荒山神社発行の
「二荒山神社」の付図である故、山内の主要道路の名称に関しては本文
を参照する必要がある。同書中で「例祭」を扱った部分に、「～同十四
日には滝尾神社の御輿のみ、上神道より東照宮の前を経て滝尾に渡御～」
「～畢りて三社の御輿上神道を通りて本宮神社に渡御～」とある。また、
神社を紹介する一節に「～長坂を登り東照宮石の鳥居の前を左に下神道
を進めば～」「～東照宮表門の前を左に上神道を西北に進めば、当社唐
銅の鳥居下に到るべし」とある。故にこれらの事よりすると、「二荒山
神社」の付図である図⑥で記される現上・下新道の道路名称は、図でも
上神道・下神道であろう。

　なお、前項注⑯の図以外に明治四十二年発行の「最新日光明細地図」[注⑫]
があり、図中の「日光町市街略図」に山内主要道の名称として上新道、
下新道が記されている。

　以上、地元外出版の案内書・紀行文等、東照宮・輪王寺・二荒山神社
や保晃会・社寺合同事務所等地元機関文書、山内地域を描いた地図等よ
り、明治期～昭和初期の現上新道・下新道の名称が如何に変化したか検
討してきたが、その概要は下記の通りである。

1．明治期出版の地元外出版物に用いられている現上新道・下新道の
　名称は、「新宮馬場」（時に「馬場」のみ）・「新道」であった。大正
　初期出版の「日光大観」では、地元での使用状況に鑑みか、現上新
　道が曖昧な「新宮馬場の新道」となっている。

２．社寺・保晃会等地元諸機関の文書に依れば、明治期半ば（確認で
　　きる最初の例は「日記」の明治24年）には、江戸期からの「新宮
　　馬場」・「新道」の名称に替わり「上新道」・「下新道」が用いられる。
　　この名称が社寺回覧文書・稟議書・民間業者請求書等にも広く用い
　　られ、社寺等地元機関を始め民間に於いても新しい名称が共有され
　　ていたようである。

３．上新道・下新道という新しい名称が広く日光以外の世間一般でも
　　共有化されていたと考えることは、上記１・２に見る如く名称使用
　　に関して地元機関等と地元外出版物との間に大きな乖離があり、慎
　　重さを要する。

４．「新宮馬場」を「上神道」とする最初の例は二荒山神社「社務日誌」（明
　　治26年）であり、以後社寺稟議書・民間業者作成請求書にも見ら
　　れる。しかし多くの民間業者・輪王寺・東照宮等の文書には殆ど見
　　られず、名称としての「神道」使用を主導したのは二荒山神社と推
　　察されるが、この名称が社寺間で広く使用されることはない。

５．現上新道を「上神道」とすることは、一般出版物・地図・社寺回
　　覧文書等では確認できず、現時点においてもこの名称使用の広がり
　　はかなり限定的と推察せざるを得ない。
　　　また、現下新道は成立年が明白な「新道」であり「下新道」とす
　　ることは、その歴史からありえない。

【注　記】
① 「日本奥地紀行」（イザベラ・バード　明治11年〈1878〉平凡社東洋文庫）
　　「日本旅行日記　２」（アーネスト・サトウ　明治５年〈1872〉平凡社東洋文庫）
　　　　　　　　　　（E.サトウは明治５年、７年、13年、17年の４回来晃している）
　　「ギメ　東京日光散策」（明治９年〈1876〉）雄松堂出版「新異国叢書　第Ⅱ輯８」）
② 「晃山勝概」（明治20年４月28日出版　出版人　鬼平金四郎）
③ 「日光山小誌」（明治20年６月発行　錦石秋著　編集兼発行　鬼平金四郎）
④ 「日光山名勝図会」（明治21年６月刊　東京府士族　市岡正一著）
　　　なお、本書の付図には山内主要道がかなり詳細に且つ現表参道中央の水路及び安養沢
　　まで描かれているが、現上新道に関しては道そのものが描かれていない。また、前掲書
　　と異なり本書では新宮馬場の項立てはない。
⑤ ①「日光山名所便覧」（明治29年４月14日発行　編集兼発行　東京　井上茂兵衛）
　　②「日光名所案内記」（明治32年８月８日発行　編集兼発行　東京　井上茂兵衛）

③「日光山明細記」（明治 33 年 9 月 2 日発行　編集兼発行者　鬼平金四郎）
⑥「日光」（明治 32 年 9 月発行　田山花袋　春陽堂）
⑦「日光山改定案内記」（明治 39 年発行　小松崎雛鶴編集）
⑧「日光大観」（大正元年 9 月発行　山下重民著　東京東陽堂）
⑨「二荒山神社」（大正 6 年 4 月 15 日発行　著者・発行者二荒山神社社務所）
⑩　日光社寺共同事務所内石倉の「保晃会等関係文書」
　　①・②　文書整理番号 158「山内道路費出納簿」（明治 28 年）
　　③ 文書整理番号 1004「道路費支払請求書」（明治 35 年）
　　④ 文書整理番号 1004「道路費支払稟議社寺合同事務所」（明治 35 年）
⑪　両道の機能分担とも言える事実は、第 1 章第 3 節③・④参照。
⑫　「郷愁の日光」（1995 年発行　随想社）掲載絵葉写真

　　引用した本書には多数の絵葉書・写真類が掲載されているが、その中の 1 枚に現在の
上新道を写したものがある。その写真に次の如き注釈がある。

　　「Kamishinmichi Nikko, Japan.　日光上新道」

　　今日、上新道の呼称には、カミシンミチ、カミシンドウ、ウワシンミチ、ウエシンミ
チ等があり、市民の間でもかなりの混乱がある。引用写真の呼称は参考となろう。しか
し、例えば現上新道をカミシンミチとすれば、現下新道はシモシンミチとなるが、多く
の市民は下新道をシタシンミチとするようで、さすれば上新道はウエシンミチとなるで
あろう。現時点で現上新道・下新道の統一的な呼称はない。尚、残念ながら引用絵葉書
写真の撮影時期は不明である。

　　上記史料掲載図に「最新日光明細地図 The Particular Maps of Nikko」（発行明治
42 年）があり、そこには「上新道」「下新道」とある。

【掲載図一覧】
第 1 図「中嶋工場配置図　縮尺百分一」地図の一部
　　　　　　　　　　　　　（日光社寺共同事務所の石倉保管文書　「整理番号 1086」の付図）
第 2 － 1 図「日光山真図」（注⑯ - ①）（明治 19 年 6 月 1 日出版。東照宮蔵）
第 2 － 2 図「日光山全図」（明治 19 年 6 月 1 日出版　東京同盆出版社印行　銅版画　編集
　　　　　　兼出版人中村頼治　岸野蔵）（注⑯ - ②）
第 3 図　「大日本下野国日光山全図」（注⑯ - ④）（明治 33 年発行の部分。東照宮蔵）
第 4 図　「日光社寺大修繕事務所所蔵実測図」（注⑯ - ⑤）
　　　　　　　　　　　　　　　　　　　　（「日光大観」掲載図　明治 42 年測量　岸野蔵）
第 5 図「日光山山内略図　縮尺八千八百分の一」（注⑯ - ⑥）
　　　　　　　　　　　　　　　（「二荒山神社」大正 6 年 4 月 15 日発行の掲載図。岸野蔵）
第 6 図「境内平面図　縮尺二千五百分の一」（注⑯ - ⑦）
　　　　　　　　　　　　　　　　　（「東照宮史」昭和 2 年発行の掲載図。岸野蔵）
第 7 図「日光山之図」（注⑯ - ⑧）
　　　　　　　　　　　　　　　（「日光山名勝図会」明治 21 年発行の掲載図　岸野蔵）
第 8 図　第 4 図の現上新道・下新道部分の拡大図

③現西参道沿道の状況

　二荒山神社や輪王寺大猷院等への参道として大きな役割を担い、安川町域では沿道に参拝者・観光客相手の物産店・旅館等が立地する現西参道（以下の文では明治期に用いられた名称の内代表的名称である「安養坂」と記す。名称変遷に関しては次項④で詳述）に関し、近代以降今日に至るまでの道路状態や沿道状況の変化には大きなものがありそれらについて記す（尚、安養坂の江戸期における道路状況や名称については、第１章第３節④（ロ）参照）。

　山内地域より安川町に至る安養坂の道半ばの江戸期慈眼堂別当無量院（同所には現在物産店が立地）前で、大猷院裏の御堂山を水源とし大猷院を迂回した安養沢が安養坂と交わり道路東側を併走する。この安養沢は例えば正徳期の「日光惣絵図」（第１図）に依ると、無量院前で安養坂を横切り、其処より下流では安養坂と安養沢は併走し、西谷地域の「勝学坊」前で賄坂に至る道路（この道路の名称は各種史料でも確認できず本論では便宜上「賄坂道」とする）を横切る。更に安養沢は勝学坊と「御屋舗」の間を流れ、勝学坊の南角を直角に曲がり東流し、山内からの沢と合流して南流し大谷川に至る。安養沢と安養坂の併走状態は、享保期の「日光山惣絵図」（第２図）、寛政期の「日光御山絵図」（第３図）、天保期の「御山絵図　日光山名跡誌」（第４図）でも同様である。勝（正）学坊南角を曲がり東流する状態は各図共通し、江戸期を通して同様な状態であったと推定される（なお、第１図「勝学坊」は第２・３・４図では「正学坊」と記す）。安養沢が道路を横切る場合の架橋状況であるが、第１図では無量院前の１カ所、第２図では無量院前と正学坊前の２カ所、第３図では無量院前・正学坊前・不動坊角の３カ所、第４図では残念ながら一部欠損しているが第２図と同様な状態を確認出来る。なお、第１章でも記したが、江戸時代の安養坂は道幅狭く且つ安養院西側は特に急で、その上安養沢が増水すれば無量院より安川町寄りの道路部分は冠水し、道路としての諸状況は“劣悪”と表現できるような状態であった。

　明治とともに日光全体の諸状況も激変し、それにつれ安養坂沿道の状況も大きく変貌し、山内の道路状態も改善が進む。道路状態の維持・改

修には当事者とも言える社寺は無論であるが、主に社殿堂宇等の改修に資金を提供したと言われる保晃会や、具体的な維持・改修事業等を担当した日光社寺大修繕事務所の果たした役割がかなり大きい。これら保晃会や日光社寺大修繕事務所の山内における社殿堂宇の修繕業績については前項で触れたが、山内道路の維持・改修にも大変大きな役割を果たしており、それは膨大な保晃会文書の中での道路関係文書の多さにその一端を知る事が出来る。^(注①)

　ところで、明治初期の段階で安養坂が道路として抱えた問題は多々あるが、例えば安養沢が道路を横切る２地点（無量院前での安養坂、正学坊前での賄坂道）に架けられた橋に関する問題、無量院前地点より下流では安養沢と道路が殆ど同レベルの状態にあり且つ無量院前から安川町方面の地形はかなり緩傾斜となり沢の流れが緩やかになる事より派生する諸問題（例えば沢の増水時の道路冠水、増水と急流による道路浸食・破壊、沢が緩傾斜となった部分での川砂の堆積等）が大きな問題であった。これら諸問題に対処する為及び激変する近代社会の趨勢（例えば交通手段の変化、避暑客・観光客等の増加等）へ対処するべく諸対策が講じられる。例えば、社寺合同事務所（社寺が明治34年設立。大正３年に既設の日光社寺大修繕事務所と合併し日光社寺共同事務所となる）の明治35年出納簿に下記の如くある。

　「安養坂道路中橋梁墜候ニ付仮橋架設費鈴木仙太郎へ支払
　　十三円六十七銭」

　又、工事請負業者が社寺合同事務所に提出した工事見積書を社寺の稟議に付した際の下記文書。

　「一　金九円三十六銭也　但シ壱人ニ付金四十八銭
　　　　是ハ安養院様前通二荒山道　旧ムリャウ院様前石垣根柵五カ所長
　　　　延十八間壱間ニ付壱人五・根柵石ハ近・有、右ヲ以運送致シ出
　　　　来候事」^(注②)

　前者の例は安養沢が安養坂を横切る無量院前にある橋に関する件で、何らかの理由により（多分増水と推察されるが）橋の梁が墜ちた為仮設の橋を設けた際の請負業者から社寺合同事務所への請求に対する当該事務所の支払記述である。無量院前で安養沢に架かる橋は正徳期や享保期

の絵図（第1・2図）に明らかであるから、遅くとも18世紀初期には架橋されていたと考えられる（尚、現時点でこの時期以前の絵図等では架橋の事実を確認出来ない。また、図からは橋の規模・形状等の詳細は不明）。大猷院方面から急傾斜地を流下してきた沢水が、無量院前で方向を変え安養坂を横切り、安養坂東側に位置を変えて流下するのであるから、沢の増水時には急流により橋は度々破壊されたであろう事は容易に想定される。（注②）の後者の引用例は場所的には「安養院様前通二荒山道　旧ハリャウ院様前」とあるように、「安養院」（江戸期二荒山神社別所。江戸期は現二荒山神社職員宿舎付近に位置。神仏分離により中山通りの現在地に移転）前の通りの「二荒山道」（現西参道）が「ムリャウ院」（「無量院」。第1〜4図の様に江戸時代安養坂西側にあった4つの院・坊の最北に位置）前で、急流により破損した石垣根柵を18間にわたり修復した時の見積書である。これら2例が示す様に明治中〜後期に至っても安養沢の急流により橋や道路がかなり傷めつけられた様子が明らかである。（別史料に依れば）更に、橋から下流での安養沢の傾斜が緩やかになる部分では川底に砂が堆積し、時には沢水が流路から溢れ道路を破壊するとともに下流に洪水をもたらす為、沢を浚渫しなければならない状況が生まれていた。

　今日、安養沢は旧無量院前付近より現西参道東側を暗渠化して流れ、現西参道と賄坂道の交差点（現東武観光センター前）に近づくとともに道路面と暗渠化した川底との比高は小さくなり、現国道120号に至り流れの向きを東に変え、山内浩養園内の瓢箪池からの沢と合流し大谷川に至る。元来地形的には安養沢と安養坂とは周囲に比較しやや深い谷の部分（地形的には谷底部分で周辺地域の地名は「西谷」）をほぼ同レベルで存在したが、安養沢の流れはそのままに安養坂を改修しレベルアップする事により道路を部分的に高い位置にし沢の一部を暗渠化した。その結果下流域では安養坂と賄坂道は同レベルとなり、徒歩交通の時代から脱却しつつあった明治中期における交通上の大きな障害を除去する事となったのである。

　種々の問題を抱えた安養坂の改修は焦眉の急であり、例えば次に示す安養坂の改修工事はかなりの大工事になったが、この工事の為の案に関

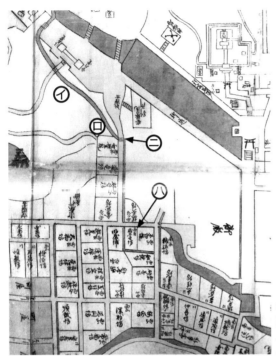

（第1図）「日光惣絵図」（部分）
【正徳期】

イ．安養沢　ロ．無量院　ハ．勝学坊
ニ．橋

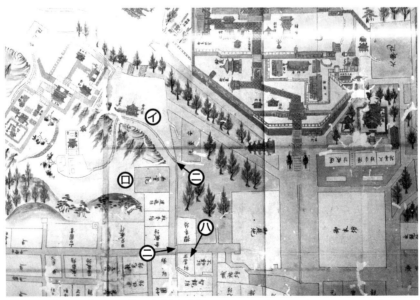

（第2図）「日光山惣絵図」（部分）【享保期】　　イ．安養沢　ロ．無量院　ハ．正学坊　ニ．橋

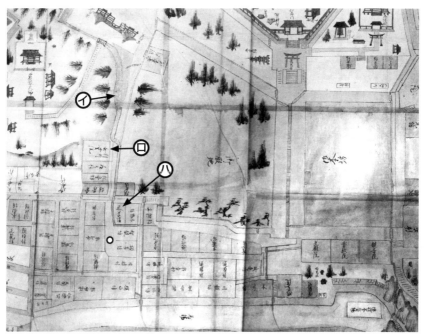

（第3図）「日光御山絵図」（部分）
【寛政期】

イ．安養沢　ロ．無量院　ハ．正学坊
○＝広い空間

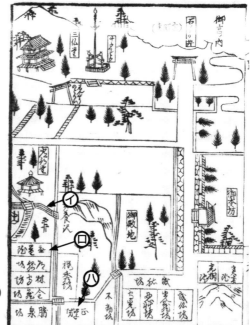

（第4図）「御山絵図」（日光山名跡誌）
（部分）【天保10年】

イ．安養沢　ロ．無量院　ハ．正学坊

しての稟議書が明治33年11月25日付け月番当番輪王寺（社寺の代表を期間を限って交替する「当番制」は今日でも続く）より東照宮・二荒山神社に付された。同書には改修工事を必要とする安養坂自体が抱える問題点や、工事の背景としての近代初期における日光や山内の諸状況等が広範且つ詳細に述べられている故、文書は長文であるが関係箇所を抜粋・引用する。^(注⑤)

「安養坂道路之義ハ従来屈曲凸凹之甚シキ〜諸人ノ往来スルノミニ止リ〜如何ニ加修候モ車馬ノ通行ハ到底為シ能ケル急坂〜目下大修繕工事着手小村運搬上一ヶ月ニ付七是迄御用邸脇子賄坂迪行致シ〜当道路ハ〜屈曲多ク又工事現場ニハ甚シキ迂回ト相成〜今般工事相成候エバ距離縮リ直ナル道路ト相成〜数間ナル木材運搬モ容易ニテ至極便利〜運搬費モ減額可得見込〜道路車馬ノ通行ヲ容易ナラシメバ社堂参拝人ノ便益甚〜夏期貴顕方御登晃中社堂参拝ノ便路ニモ可相成誠ニ以一挙両得ノ義ニ御座候〜」

稟議書作成の明治33年になっても安養坂（これ迄の記述の通り安養坂とは旧安養院横の急坂の部分だけでなく、山内常行堂横から安川町の現国道120号迄の道路全体を言う）は依然として屈曲凸凹が多く、通行は人に限られ到底車馬の通行は無理であった。山内では日光社寺大修繕事務所による社殿堂宇（一般には時に社堂又は堂社とも略す）の第一期修繕工事（文中「大修繕工事」）が同32年開始されており（それ以前にも保晃会により修繕工事は為されているが）、前項①で触れた修繕工事の現場作業所たる「中嶋工場」（昭和47年竣工の現二荒山神社大駐車場の場所）や「御仮殿工場」で加工する「数間ナル木材」等資材を山内の「工場」迄運び込まなくてはならなかった。しかし特に中嶋工場は位置的には安養坂を登り切った更に上の現上新道と下新道の間にあり、この場所に西町地域から資材を運び込むルートとしての西町→賄坂→表参道→上新道→中嶋工場では屈曲多く道路事情も悪く（例えば現表参道中央にあった「水道（みずみち）」の参道両側への移転は稟議書より遅れること5年の明治38年である。第2章第1節②参照）、その上遠回りとなり経費・労力の面等から安養坂直進のルートが熱望されたのである。

　一方、明治と共に日光は社寺参拝・避暑・観光等多様な人々が多様な

目的を持って多数来晃するようになる。中でも東照宮・輪王寺・二荒山神社が位置し且つ多くの文化財を擁する山内は来晃者の最大の目的地であり、しかも当時の山内には幕府滅亡や神仏分離により無住化した旧日光山の院・坊が多数存在しており、山内はそれらを利用しての避暑のために長期間滞在（「夏期貴顕方御登晃」）する事を目的とする指導者層・上流階級層・外国人等を魅了した。この為狭隘な山内にあってこの時期広大な未利用地として存在した「御殿跡地」やその周辺地域の新たな利用方法が具体的に動き出す。例えば「御殿跡地」には東照宮別所大楽院の建物が移築され（明治19年6月）朝陽館と命名され（同8月11日）、宮内省の慎重なる検討の結果同26年10月には東照宮・保晃会より土地建物の御料地編入がなされ、同29年7月には皇太子嘉仁親王の「日光御用邸」行啓がなされた。更に広大な未利用地として存在した朝暘館隣接地には、同26年9月には保晃会により「浩養園」が造成・竣工している。明治23年開通の汽車を利用して東京より来晃し日光御用邸に滞在された皇族方は無論、多数の来晃者が日光で利用した乗り物は徒歩や駕籠から確実にしかも急速に腕車（人力車）に移行しつつあった。恒例山南麓の傾斜地に開け小規模な山・谷の交差する山内にとって、車（腕車等）が容易に通行可能な道路への転換は解決しなければならない重要事項であった。引用文中にある「道路車馬ノ通行ヲ容易ナラシメバ社堂参拝人ノ便益甚」や「夏期貴顕方御登晃中社堂参拝ノ便路」の確保は、明治20年代〜30年代の山内にとって文字通り解決すべき喫緊の最重要課題であったと言える。

　ではこの「安養坂道路改修」工事は具体的にどの様な内容であったか、請負業者が明治33年11月作成し社寺間の稟議に付されたが、それに付記された「見積書」より抜粋引用する（安養沢の一部暗渠化は別史料となり又改修工事は引用文書以外にも後日追加の「増工事」あり。引用文中の（　）は筆者補足）。

「一　日光ホテル前通リ（賄坂道）ヨリ石橋中央迄　長九十一間
　　　　巾平均二間五ト高平均五尺此盛土百八十九坪六合
　　　　　見積金三百七十九円二十銭　但一坪ニ付二円
　一　石橋ヨリ切取界迄（旧安養院横）長二十七間巾三間高平均五尺

　　　　此盛土六十七坪五合　　見積金百十八円四十銭
　　　　　但一坪ニ付一円七十五銭
　　一　石垣惣体二百四十七坪六合
　　　　　　見積金四百九十五円二十銭　　但一坪ニ付二円
　　一　下水縁石据高平均一尺五寸片側通り
　　　ニシテ此惣延長二百七十二間二ト
　　　見積金八一八円六十六銭　但一間ニ付三十銭
　　一　下水抜キ石蓋長三尺、厚六寸、巾十五間但五カ所分
　　　　　見積金六十三円　　但一間ニ付四円二十銭
　　一　八分川砂利十二坪　見積金百二十二円四十銭
　　　　　　合計　金千二百五十七円十八銭五厘也　　但一坪ニ付十円」

　「日光ホテル前通リ」（江戸期日光奉行所〜賄坂迄。本書では一応賄坂道とする）から安養坂中央部の旧無量院前の石橋迄の安養坂を石垣を積み高低平均五尺の盛り土嵩上げし、元来道路と沢が同レベルで沢の増水時には道路が冠水した状態となったものを、道路を嵩上げすることにより道路と沢を明確に分離し解消することになった。盛り土は安養坂の無量院前より山内寄りの部分の山内側側面を切り土して当て、川砂利は稲荷川より採取し（別文書による）当てた。なお、本文書とは別に同34年1月作成の「安養院坂路暗渠迫持石ニ改造理由書」に依れば、無量院前の道路暗渠は下部と上部に分かれた独特の二重構造で、川底より道路面迄の高さが「十一尺五寸」を越え、底辺の巾は「九尺四寸」で上部が狭くなり最上部の巾は「五尺五寸」であった。

　安養沢は急流で

（写真あ）「旧無量院前の道路暗渠部分」

その制水対策は近代に至るも安養坂周辺地域にとり大きな課題であった。例えば昭和41年9月26日の台風26号に伴う大雨により安養沢においては上流部で土石流が発生し、大猷院別当龍光院から大猷院御水屋・仁王門にかけ土砂の流入があった。安養沢の出水対策の有効なる方法の一つが砂防堰堤の構築である。日光町時代にも何らかの対策が講じられたであろうが現時点でそれを確認し得ないが、現在確認できる栃木県実施工事の安養沢砂防堰堤の銘板（下記）に次の様に記されている。^(注⑥)

「昭和50年度予防治山事業

山　　内

沼尾建設株式会社

栃木県林務観光部」

　なお、現在安養坂の山内寄りの急坂部分の途中で、西方より安養沢を越えて来た道路が安養坂と交わるが、この道路は輪王寺により昭和34年8月起工・造成された「慈眼堂防災道路」である。山内から御堂山中腹に位置する慈眼大師天海を祀る慈眼堂に至るには、従来常行堂と法華堂を繋ぐ渡廊を潜り堂に至る階段状の急な小径と、安養坂西側の慈眼堂別当無量院とを結ぶ文字通りの山道としか言えないような小径しか存在しなかった。しかしこの「慈眼堂防災道路」の完成により、慈眼堂へは安養坂から直接車での往来が可能となったのである。^(注⑦)

　次に近代以降の安養坂と賄坂道との交差地点から国道120号に至る安養坂の延長部分の状況を検討するが、それには先ず連続性の観点からこの地域における道路と沢の江戸期における状況を交えて検討しなければならない。幕末期安養沢が安養坂を横切る無量院付近から現安川町方面にかけての安養坂西側には、「御山内縮図」（第6図）の様に北より慈眼堂別所無量院・林守坊・道竜坊・金蔵坊が並び（但し林守坊・道竜坊の並びは第1～5図では道竜坊・林守坊とある。四つの院・坊名は同一。配列は変化）、金蔵坊と安養坂を挟んで道路東側に櫻秀坊（現東武観光センターの地）が、更に桜秀坊と賄坂道を隔てて南側に不動坊・正覚坊（現「富士や観光センター」の建物や現西参道の一部の地。前述の如く第1図で勝学坊、第2～4図で正学坊）と勝泉坊が位置した。江戸期には今日の安川町全域と西町のかなりの部分に、日光山の枝院・坊を

中心に日光奉行所等幕府関係者や社寺奉仕者等が居住していた。しかし幕府崩壊と日光山の神仏分離等により院・坊は悉く廃絶し、其処に住した関係者は四散した為に明治初期には院・坊及び役宅等の跡地は殆ど畑地・雑種地・荒地となり、この状況は安養坂に沿う四つの院・坊跡地や安養坂と賄坂道の交流点付近のそれらも例外ではなかった。^(注⑧)現在現西参道に沿うそれら跡地には観光客・参拝客相手の物産店・旅館・駐車場等が立地しているが、これらの立地の前提となるのが現安川町の誕生である。つまり院・坊の土地は日光山の所有地であり無住化した土地の一括分割がなされ、其処に移転してきた住民が新たに居を構え新しい町として現安川町が誕生するが故に、先ず現安川町の誕生から話を進めねばならない。

明治26年に山内（日光）御用邸が設置され、「日光が皇族の避暑地として適地であることが改めて確認され、その事が田母沢御用邸の設置

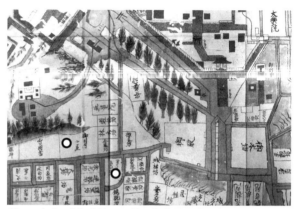

（第５図）「日光御山絵図」（部分）【元禄期】　○＝御目付小屋

（第６図）「御山内縮図」（部分）【天保８年】
江戸期名称（イ．町表　ロ．新宮馬場　ハ．新道　ニ．安養坂）

に繋がり」、「同二十九年末より田母沢御用邸用地の買収交渉が開始された」が、この用地は「当時の日光町大工町、原町、本町、蓮華石（現花石町）などにまたがる約 27,574 坪の民有地を買収して建設された」[注9]。田母沢御用邸用地となった土地に住した住民は、当時畑地・雑種地・荒地等となっていた院・坊・役宅等跡地に移住することになるが、移転先の土地所有者は一括して伯爵勝安房（海舟）であった。当該住民達は明治 29 年 11 月に勝宛「特別御払下之儀御願」を提出し、拝借の内諾を得た為、11 月 22 日「御所有地拝借願」を提出した[注10-①]。借用成立により同 29 年より現安川町域の院・坊跡地への住民移転がなされるが、移転先地域では賄坂道と平行な道路を町の北部に造成したのを除き、基本的に江戸期道路配置網を活かし移転が為され、同 30 年には安川町の町名も勝伯爵より賜った。以後安川町住民と勝家（勝安房逝去後の明治 42 年には土地所有権は一括徳川宗家徳川家達に移転）との土地貸借関係が連綿と戦後まで継続した。戦後住民の願いや諸般の事情により徳川家は安川町住民に土地を売却する事になり、「売却は昭和二十一年頃から始まり同二十六年になって最終的な売却が成立し」た[注10-②]。

　ところで、明治中期に誕生した安川町であるが、誕生時の町内道路網は基本的に江戸期道路網を踏襲したものであった[注11]。この道路配置網を一部変えたのが、現国道 120 号となっている元の道路の新規造成と、安養坂を賄坂道との交差点から現国道 120 号までの延伸とである。それ故、現国道 120 号の母胎となった元の道路が何時造成されたのか、更に安養坂が何時延伸し現国道 120 号と直結したのか、次にこれらが関係する安川町北部地域の江戸期における道路状況等を踏まえながら検討する。

　先ず安養坂と賄坂道が交わる地域付近の院・坊配置状況、安養坂及び安養沢の分布状況を江戸期絵図より明らかにしたい。正徳期「日光惣絵図」（第 1 図）では、賄坂道南側に「西谷　勝学坊」と「御屋舖」が隣り合い、その間に安養沢が位置し、沢は勝学坊角を曲がり東流する。享保期「日光山惣絵図」（第 2 図）では、賄坂道南側に「正学坊」と「勝・坊」（他の絵図より判断すると・には泉が入る）が隣り合い、その間を安養沢が流れ、沢は正学坊角を曲がり東流する。寛政期「日光御山絵図」（第 3 図）では、賄坂道南側の坊の配置及び安養沢の流れは第 1・2 図と同様であ

るが、明瞭に描かれた沢に沿いやや広い空間（図からはその空間の利用状況は不明。道路として利用か又は安養沢増水時の対策の空間か？）が確認される。天保期「御山絵図」（「日光山名跡誌」）掲載地図（第4図）では、賄坂道南側には前図同様に正学坊と勝泉坊が位置し、その間に安養沢と安養坂の延長と考えられる小径が描かれている（ただ残念ながら、同書中の西町部分を描いた（第4図別図）では正学坊や安養沢・安養坂は略されている）。

　第1～4図の何れにも安養沢は描かれ、図そのものが簡単な第4図を除き、その流路はかなり詳細に描かれている。つまり、山内より南流してきた安養沢は勝（正）学坊の南西角を直角に東方に曲がり、勝（正）学坊東隣の不動坊南東角で山内からの沢と合流し、南方に流下して大谷川に至る。引用したどの図にも描かれる安養沢の詳細な描き方とは反対に、安養坂の延長と考えられる小径は、第1・2図では描かれず、第3図では小径か空き地か判然としない広い空間が描かれ、第4図では図そのものが簡略な表現であるが安養坂の延長であることは推察出来る。賄坂道南側地域において明瞭に描かれる安養沢と、やや不明瞭な描かれ方の安養坂の延長の小径とは絵図における対照的な描かれ方を見せる。問題はこの事を如何に考えるかであるが、次の2点を指摘できるであろう。

　一つは、この地域に於いて安養沢は決して軽視・無視できないある意味重要な存在であったと考えられる。つまりこの地域の地形は当に安養沢により形成されたものであり、地域において安養沢及び沢の形成した谷は圧倒的存在である。この地域を表す「西谷」・「善如寺谷」の地名はその象徴的なものであり、沢は時に増水・氾濫等の災禍を地域にもたらしたかも知れないが、逆説的にはそれ故にこそ重要であり地域の象徴的な存在である沢は絵図にとり必須のものであった。

　二つには、道路網を良く表現している元禄期「日光御山絵図」（第5図）における安養坂の延長の小径の描かれ方である。第5図は時期的には正徳期「日光惣絵図」（第1図）よりやや古い成立で（少なくとも10～20年程か）、この時小径は道路として明確に認識されていた。しかし、この後第1・2図では描かれず、（第3図）では他の主要道とは異なり黄色での着色がされない小径とも判別つかない空間の描かれ方となり、

天保期「御山内縮図」（第6図）及び（第4図）では小径は全く無く地域は院・坊のみとなる。とすると、安養坂の延長としての小径は17世紀末迄は明確に存在したが、18世紀中頃には姿を消したとも考えられるのではないか。

　ところで、先述の如く正徳期絵図（第1図）より若干早く元禄期に成立したのが元禄期絵図（第5図）である。第5図の描き方は引用してきた他図と異なり独特で、社寺・院・坊・道路を強調して描き、特に山内や西町の道路網の道路中央には（目的は不明であるが）朱線が描かれ強調されている。更に、山内表参道中央の「水道」（明治38年に参道両側に移設。移設経過は第2章第1節②参照）以外は、安養沢や山内地域の他の沢は省略されている。この第5図で安養坂と賄坂道の交差点付近地域を観ると、正覺坊と教光坊の間に「御目付小屋」が描かれ、「御目付小屋」とその南側の「鏡観坊」（第1図で鏡観坊、第2・3図で教観坊）との間に空き地と思われる空間と其処に安養坂の延長の小径が曲線で描かれている。この「御目付小屋」南側の空き地と小径のある場所には、第5図より若干後に成立した正徳期絵図（第1図）で「明・坊」、享保期絵図（第2図）で「妙園坊」、寛政期絵図（第3図）で「妙円坊」が位置する。つまり、元禄期迄は「御目付小屋」南隣には若干の空き地に類する土地が存在したが、正徳期以降はその場所に日光山の枝坊の一つの妙園坊（妙円坊）が配置され、結果的に賄坂道南側地域は全て院・坊で埋められ（幕末期第6図では不動坊・正覚坊・勝泉坊・妙円坊・教観坊・智観坊・碩善坊・圓融坊の八坊）、空き地とも考えられた未利用空間は消滅した。

　次に安養坂と賄坂道の交差点地域に元禄期絵図（第5図）で教光坊と勝覺坊との間及び金蔵坊西隣の2カ所にある「御目付小屋」の地の動きに注目したい。前者の「御目付小屋」の地には、正徳期絵図（第1図）で「御屋舗」、享保期絵図（第2図）で「勝・坊」、寛政期絵図（第3図）・天保期絵図（第4図）・天保期絵図（第6図）で「勝泉坊」が位置する。後者の金蔵坊西隣の「御目付小屋」地には、第1図で「御奉行屋舗」、第2図で「日光奉行」、第3図で「御奉行」、第4図で「不明」、第6図で「御奉行屋敷」が位置する。元禄期絵図（第5図）で2カ所ある

「御目付小屋」の地のそれ以後の利用変化の背景には何があるのかであるが、それには日光山支配体制の変化があると推察される。日光市史によれば、「元禄十一年の梶定良の死去を契機に日光目付二人が派遣され、同十三年日光奉行任命により日光目付は廃止される」とある。(注⑫) この事から先ず第5図の作成時期であるが、「御目付小屋」が「教光坊」東隣と「金蔵坊」西隣の2カ所に在ること、及び幕府の重要機関である「御目付小屋」の位置を簡単な絵図と雖も誤ることは考えられない故に、本図作成の時期は元禄11～13年の間と推定されよう。そしてこの2カ所の「御目付小屋」は、日光奉行所設置とともに当然縮小若しくは廃止されるべき存在である。元禄期より十数年後の正徳期図（第2図）では金蔵坊西隣の「御目付小屋」が「御奉行屋舗」となり、教光坊東隣のそれは「御屋舗」（屋舗の具体的利用目的は不明ながら当然目付を継承した日光奉行所関係の建物と推測される故に御を付けたと推察される）となった。金蔵坊西隣の「御奉行屋舗」の地は江戸時代を通じて日光奉行所として日光山支配の中心地となるが、教光坊東隣の「御屋舗」の地には享保期以降、第2図の如く日光山の枝坊である「勝泉坊」が配置され、その南側の元禄期絵図（第5図）では小径と空白地となっていた場所には正徳期絵図（第1図）「明・坊」（以後第3・4図で妙円坊・妙園坊）が配置された。これらの結果として、先にも若干触れたが、18世紀中頃には賑坂道南側地域（勝泉坊や正覚坊等を含む一つの区画）には日光山の八つの枝坊が位置した。そして安養沢が正覺坊（勝学坊・正学坊）に沿い南流し、坊の南西角を直角に曲がり東流して不動坊南東角で山内からの沢と合流し南流し大谷川に至る。そしてこの状態が幕末・近代まで続いたのである。

　幕府滅亡と神仏分離等により西町地域に展開していた幕府関係機関や日光山の枝院・坊は悉く無住化し跡地は草地・荒れ地・畑地等となり、それらの多くが位置した西町東部地域では田母沢御用邸設置にともない移転した住民により明治30年に安川町が誕生する。新たに誕生した安川町域の道路配置は、前述の如く基本的に江戸時代のものを踏襲していることは諸資料より明らかであるが（前掲注⑪の各図参照）、一部町の成立に伴い町最北部の賑坂道と並行してそのやや南部に新しい道路が造

成され、その道路の東部分を利用して現在の国道120号の母胎となる
道幅広い道路が新設された（第7図で斜線部分）。

　一方、明治43年に日光電気軌道が日光駅と清滝の岩ノ鼻間で開通す
るが、西町における軌道は大谷川沿いの下河原から急坂を登り（現日光
総合会館裏）、旧北白川宮別邸（江戸期「櫻正坊」、現旅館「日光千姫物語」）
前を通り、安川町待合所前を直角に北に折れ（江戸期「慶住坊」角）や
や急な坂を登り、更に日光ホテル前（江戸期「日光奉行所」、現在輪王寺「密
法殿」が位置）で直角に西に折れ田母沢方面に向かうコースであった。
軌道は成立当初より安川町域内で２カ所の急坂と２カ所の直角カーブと
いう輸送上の大きなネックを抱えていた（第10図）。古河電気精銅所（明
治39年設置）による銅関連物資輸送の増大、大正期以降の自動車交通
の萌芽・進展、奥日光観光や冬季スポーツの盛行、昭和4年の東武鉄道
開通等、時代と共に増大する貨客需要の為に日光の交通路改善が大きな
問題として浮上しつつあり、交通上のネックの解消が具体化する。例え
ば安川町域では明治期造成の道路の東部分を「改修により安川町中心
部（岩崎っ原）を縦断する新道が出来た」(注13)（第11図）。この改修時期で
あるが、柴田は「公会堂の北側を走る胆道はごく最近のもので昭和十四
年頃開通したと記憶している」とやや曖昧に記しているが、私見では法
務局資料に依れば工事の為の土地所有権移動が同13年にある故、道路
改修工事は同13年から翌年にかけてと考える(注13)。この後「昭和十九年九
月には〜国鉄貨車の軌道線直通乗り入れが実施されることになり〜西参
道の直角カーブ（嘗ての日光ホテル前及び安川町待合所前）を解消、直
線路の新設を進め電気機関車の直通運転を開始した」(注14)。つまり昭和13・
14年頃に改修・一部新設された直線道路を利用して同19年に日光軌道
の移設がなされ、安川町域の２カ所で直角に曲がっていた軌道が直線軌
道となり、安川町域での輸送上の大きなネックが解消された。この時新
設された軌道の走る直線道路が今日の国道120号の母胎となったのであ
るが、第二次大戦後この軌道の走る道路に安養坂が賄坂道との合流点か
ら延伸直結され今日の状態となった（第11図の斜線部分）。

　ところで、安養坂が延伸され現国道120号と直結される背景として、
日光における西町地域の置かれた諸状況を考えなければならない。前

述の如く明治20年代には日光は東京と直結し、日光地域内においても

近代交通インフラの充実が図られ、社寺参拝者等は勿論外国人・皇室関係者・内外の貴賓等来晃者は急速に増加し、地域的には奥日光地域が急速に注目される様になる。この結果として来晃者が山内に至るルートは日光駅から山内の社寺に直接至るルートに加え、奥日光方面から山内に至るルートも加わる。更に山内と安川町との高低差が小さい地形上の優位性を有し、安川町北部地域は交通上の乗り換え点所謂結節点としての重要性が急速に増大する。これらの結果来晃者にとって安川町北部地域が歴史上初めて山内への入口・玄関としての役割を果たすことになる。江戸期日光山の枝院・坊が集中し且

（第7図）「日光社寺大修繕事務所所蔵実測図」（部分）
イ．安養沢　ロ．安養坂

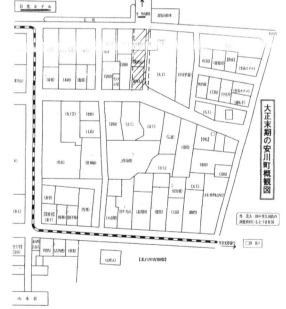

（第8図）「大正末期の安川町概観図」

（写真い）「日光ホテル」

つ日光山を直接的に支える職人・社寺奉仕者等が居住し、地域的に山内と一体となっていた所謂社家町（しゃけまち）・僧坊町（そうぼうまち）としての地域性を有した西町地域が、時代の趨勢とともに来晃者を迎える門前町としての機能を地域的に有するようになった。明治6年金谷カッティジイン、同21年の日光ホテル（写真い）、同25年の新井ホテルの立地と続き、同43年の日光電気軌道の停車場「日光ホテル前」の設置は、この地域の果たす新たな役割増大を示す象徴的出来事の例である。つまり交通・宿泊・物産販売等の新たな諸機能が安川町北部・四軒町地域に加わったのである。前述の安養坂改修要因の「〜道路車馬ノ通行ヲ容易ナラシメバ社堂参拝人ノ便益甚〜夏期貴顕方御登晃中社堂参拝ノ便〜」は、西町地域に新たな機能が加わりつつあるが為の事に他ならない。

　しかしながら、「日光社寺大修繕事務所所蔵実測図」（「日光大観」掲載図　第7図）が示すとおり、明治42年時点でも安養坂は江戸時代同様賄坂道との合流地点で止まりそれよりは延伸されない。またこの状態は「大正末期の安川町概観図」（第8図）が如実に示すとおり、後日の安養坂延伸部分＜例えば江戸期の地図では元禄期「御目付小屋」（第5図）、正徳期「御屋舗」（第1図）、享保期「勝・坊」（第2図）、寛政期・天保期「勝泉坊」（第3・4図）が位置＞には安川町成立により移転した民家が数軒位置していた（第8図の斜線地域）。安川町のこの地域の基本的道路網は大正期も明治期と変化無く、この状態は昭和初期も続き、それは昭和2年の「境内平面図」（第9図）や昭和13年頃の「日光町地積図」（第10図）に明らかである。しかし長く続いたこの状態も先述の昭和13・14年頃の道路直線化及び同19年のその道路への直線軌

道敷設がなされ、地域
の価値の上昇を遠因と
し、戦後安川町住民と
徳川家との土地貸借関
係の終焉による土地の
個人所有地化が完成す
ることを直接的要因と
し大きく変化する。安
川町住民と徳川家との
間の土地貸借関係は昭
和26年に徳川家が住
民へ土地を売却したこ
とにより最終的に消滅
し、この年宇都宮地方
法務局今市支局の資料

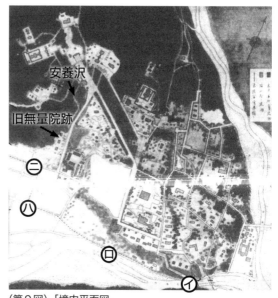

（第9図）「境内平面図」
電軌停留所名（イ.神橋　ロ.下河原　ハ.安川町　ニ.日光ホテル前）

によれば、安養坂の国道120号迄の延伸が住民の町への道路敷地寄付
を直接的要因として成立する。そして延伸した安養坂の道路東側を安養
沢が全て暗渠化されて流れ、現富士や観光センター（江戸期「勝学坊」）
西南角で直角に折れ東流し、江戸期「不動坊」東南角で山内からの沢と
合流し大谷川に至る。安川町域では多くが暗渠化されて姿を見せない今
日の安養沢であるが、その流路は確認される最初の絵図である正徳期絵
図（第1図）と全く同じである（第11図）。

　以上現西参道の状況を記してきたが以下に要約する。

①二荒山神社・輪王寺大猷院等への参道として重要な役割を果たし
　ている現西参道（江戸期～大正期の名称は安養坂）は、御堂山を水
　源とする安養沢と旧無量院前で交差し、安養坂と安養沢は併走し安
　川町に至る。道路と沢との高低差の少ない状態が続き、近代に至る
　も沢の増水時には道路やその周辺地域に度々種々の災害をもたらし
　た。明治30年代に至り山内及び日光全体の諸状況の変化を背景に、
　安養坂の道路嵩上げ・安養沢架橋・安養沢暗渠化・安養沢「予防治
　水工事」（昭和50年）等の実施により諸問題の解消が図られ、二

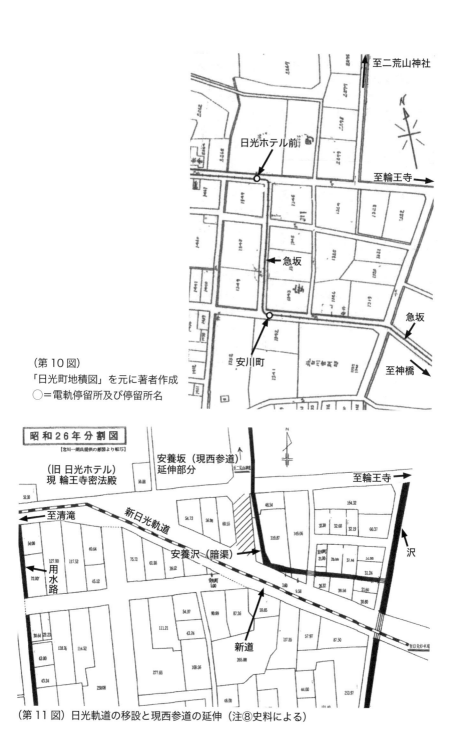

（第10図）
「日光町地積図」を元に著者作成
○＝電軌停留所及び停留所名

（第11図）日光軌道の移設と現西参道の延伸（注⑧史料による）

社一寺への西の参道としての安養坂の道路としての整備が進んだ。

②田母沢御用邸造営を契機として誕生した安川町であるが、その道路配置状況は基本的に江戸期日光山枝院・坊立地時のそれを踏襲した。ただ、町成立時に町北部に賄坂道と並行する道路が造成され、昭和13・14年にこの道路の拡幅がなされるとともに、その東部分に昭和19年には拡幅道路を利用して日光電気軌道の安川町域での2カ所の急カーブ・急坂解消の為の直線軌道が敷かれた。

③一方、安養坂は近代に至も江戸期と同様賄坂道と合流する地点で途切れていたが、昭和26年には徳川家と住民との土地貸借関係が終焉し土地が各住民所有となった事を契機に、地域住民の協力により日光軌道の通る拡幅道路（現国道120号）迄延伸・直結され、名実ともに社寺の参道としての体裁を整え、現在の姿となった。

【注 記】

①　山内道路の改修に関する保晃会の業績の一端を下記史料は良く示している。

「東照宮史」（昭和二年発行　東照宮社務所）

保晃会文書は日光社寺共同事務所管理の明治期建築石倉に整理保存されている。道路維持・修繕等関係では具体的には例えば次の如き多様な作業・工事が山積。

「草取り、（道路左右石垣上）草刈り、（道路の）砂敷き、清掃、石垣修繕、石垣根柵修復、下水隠し修繕、堀浚渫、（降雪時）雪掃、（用水堀）緑石据直し」

なお、現西参道（旧安養坂）が国道120号と交わる地点の標高は約616メートル、常行堂横で下新道と交わる地点の標高は約643メートルで、道路の標高差約27メートル、道路延長約362メートルの全体的な坂道である。道路中央部付近で大猷院裏の御堂山を水源とする安養沢が交わる。現在も江戸期同様安養沢は道路東側を流れるが、現在は道路と交る地点より暗渠となり南流し、国道と交わる地点で向きを東に変え、安川町公民館東で山内からの沢と合流南下し大谷川と合流する。

「日光都市計画基本図」（平成元年作成1／2500の地図。旧日光市）

②　「山内道路費出納簿」（社寺合同事務所 明治35年10月20日）及び「明治三十四年五月二十七日　稟議」（社寺合同事務所）

「明治三十六年四月拾日稟議書」にも「安養院坂仮橋破損・・」の記述有り。

③　沢水が溢れる状態は道路・沢の改修後も度々発生しており、昭和初期においてもその様な状況が続いた。安養坂と賄坂道の合流地点付近で物産店を営むB氏の次の証言参照。証言は「安川町百年史」（平成10年刊）より。

「私は昭和七年に宇都宮からお嫁に来ました。～当時ご近所のYさんは大雨の時の慈眼堂（堂は山上にあり、この場合安養沢沿いにあった慈眼堂別当の無量院との勘違いと思われる）付近一帯からの土砂の流れがひどくて家屋が水浸しになってしまったの

に嫌気がさし、今市に引っ越してしまいました。」

④　江戸期日光山に属した院・坊の地域割りによると、現安川町地域の名称は正徳期「西谷」、幕末期「西山谷」「善如神谷」であった。これら名称が示すように安川町域の地形は、特に安養沢流域地域がそうであるが、谷と形容される地形である。下記参照。

　　　例えば、幕末期「日光山誌」、正徳期「日光山惣絵図」等

⑤　「道路改修出願地綴見」（「日光社寺共同事務所保管石倉内文書」整理番号1378）

⑥　安養沢砂防堰堤銘板は本文の通りであり、銘板は安養沢に設けられた数カ所の砂防堰堤の最下部の堰堤にある。

　　　なお、国土交通省日光砂防事務所の史料に依れば、昭和41年の台風26号による豪雨により日光地域では数カ所土石流発生し、例えば男体山の薙の十石流による中宮祠地区、糸の滝下流部等。

　　　また、近年の集中豪雨等の災害が全国的に多発している事を踏まえ、現在国土交通省は安養沢支流の大猷院沢・龍光院沢に砂防堰堤を整備中である。

⑦　この道路は慈眼堂と安養坂を結ぶと共に、大猷院奥に広がる広大な輪王寺所有の山林（御堂山）への林道の役割をも担う。

　　　　　　　　　　　　　　　「日光山輪王寺」（第15号　昭和35年　輪王寺執事局）

⑧　宇都宮地方法務局今市支局の資料による。

⑨　「日光田母沢御用邸記念公園本邸保存工事報告書」（栃木県土木部　平成12年）

⑩－①　「安川町百年史」（平成10年刊　安川町創設百周年記念事業実行委員会）

　　　ただ、伯爵勝安房は住民が借用願い提出翌々年死亡したので、同様書類を同32年4月公爵徳川家達宛提出。町名としての「安川町」は勝安房の命名であり、勝の「安」と徳川の「川」より命名したとされる。下記命名書は安川町の状元方彦氏所蔵。

　　　「安川町　是日光西谷之地町並・・町名之称とす

　　　明治三十年八月三日　勝　安房　撰定」

⑩－②　土地売却の具体的資料は「宇都宮地方法務局今市支局」資料による。

⑪　「御山内縮図」（第6図。「日光山志」掲載図）

　　　「日光社寺大修繕事務所所蔵実測図」（第7図。「日光大観」掲載図）

　　　「大正末期の安川町概観図」（第8図。「安川町百年史」掲載図）

　　　「境内平面図」（第9図。「東照宮史」掲載図）

⑫　「日光市史　中」（日光市　昭和54年刊）

⑬　「安川町百年史」には、「日光町では昭和十五年の第五回冬季オリンピック候補地との会場誘致運動を始め〜日光道路の改修などの具体的企画することになった」「改修により安川町中心部（岩崎っ原）を縦断する新道が出来た」とある。

　　　なお、下記も参照。

　　　　　「柴田豊久著作集」（「大日光」第4号　昭和29年）

　　　　　「宇都宮地方法務局今市支局の資料」

⑭　「日光の電車（5）（6）」（「鉄道史料」寺山一昭・編集部　1989・1990）

⑮　日光ホテルの開業は、「日光市史　下巻」（巻末の年表及び本文で「日光ホテル開業客室20余」）では明治22年とするが、本論では「安川町百年史」（前掲注⑩-1）や「下

野新聞」の下記の記事から明治 21 年とする。

　　明治 21 年 9 月 30 日「日光ホテル開業知事列席」・「10 月 6 日開業」

　　明治 22 年 10 月 10 日「日光ホテル開業一周年」

　　なお、明治 30 年に新井ホテル（明治 25 年に新井秀徳が四軒町に開業し客室 16。同 27 年 2 階建て洋館新築）が日光ホテルを買収し、日光ホテル名で営業し旧新井ホテルの建物は分館とした。その後同 41 年に大増築（洋室 26、和室 8、を加え客室 61 室＜写真い＞）したが、大正 15 年 1 月 4 日火災焼失。その後別会社が小規模ホテルを開業したが、昭和 15 年古河電気精銅所に売却「入町クラブ」と改称。昭和 21 年徳川家より土地買収。現在輪王寺密法殿が建つ。

　　また、現在の金谷ホテルの建つ上鉢石の地には、明治 22 年には「三角ホテル」が建築中であったが暴風により倒壊し存続危機に陥る。下記下野新聞記事参照

　　明治 22 年 1 月 17 日「上棟式直後暴風により倒壊」

　　明治 23 年 5 月 26 日「三角ホテル竣工遅れ」

　　日光 H への内外賓客の宿泊例（二荒山神社「社務日誌」明治 23 年 4 月 19 日）

　　「此夕英国皇子コンノート殿下日光ホテルへ御宿泊　本日中宮祠へ～」

【掲載図等一覧】

第 1 図「日光惣絵図」（正徳期　日光東照宮蔵）

第 2 図「日光山惣絵図」（享保期　日光東照宮蔵）

第 3 図「日光御山絵図」（寛政期　日光東照宮蔵）

第 4 図「御山絵図　日光山名跡誌」（天保十年　大嶋久兵衛蔵版　岸野蔵）

第 5 図「日光御山絵図」（元禄期　日光東照宮蔵）

第 6 図「御山内縮図」（「日光山誌　巻之一」植田孟シ　天保 8 年　岸野蔵）

第 7 図「日光社寺大修繕事務所所蔵実測図」（「日光大観」大正元年刊　掲載図　岸野蔵）

第 8 図「大正末期の安川町概観図」（「安川町百年史」掲載図　岸野蔵）

第 9 図「境内平面図」（「東照宮史」　昭和 2 年　岸野蔵）

第 10 図「日光町地積図」を元に著者作成

第 11 図 現安川町域の明治中頃における日光山枝院の土地利用状況（注 8 史料による）

写真あ「無量院前の道路暗渠部分」

写真い「日光ホテル」

＊「写真い」は、次項④にも掲載。

④現西参道の名称

　現西参道は国道 120 号から山内の常行堂東側で下新道と会合する地点迄の急坂を伴う標高差約 27 メートル・延長約 360 メートルの直線道路である。この幅広の道路が現在の姿になるには、道路中程で道路を横切り道路と併走する安養沢の暗渠化、賄坂道との交差部分から国道までの延長或いは道路拡幅を伴う整備等々、近代以降において解決すべき幾つかの大きな課題があった。それらについては前項③「現西参道沿道の状況」で詳述したが、本項では近代以降における現西参道の名称は何時頃どの様に変化したのか、明治以降の諸史料により検討したい。

　明治初期の現表参道・上新道・下新道の名称に関しては、アーネスト・サトウ（明治五年）、エミール・ギメ（明治 9 年）、イザベラ・バード（明治 11 年）等の旅行記を探査したが（前々項②注①）、残念ながら現西参道の名称に関する記述を見出し得なかった。そこで、他の幾つかの刊行物より先ず検討する。

　「日光勝概」（明治 20 年刊。前々項②注②）の「巻之二」には、現西参道を「常行堂の脇より西谷の方へ通行せる沢道を云う　東北の谷より流れ来る渓水を古より安養沢アンヤウサワと称せる由依て坂の名も安養坂アンヤウサカと唱へしと云う」とある。又加えて善女神谷ゼンニョシタニの説明箇所に「安養坂の下通を西山谷お云う夫より西町の入口迄を善女神谷と云う」とある。なお、本書の各所に挿図があるが現西参道を描いたものはない。

　「日光山小誌」（明治 20 年。前々項②注③）は前掲書と編集・発行者が同一人であるが、現西参道に関する記述はなく、又多くの挿図があるが現西参道を描いたものはない。

　前掲書とほぼ同時期の「日光山名勝図会」（明治 21 年刊。前々項②注④）では、現西参道に関して「常行堂の前より右に安養寺坂アンヤウジザカを下り左（実際は右）に折れ右ハ日光奉行官舎の跡」と記されている。また挿図「西町及憾満渕ノ図 A birds-eye view of Nishimachi」には、「あんやうじ坂」として、かなりの急坂を伴う道路が描かれている。

　二荒山神社別当としての安養院は、承応期に大猷院仁王門付近の地よ[注1]

り現在の二荒山神社宮司官舎のある場所（小字「安養台」）に移動し、以来江戸期を通じて現西参道の名称は安養院・安養沢に因んだ名称である安養坂（江戸初期の頃は安養沢と道路が未分離で道路が明確でなく時に「安養沢」が道路名を代替。後に「安養沢に沿う道」とも。第1章第3節④参照）が用いられている。引用した明治20年代初頭の二つの刊行物での名称は江戸期と同様であるが、安養院や安養沢に因んだ名称である安養と、急坂を伴う全般的に坂道の状態を結合させた名称である安養坂・安養寺坂の名が用いられている。

　次に、明治30年前後に刊行された案内書等により現西参道の名称に関し検討する。「日光名所便覧」（明治29年刊。前々項②注⑤）は文章・挿図の2分冊となっているが、各分冊ともに現西参道の名称に関する記述はない。また、編集・発行者が前書と同一の「日光名所案内記」（明治32年刊）でも現西参道の名称に関する記述はない。更に、地元日光の住人鬼平金四郎により明治33年発行の「日光明細記」においても残念ながら現西参道の名称に関する記述はない。更に、「日光」（明治32年刊。前々項②注⑥）で、田山花袋は5月中旬の1日を東照宮・新宮馬場・二荒山神社・二ツ堂・大猷院等見学しそれらを詳細に語るが、前書同様現西参道の名称に関しての記述はない。「日光山改訂案内記」（明治33年刊。前々項②注⑦）も記載事項はかなり多いが現西参道の名称に関する記述はない。

　次に先程の明治30年前後の諸史料よりは時間的にやや後になるが、「日光大観」（大正元年刊。前々項②注⑧）がある。前節でも触れたが本書は当時としては出色な案内書・地誌書であり、山内地域西部に位置する二荒山神社や常行堂・法華堂（俗に「二ツ堂」）の詳細な説明と写真が掲載されているのであるが、残念ながら本文において現西参道の状態や名称に関する記述はない。しかしながら、掲載図「明治四十二年測量日光社寺大修繕寺務所所蔵実測図」（前項③第7図）では現西参道が「安養坂」と記されている。これらを概観すると、当時における山内の道路における現西参道の重要性の程度が判るようである。

　以上明治期・大正初期の地元外刊行物を中心に現西参道の名称がどの様に記されていたか概観してきたが、安養沢や安養院に因み全体的に坂

道である状況を表した名称としての安養坂（呼名としては「日光勝概」の「巻之二」でアンヤウサカ）、或いは安養寺坂（呼名としては「日光山名勝図会」のアンヤウジザカ）の名称が明治時代を通して用いられていたと考えられる。尚蛇足ながら安養寺坂の用い方であるが、安養院は神仏分離以降は輪王寺（江戸期は日光山）の一枝院であり独立した寺ではない。その上明治４年の神仏分離で廃院となるが明治15年には再興され、明治20年代半ばには中山通りの現在地に移転しており（第１節①参照）、安養寺坂の用い方は正確性の点からは幾つかの点で問題であり、正しくは安養院坂となるべきものである。ただ現実的には地元外の執筆者等にとってはその区別は付きにくいのが現実かも知れない。

　では次に現西参道の名称が近代以降地元に於いてどの様になっていたか、各種地元史料を用いて検討したい。先ず数多くの保晃会関連史料の中より現西参道に関する名称が見られる下記の文書を選別した。[注2]

①山内主要道路掃除時の下記出納簿。其処には主要道掃除費用の支払日、支払金額、清掃道路箇所、支払先業者名を記す。

　　　＜文書番号158「山内道路費出納簿」（明治28年）＞

　　　「十一月十七日　金八円　上下新道安養園坂町表中山通長坂

　　　　　　　　　　　　　本宮坂御仮殿横町旧大楽院前四本龍寺返

　　　　　　　　　　　　　児玉堂前掃除費　鈴木久七渡　　　　」

②山内主要道路掃除時の下記帳簿。記載事項は①と同じ。

　　　＜文書番号992「山内道路費修繕会計基本金公債証書口別簿」（明治28年）＞

　　　「十一月十八日　金八円　上下新道安養院坂町表中山通り長坂

　　　　　　　　　　　　　本宮坂御仮殿横町旧大楽院前四本龍寺道

　　　　　　　　　　　　　玉堂等掃除費　鈴木久七払　　　　」

③現西参道の道路修繕に伴う社寺当番輪王寺からの稟議書にある工事見積額を記した下記文書。

　　　＜文書番号1378「道路改修出願地綴見」（明治33年）＞

　　　「安養院坂路暗渠迫持石改造費額

　　　　　金　百拾七円五拾銭

　　　　　　　　一　稲荷川産堅石　　　九個　単価十円　金九拾円

（長五尺五寸　巾尺　厚さ尺二寸）　　　　　」

④山内道路の各所修繕等に伴う請負業者から発注者日光社寺合同事務所への下記見積書。

　　＜文書番号1256「山内通路稟議書」明治34年＞

「明治三十五年三月三日

　　　　　請負人　日光町　鈴木仙太郎

　　　　　内訳　　是ハ安養院様前通二荒山道ムリョウ院様前

　　　　　　　　　石垣根柵五ヶ所長延十一間～　　　　　」

⑤山内の道路各所修繕に伴う社寺合同事務所の下記出納簿。

　　＜文書番号988「山内道路費出納簿」明治35年＞

「々（十月）二十日

　　　　　安養坂道路中橋梁堕二ヶ所付仮橋

　　　　　架設費　鈴木仙太郎　支払　　十三円六十七銭」

上記引用文書に加え現西参道の名称が記載されている下記の保晃会等関連文書。

「文書番号993　道路費別途積立金」（明治28年）では「安養院坂」

「文書番号1018 道路費受取書」（明治34年）では「安養院坂」

「文書番号988　山内道路費出納簿」（明治35年）では「安養坂」

「文書番号990　道路費計算書」（明治35年）では「安養院坂」

「文書番号731　山内道路稟議書」（明治36年）では「安養院坂」

上記の通り保晃会の道路関係文書で現西参道に関して用いられている名称は、筆者が調査した限りでは、安養院坂若しくは安養坂が殆どである。ただ、時に①安養園坂 や③安養院坂路や④安養院様前通二荒山道が見られたが、①の場合の安養園坂は明らかに安養院坂の誤りと考えられ、③の場合は安養院前の急坂の部分を強調した用い方と考えられ、④の場合は二荒山神社へと通じる安養院様前の通りとの用い方であろうと考えられる。なお、流石に地元保晃会関係文書では安養寺坂の名を用いた例はない。

　次に、多々ある日光に関する絵図・地図等の中より前々項②で用いた絵図・地図等を中心に、現西参道が如何に描かれその名称がどの様に記されているか列記する。

①「日光山真図」(明治19年7月。鬼平金四郎出版)

　山内を鳥瞰するが現西参道は杉木の陰になり描かれず。名称記載なし。

②「日光山全図」(明治19年6月。中村頼治出版)

　山内の詳細な鳥瞰図であるが現西参道描かれず。名称記載なし。

③「日光山全図」(明治21年。小林治郎印刷発行)

　山内の社殿堂宇中心に描く。現西参道を描くが、名称記載なし。

④「大日本下野国日光山全図」(明治33年。青山豊太郎出版)

　山内～清滝を鳥瞰し現西参道の一部を坂道として描くが、名称記載なし。

⑤「最新日光明細地図」(明治42年　晃陽堂印刷発行。「郷愁の日光」付図)

　日光市街地の道路網・町名を記す。山内主要道名記すが現西参道名なし。

⑥「道路改修之儀ニ付願」中の図面(明治33年。小西清次郎提出)

　現西参道の改修工事の際社寺に提出した見取り図。道路描き安養坂と記す。

⑦「日光社寺大修繕事務所所蔵実測図　明治四十二年測量」(大正元年発行)

　縮尺を記す山内地域の詳細な地図。現西参道を描き安養坂と記す。前項③の第7図参照。

⑧「日光山山内略図　縮尺八千八百分の一」(大正6年。「二荒山神社」挿図)

　山内・西町地域を表現した詳細な道路網平面図。道路描き安養坂と記す。第2節第①項第5図参照。

⑨「日光山真景図」(大正11年。松井天山筆)

　東西両町・山内の家屋・商店名を描く。現西参道を描くが、名称記載なし。

⑩「境内平面図　縮尺二千五百分の一」(昭和2年。「東照宮史」挿図)

　道路・建物を詳細に表現する平面図。名称一切記載なし。

　絵図・地図の性質上当然かも知れないが、上記で一目瞭然の通り道路そのものは描くがその道路名を付したものは非常に少なく僅かに⑥⑦⑧

の3図である。それら図で用いられている現西参道の名称は、何れも安養坂で他の名称はない。

　最後に、地元機関文書として社寺の日々の出来事の記録である東照宮の「(社家御番所) 日誌」、輪王寺の「日記」、二荒山神社の「社務日誌」を元に、現西参道の名称が如何に記載されているか確認する。

　先ず東照宮「日誌」より検討する。現西参道に関する記録としては当該道路の改修工事が実施された明治30年代の記載が多いが、時期としては昭和初期迄の分より記す。

　①現西参道の改修工事に関係して道路名称が頻出。下記の例は工事が
　　開始される明治34年1月17日、道路障害物除去に関する同月23
　　日、及び工事竣工での明治36年6月17日の記録。
　　　○「安養院坂修繕増工事之件ニ付明十九日午前第十時長職会開会候
　　　　事ニ二荒山並輪王寺江通知ス」
　　　○「安養院坂道路改修ニ付妨害ト相成ル保晃園西方崖地ニアル杉樹
　　　　三株伐採ニ付該所連接ノ電灯線ニ障害アランコトヲ慮シ電力会
　　　　社員召喚ノ上注意方池田主典面談セリ」
　　　○「安養院坂道路修繕工事竣工ニ付立会検査トシテ伊藤主典出合セリ」
　　これら以外に、明治34年1月19日・20日・25日、6月1日の記
　　録に安養院坂、1月21日記録では「安養坂」と記載。
　②大正期の記録では名称を確認出来ず、「日誌」として初めて西参道
　　の名が確認できる昭和5年8月29日、及び同一工事場所であるが
　　名称は安養坂となる同年12月11日の記録。
　　　○「午前十一時西参道改修工事地鎮祭執行ニ付片・祢宜・・主典参
　　　　列シタリ式後二荒山神社宮司職舎ニ於テ直会」
　　　○「本日安養坂改修工事竣工ニ付奉告祭アリ当宮ヨリ祢宜参列ス」
　　尚蛇足ながら、同一場所・内容を記しているが使用名称の異なる上記
　の様な記述が現表参道に関しても見られ、「日誌」昭和5年8月11日
　に「表参道」、若干後の同年10月16日に「町表」となり、名称使用に
　関して両者が共存し統一的名称のない状態を類推させる記述。

　　次に輪王寺「日記」により検討するが、「日記」には現西参道に関する名称は明治期・大正期の記録にはなく、記録として昭和2年4月と同

5年3月のものを記す。

　③昭和2年4月1日（人事異動関係）と5年3月19日（請願）に関
　するの記録。

　○「参拝法　本日ヨリ社寺合同参拝法実施候事

　　　　　　　　　　（若干長い文章あり略）

　　　　　　　　　奉仕人中左ノ通リ異動

　　　　　　　　　　御霊屋　　　　　三村親次
　　　　社寺参拝献饌料受付所（東参道）
　　　　　　　　　　御霊屋巡視　神山政之輔
　　　　社寺参拝献饌料受付所（西参道）
　　　　　　　　　　御本堂詰　　　　柴田貞久
　　　　　　御霊屋番所詰　　　　　　　　　以上」

　○「請願　午後　安川町西参道売店組合員代表トシテ村野他二名来
　　院執事及藤原幹事面談ス　要件請願ノ件　　　　　　　　」

　これら以外に、昭和5年8月29日（「西参道拡張起工式」）及び30
日（「西参道拡張着手」）、12月9日（「西参道此程完成」）及び11日（「西
参道現場ニテ完成竣工式」）の記録に何れも西参道とある。

　なお、この記録では「社寺参拝献饌料受付所」は東西の2カ所記されて
いるが、日光社寺共同事務所保管文書の例えば整理番号470.471.472
の「社寺共同献饌証受払簿」には、東西2カ所に加え「中央」の受付所
が記載されている。この場所は東照宮表門（仁王門）前石垣下にある現
日光社寺共同事務所の「社寺共通拝観券中央受付所」である（これら「受
付所」への東照宮・二荒山神社の職員派遣の有無は確認できない）。

　社寺関係文書の最後に、明治後期～昭和初期の二荒山神社「社務日誌」
において現西参道に関する名称を確認した。それに依れば伝統的名称で
ある「安養坂」の名称が大正14年でも確認でき注目され、また昭和5
年7月の「道路改修」に関する二つの文書（⑤⑥）での記載方法が注目
される。

　④大正14年5月23日の記録。

　　「安養坂道路拡幅之儀ニ付寄附・・発起者代表近藤重七郎技師中里・
　　郎来社アリタリ」

⑤昭和5年7月14日の記録。但し文中の（　）は原文の通り。

「西参道（安養坂）道路改修工事施

工ノ件ニ付長職会決済ノ・ノ様

ヲ宮司ヨリ左記職員ニ・・アリタリ

道路改修ハ左記東照宮ノ反対ニヨリ

二荒山ノ払ニヨリテ実施スルヲ

反対ノ由

　イ　予算ニ計上セザル也

　ロ　西参道ハ東照宮ニ関係ノ

　ハ　前額賀宮司ヨリ反対スベキ引継アリタル也」

⑥昭和5年8月29日の記録。

「午前十一時ヲ以テ　西参道改修

工事地鎮祭執行　祭主齋藤主典外

職員三名　参列者三長職並祢宜執事及

町長　警察署長　工事関係者計十一名」

（但し「社務日誌」には輪王寺「日記」にある8月30日の工事着手、12月9日の竣工の記載なし）

　上記のように、社寺の日々の記録である「日誌」・「日記」・「社務日誌」における明治中期〜大正期の記録において、現西参道の名称は安養坂もしくは安養院坂であり、西参道の名称は確認できない。しかし西参道の名称が社寺の記録として初めて③昭和2年4月1日の「日記」で使用される。これ以降西参道の名称が頻出し、「日記」では同年3月19日に1件、8月と12月に各2件、「日誌」では②昭和5年8月29日1件、「社務日誌」では⑤昭和5年7月14日と⑥同年8月29日に各1件使用されている。

　ところが、②昭和5年の「日誌」においては同一改修場所の名称について8月29日には西参道と記し、12月11日には安養坂と記されている。現西参道の名称に関しある時は西参道と記し、ある時は安養坂と記す。この例の如く地名としての安養坂・西参道の使用に関する昭和初期の微妙な状況を端的に示すのが、⑤昭和5年5月17日「社務日誌」の「西参道（安養坂）〜」の記載方法である。其処では西参道と記しわざわざその後に（安養坂）と括弧書きしているのであり、⑥同年8月29日で

は「〜西参道〜」のみで（　）括弧書きはないのである。と言うことは現西参道の名称に関しての社寺の状態について少なくとも次の点を指摘できるであろう。

①社寺の記録において西参道の名称使用の最初の例は昭和2年4月1日の輪王寺「日記」であり、以後「日記」に頻出する。昭和5年にはこの名称使用が東照宮・二荒山神社の記録でも確認されるなど、昭和の極めて初期の段階で社寺間に於いてこの名称の使用が拡大した。

②但し、伝統的名称である安養坂も続けて使用され（例えば5年12月11日「日記」）、新たな名称である西参道との併存状態が見られる。

③社寺の記録における安養坂と西参道と言う二つの名称の併存状態から、社寺間において現西参道の名称として「西参道」と一方の名称に決定していたと言う事実はないのではないかと推察される。

④しかしながら、後述するが、西参道名称の使用拡大の契機となったと考えられる「共同拝観料」徴収の為の会議が昭和2年3月下旬に数回開催されており、その取り決めは道路名称使用にとってかなり重要であったと考えられる。

以上現西参道の名称に関し4種類の史料により検討してきた。

先ず明治・大正期においては、地元外刊行物では安養坂・安養寺坂が、保晃会関係文書では安養坂・安養院坂（時に安養院坂道・安養園坂・安養院様前二荒山道）が、絵図・地図等では実例数は少ないが安養坂が、そして社寺の日々の記録からは安養院坂・安養坂が用いられていた。つまり、明治・大正期において使用された現西参道の名称についての統一的な名称はないが、安養坂若しくは安養院坂が一般的であったと考えられる。

昭和に入り江戸期からの伝統的名称の使用という状況も漸く変化していく事が諸史料より明らかである。西参道の名称が初めて社寺の日々の記録に登場するのが、輪王寺「日記」の③昭和2年4月1日であり、これ以降社寺の日々の記録に西参道の名称が頻出する。しかし西参道の名が登場しても江戸期からの伝統的名称とも言える安養坂（の類）の名称が即西参道に転換することはなく、昭和初期の数年間は西参道の名称との併存状態が続いたと推察される。

ところで、輪王寺「日記」の③昭和２年４月１日にある「〜社寺参拝献饌料受付所　（西参道）〜」の記述は、これまで検討してきた現西参道の名称成立の時期の考察にとってとともに、この名称が如何なる状況を背景にして登場したのかその必然性・背景を考察するうえでも極めて注目される記述であると考える。と言うのは、この「社寺参拝献饌料受付所」の設置は、これまで社寺が個別に扱っていた拝観料徴収の一部を共通とするものであり、社寺参拝方法の大きな変革であった。共同拝観料徴収実施のための社寺間の協議に関して、二荒山神社「社務日誌」の昭和２年３月18日に次の如くある。

　　「午後一時ヨリ参拝ノ者ニ対スル合同取扱ノ件ニ付
　　　当社務所ニ於テ委員会開催　　出席者左ノ如シ
　　　　　　東照宮　菅祢宜　　　渡辺主典
　　　　　　輪王寺　菅原英信　　鈴木常観
　　　　　　二荒山　河島祢宜　　齋藤主典」

　社寺が立ち上げた当該委員会は３月20日（第２回）、３月21日（第３回）と開かれ、３月25日に社寺の三長職が集まり協議し、翌26日に県当局も加わり最終会合が次の通り開催され正式に決定を見た。

　　「参拝方法ノ件ニ付　　三長職並祢宜執事会ヲ開催ス
　　　尚県ヨリ菊池社事兵事課長知事ノ命ヲ受ケ来会ス」

　以上の様な経過を辿り、「日記」の昭和２年４月１日に「参拝法　本日ヨリ社寺合同参拝法実施候事（中略）」とあるように、社寺は社寺参拝の方法について４月１日より「社寺合同参拝」の方法を採用した。これにより東参道と西参道の２カ所に「献饌料受付所」（＝今日の「（社寺）共通拝観料受付所」）が設けられ、輪王寺としては設けられた「受付所」に輪王寺職員各１名を別の場所より異動させ配置したのである。

　では東西２カ所の「献饌料受付所」は具体的に山内のどの場所に設けられ、また何故に２カ所設ける必要があったのかその背景を知ることが大切である。先ず東西２カ所の「受付所」の場所である。東参道の「献饌料受付所」は、江戸期における日光山本坊境内の南東端に設けられていた通用門と門番小屋の位置した地域に、明治・大正期に設けられていた「拝観券交付所」を継承した（**第１図**）（尚、後日南東端には勝道上

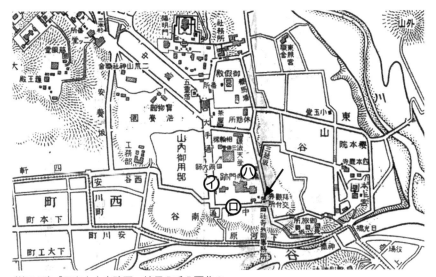

（第1図）「日光山山内略図　縮尺八千八百分の一」

↑＝拝観券交付所　イ.現表参道　ロ.中山通り　ハ.輪王寺

人銅像が設置され付近が整備された為、「受付所」は三仏堂境内の東門
付近に移動し機能は停止していたが令和元年に撤去された）＜第2章第
1節①参照＞。西参道のそれは、東武観光センター（令和2年より「西
参道茶屋」）北側の地に位置した（尚、後日日光社寺共同事務所が管理
する「共通拝観券受付所」として存続していたが令和2年春撤去された）。
前者の場所は社寺参拝に際して勾配急な長坂を上り漸く山内に到達した
平坦な場所であり、江戸期を含めて近代以降も社寺参拝の起点としての
役割を果たして来た場所である。そしてこの場所は、明治43年の日光
電気軌道の日光駅・岩の鼻間開通によりその停留所が日光橋を渡った山
内寄りの「神橋」に設置された事により、社寺参拝者・観光客の参拝・
見学の起点としての重要性が一層増大した（第2図）。

　次に、では何故に「社寺参拝献饌料受付所（西参道）」として西参道
が選ばれたのか、換言すれば「西参道」への設置には如何なる必然性・
背景があったのかである。この点に関し一つの有力なヒントが前掲③昭
和5年3月19日の「日記」にある次の記述である。

　　「請願　午後　安川町西参道売店組合員代表トシテ村野他二名来院
　　執事及藤原・・面談ス　要件請願ノ件　　　　　　　　　　　　」

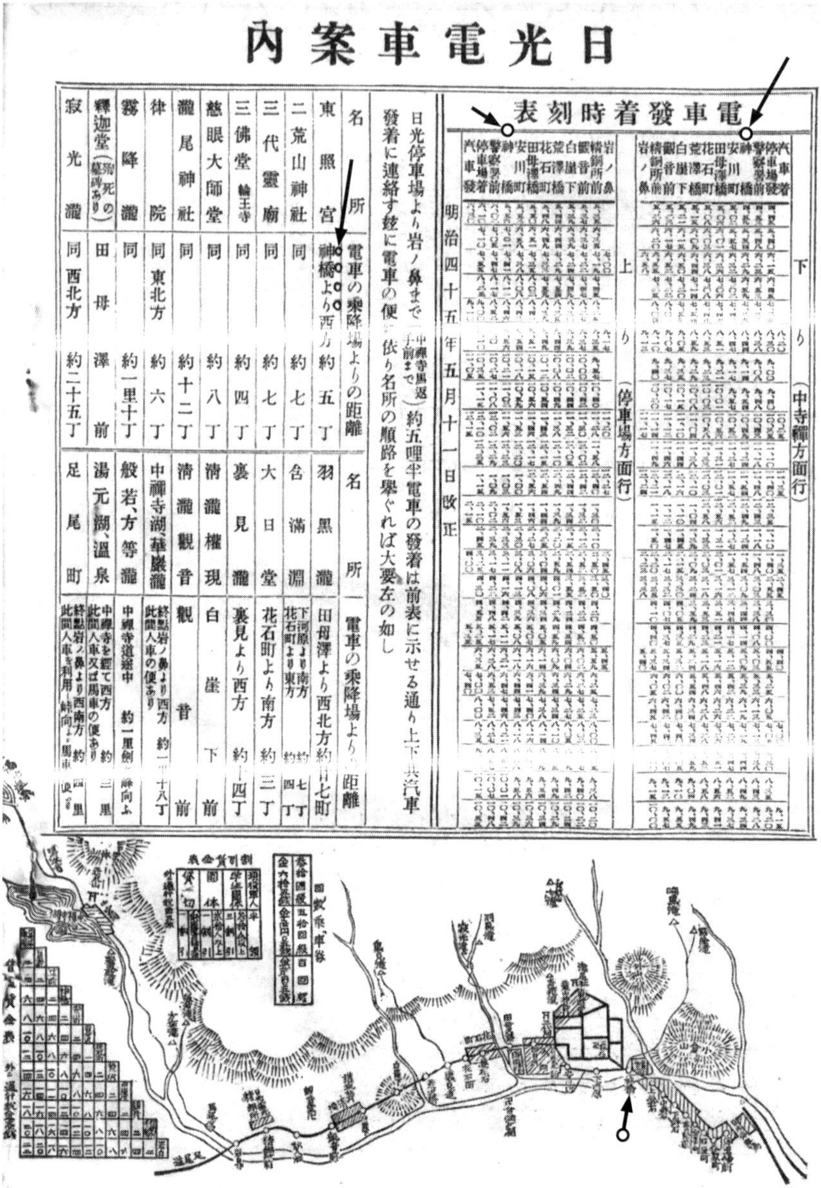

日光電車案内

電車發着時刻表

明治四十五年五月十一日改正

下り（中寺禪方面行）

汽車着	停車場發	警察署前	神橋	安川町	田母澤橋	花石町	荒澤橋	白崖下	觀音前	精銅所前	岩ノ鼻
[illegible]	[illegible]	[illegible]	[illegible]	[illegible]	[illegible]	[illegible]	[illegible]	[illegible]	[illegible]	[illegible]	[illegible]

上り（停車場方面行）

岩ノ鼻	精銅所前	觀音前	白崖下	荒澤橋	花石町	田母澤橋	安川町	神橋	警察署前	停車場着	汽車發
[illegible]	[illegible]	[illegible]	[illegible]	[illegible]	[illegible]	[illegible]	[illegible]	[illegible]	[illegible]	[illegible]	[illegible]

日光停車場より岩ノ鼻まで（中禪寺馬返手前まで）約五哩半電車の發着は前表に示せる通り上下共汽車發着に連絡す玆に電車の便に依り名所の順路を擧ぐれば大要左の如し

名所	電車の乗降場よりの距離	
東照宮	神橋より西方	約五丁
二荒山神社	同	約七丁
三代靈廟	同	約七丁
三佛堂（輪王寺）	同	約四丁
慈眼大師堂	同	約八丁
瀧尾神社	同	約十二丁
律院	同東北方	約六丁
霧降瀧	同	約一里十丁
釋迦堂（殉死の墓碑あり）	田母澤	前
寂光瀧	同西北方	約二十五丁

名所	電車の乗降場よりの距離	
羽黒瀧	田母澤より西北方	約廿七町
含滿淵	下河原より南方 花石町より東方	約七丁 約四丁
大日堂	花石町より南方	約三丁
裏見瀧	裏見より西方	約十四丁
清瀧權現	白崖下	前
清瀧觀音	觀音	前
般若、方等瀧	中禪寺道途中	約一里劍ヶ峰向ふ
中禪寺湖、華嚴瀧	終點岩ノ鼻より西方 此間人車の便あり	約一里十八丁
湯元湖、温泉	中禪寺を經て西方 此間人車又ば馬車の便あり	約三里
足尾町	終點岩ノ鼻より西南方 此間人車を利用し峠向より馬車の便あり	約四里

（第２図）「日光電車案内」（社寺参拝の起点「神橋」→◯）

つまり、昭和５年の時点で安川町の現西参道地域には社寺参拝者・観光客を相手とする売店（土産物店・食堂等）が集積し、村野某（位置は現在の富士や観光センター付近。第４図の矢印）を代表とする「売店組合」が結成されており、この組合が輪王寺に対して、その請願内容は「日記」よりは伺い知れないが、兎に角「請願」をしたのである。と言うことは、取りも直さず当時安川町北部の賄坂道沿道地域には組合を結成するほどの売店の集積があったと言うことになる。この請願より若干後の昭和９年出版の地誌書の中で山口はこの地域の状況を下記の如く記している（引用文は第２章第１節③での引用と重複）。

　「電車（日光電気軌道）に沿ふて（大谷川の）段丘上の安川町に入れば住宅群で、北白川宮御別邸を初めとしてそろそろ別荘が出てくる。只四間町（四軒町）の三門丈けは中禅寺帰りの遊覧客が電車又は自動車を捨てて裏道から参拝する裏門前（筆者山口は日光東町を表門前とする）に当り門前町の飛地を構成した。土産物店兼茶店十二戸（90％）、自動車預所、茶店等が列座している。湯元、中禅寺等の浮足の客が相当疲労せし所に、更にも一息山内見物と言う大仕事を控えて一寸一息入れる所に当り、ついでに土産物を買ひ込む為である」(注6)（第４図参照）。

　前述の如く、江戸時代から明治中頃までは、西町方面から山内に至るルートは社寺関係者・幕府（奉行所等役人）関係者・地元住民等が専ら利用し、日光山参詣の一般的な経路は神橋下流にある仮橋（日光橋）により大谷川を渡り、長坂或いは御旅所経由にて日光山本坊東南隅地点に至るのが一般的経路であった。近代に至りこの神橋方面から山内に至るルートは、日光・宇都宮間鉄道開通（明治23年）による日光の東京との直結、及び日光・岩の鼻間日光電気軌道開通（同43年）による大谷川渡河地点(現在の「世界遺産碑」前付近)への軌道停留所設置等により、前掲注⑤（第２図参照）にも見られたように増大する社寺参拝者・観光客のメインルートとしての地位を強固にした。一方、特に日光電気軌道の馬返し迄の延伸（大正２年）、馬返し・中宮祠間の道路改修と乗合自動車運行開始（大正14年。なお、中禅寺道＝今日の「いろは坂」の改修は明治10年代より幾度となくなされる）は、それ迄の徒歩や人力車を中心とした近代初期の日光観光とは全く異なる観光形態つまり奥日光

と表日光（社寺参拝）２地域の周遊観光を急速に現出させた。これらにより奥日光観光の後に社寺参拝へ、或いは逆に社寺参拝の後に奥日光観光へとの方法が可能となり、新たな社寺参拝玄関口としての安川町北部賄坂道沿道地域の役割を拡大させ、当該地域の観光関連商業機能の集積が図られ、門前町的機能の充実が進んだのである。機能の充実には例えば、金谷カッティジイン（明治６年四軒町_{けんちょう}で創業、同11年イザベラ・バード宿泊、現「侍屋敷」、現金谷ホテル前身）、日光ホテル（同21年創業、日光奉行所址に）、新井ホテル（同25年創業。後日日光ホテルを併合し、日光ホテルと改称〈前項３ 与あ〉）、田母沢御用邸（同31年竣工）、日光真光教会礼拝堂完成（大正３年竣工、石造、四軒町）、日光・宇都宮間乗合自動車開通・終点（同12年）等が立地した。^(注⑦) 日光駅（今日のJR日光駅）を出た日光電気軌道は東町・西町・清滝地域を縦貫し馬返に至るが、西町地域内には（神橋寄りから）下河原、安川町、日光ホテル前、四軒町、田母沢橋の５カ所に停留所が設けられた（**第３図**）。これら停留所のうち距離的に山内の社寺に最も近く且つ地形的に平坦で社寺との高低差が少なく、参拝に都合の良い好位置にあるのが停留所「日光ホテル前」（現東武バス停留所「西参道入口」）で、この停留所近辺に参拝者・観光客を迎えるホテル・土産物店等が軒を並べた。

ところで、明治後期から昭和初期にかけて今日の西参道地域を含む西町地域で、どの程度の商業活動が展開していたのか統計的に把握した資料は皆無に等しいが、先述の（注⑥）の山口論文よりやや早い時期であるが、

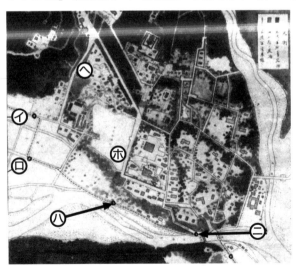

（第３図）西町地域の「日光電気軌道」の軌道。及び乗降場
イ.日光ホテル前　ロ.安川町　ハ.下河原　ニ.神橋　ホ.表参道
ヘ.西参道

(表1)「各町における商業の詳細」

町 / 種類	上鉢石町	中鉢石町	下鉢石町	御幸町	石屋町	松原町	相生町	東和町	計（東町）	匠町	安川町	本町	計（西町）
1. 旅　館	4	3	6	5	1	3			22	1	1		2
2. 土産・物産・名産	3		1	1	1	1	15		22				
3. 古美術	4	1							5		1	1	2
4. 毛　皮	2					1			3				
5. 古　物	6	3		2	1				12	1			1
6. 料　理	1	3	7	1	1				14		1	5	6
7. 塗物・漆器	3	1	2		2				9	1	2		3
8. 写　真					2				2		1		1
9. 絵図・絵ハガキ・図書発行	1		3		1				5				
10. 挽　物		1	1		4	2			8				
11. ゆ　ば			2						2				
12. 漬　物			1						1				
13. 羊羹・マン頭	3	2	1		1				7				
14. 唐がらし			1						1				
15. 象　牙											1		1
16. 人力駐車場案内人会所			2						2				
小　　計	29	14	27	11	10	8	16	0	115	2	6	9	17
イ.飲食・そば・食堂	1		4	2	4	3	1	2	17	1		1	2
ロ.木工製造・家具			1						1		1		1
小　　計	1	0	5	2	4	3	1	2	18	1	1	1	3
計	30	14	32	13	14	11	17	2	133	3	7	10	20

（1～16は門前町的営業、イ、ロは地方的門前町的兼、稲荷町は統計より除く）

〈栃木県営業便覧（明治41年）より作成〉

（表1）は筆者が栃木県営業便覧（明治41年）を元に日光の東・西両町の商業活動の実体を調べた時のものである。[注⑧]表によれば、門前町・宿場町として古い歴史を有する日光東町に圧倒的に多くの各種商店等（表では「本門前町的営業」）が展開しているのは自明であるが、西町にもその数は少ないが参拝者・観光客・避暑客を相手とするある程度の商業活動が見られ、地域的には田母沢御用邸正面通りのある本町（現中本町、下本町）と「日光ホテル前」地域の安川町北部地域に集中にする。

　社寺への西の入口として大きく成長・変貌しつつある安川町の大正末期の状態を示しているのが（第4図）である。安川町は田母沢御用邸の設置に伴い移転した原町・本町・大工町等の住民が形成した町であるが、

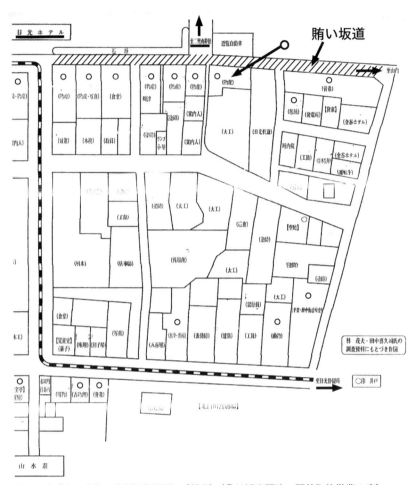

（第４図）「大正末期の安川町概観図」（部分）（○は観光関連・門前町的営業の店）

　図を一見すれば明らかの様に曲げ物・大工・表具・塗師・木工・木挽等
の所謂"職人"が多く居住し、江戸期以来の伝統的生業を維持する"職
人町"としての姿を色濃く残している。が、その様な状況にあって「日
光ホテル前」の社寺に通じる通り（「賄い坂道」図中斜線部分）だけは
様相を別にし、物産・食堂・骨董・写真等の参拝者・観光客相手の商店
が道路に沿い軒を連ね、小規模ながらも近代以前の日光山枝院が配置さ
れていた状態とは全く異なる当に"門前町"とも言うべき様相を呈した。
安川町は（注⑥）で山口が指摘した様に「中禅寺帰りの遊覧客が電車又

は自動車を捨てて裏道から参拝する裏門前（町）」状態が明治後期にはその萌芽が明らかとなり、大正末期には確実に門前町が形成されていたのである。

安川町の日光電気軌道停留所「日光ホテル前」（＝現東武バス停留所名「西参道入口」）地域を起点＝入口とした社寺参拝者・観光客等の増加は、神橋から長坂・御旅所経由で山内に至る東方向からの伝統的参拝ルートに対し、大正末期には西方向から山内に至る新たなルートとしてその存在を確実にした。この事は社寺にとっては従来通りの東方向からの参拝者を中心とした対応では現実状況との乖離が拡大しつつあり、東・西２方向からの社寺参拝者・観光客を受け入れる体制整備を図らなければならない事となる。つまり具体的には西方からの参拝者への新たな対応が社寺の喫緊の課題として浮上していたのである。その具体的解決策としての動きが「社寺参拝献饌料受付所」の東・西２カ所設置であると考えられる。

更に次に注目しなければならないのが輪王寺③「日記」昭和２年４月１日に、

「社寺参拝献饌料受付所（西参道）　御本堂詰　　　柴田貞久」
とある「受付所」が位置する（西参道）の名称である。「日記」記載の「〜（西参道）〜」とは、自明の如く江戸期より使用されている二荒山神社等の参道とも言うべき安養坂を言うが、この記述に見えるように「安養坂」が「西参道」と明確に転換したのである。しかし、江戸期より続く伝統的名称である安養坂のそれを替えることは、一人輪王寺のみの判断による転換とは考えづらい。と言うのは、残念ながら名称転換に関する社寺長職会議での何らかの対応があったかどうか現時点で確認で出来ないが、二荒山神社「社務日誌」にある通り、社寺は昭和２年３月18日を皮切りに「社寺合同参拝法」の協議を都合３回持ち、最終的には県当局を交え結論を得たのである。当然ながら一連の会議では「東参道」や「西参道」と言う参道名称の共通認識の上になされたであろうと考えられる。つまり「安養坂」から「西参道」への名称転換は、既に社寺及び県当局の（暗黙の？）了解事項であったであろうと推察される。であるからこそ輪王寺においては、先述の通り、３月25日に社寺の三長職が集まり

協議し翌26日に県当局も加わり最終会合に至った「受付所」に関し、「日記」③昭和2年4月1日には東参道・西参道の「社寺参拝献饌料受付所」への人事が発令されたのである。

　以上の如く「西参道」の名称は、社寺間においては昭和2年には共通の了解事項であったと推定したが、一般社会に於いてはその名称の普及はどうであったのか次に注目しなければならない。日光奉行所址に立地し当時日光最大級のホテルとして内外の貴賓をも受け入れていた日光ホテルが大正15年1月4日に全焼した。ホテルはその後再建されることなく別の経営者が跡地で新たな小規模旅館を建設・営業するが、その旅館も昭和15年には古河電工に売却される。日光ホテル全焼により日光電気軌道の停留所の名称として、と同時にホテル周辺地域を表す名称でもあった、「日光ホテル前」の名称は消滅せざるを得ない状況となる。

　では停留所「日光ホテル前」の名称は具体的に何時「西参道」の名称に転換したのか。転換の正確な時期を特定することは現時点で不可能であるが、下記史料である程度の時期が判明する。「旅行案内」（昭和4年5月号）の「日光停車場前　中禅寺口間　日光電気軌道」の停留所名として、西町地域の「〜下河原・安川町・西参道・四軒町・田母沢〜」が記されている（第5図）。この記載内容から判断すると、日光電気軌道の停留所名「日光ホテル前」から「西参道」への転換は、日光ホテルが全焼した大正15年から遅くともこの本の発行される昭和4年の間であったと先ずは考えられる。しかしながら焼失し経営者も変化した「日光ホテル」の名を、焼失から実質3年間も多くの参拝者等が利用する停留所名として使用し続ける事は常識的にはあり得ないであろう。停留所名の転換は日光電気軌道にとり速やかに処理すべき喫緊の課題として浮上したであろう事は想像に難くない。先述の通りこれより早く社寺は、昭和2年3月末には3回の会議を経て「社寺合同参拝」の具体的な取り決めをなし、4月1日よりその受付所が設けられ、輪王寺においては日光ホテル全焼の翌年、昭和2年4月1日に「社寺参拝献饌料受付所（西参道）　御本堂詰　　　柴田貞久」の人員配置がなされたのである。一方、社寺への玄関口としての安川町の賄坂道沿道住民にとっては、「西参道」と言う名称は自らの地域の日光全体に占める（優位的な）位置と役割を

示す極めて優れた名称であると認識したであろうと容易に推察される。これら社寺における参拝順路に関する状況認識、安川町北部地域住民の現状認識、日光ホテル焼失と言う現実等を踏まえ、日光電気軌道は「日光ホテル前」から「西参道」への停留所名転換を、昭和２年から遅くとも３年には実施したと考えられる。つまり、安養坂から西参道への名称転換は昭和２～３年と判断されよう。

　最後に近代以降の現西参道の名称の変化概要は次の通り。

一、現西参道の名称は、江戸期よりの伝統的名称とも言うべき安養坂・安養院坂（時に安養寺坂・安養園坂・安養院様前通・安養院坂路等）の名称が、明治時代になっても変化せず一般的に用いられ、この名称の使用が大正期末迄続いた。

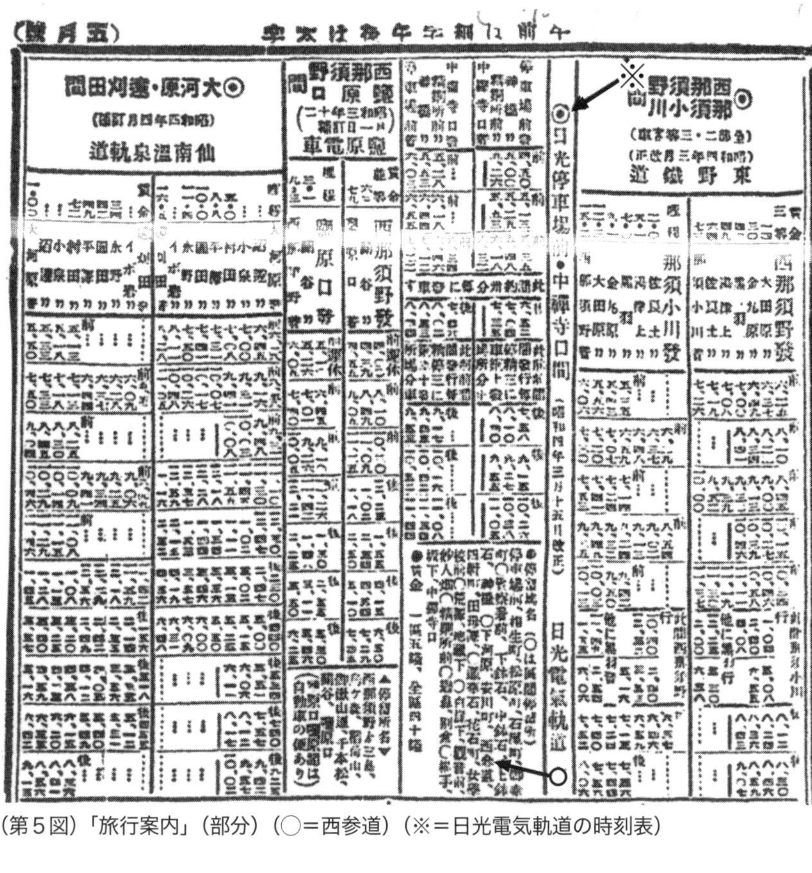

（第５図）「旅行案内」（部分）（○＝西参道）（※＝日光電気軌道の時刻表）

二、日光地域における近代的交通手段の充実は、奥日光の開発・観光地化を進展させ、歴史・文化豊かな表日光地域と自然豊かな奥日光地域との二大観光拠点を形成した。この様な状況は社寺参拝参拝・観光ルートに、従来からの神橋方面（＝東方）に加え奥日光方面（＝西方）ルートを加えた。結果として安川町北部賄坂道沿道地域は社寺への玄関口としての役割・機能を担う事となり、門前町的性格を強めた。

三、諸状況の変化を受けて社寺は、昭和２年に「社寺参拝献餞料受付所」を東参道・西参道に設置した。これら諸状況の変化や日光ホテル焼失等を契機に、昭和２〜３年頃には江戸期よりの安養坂の名称は西参道と変化し、以後西参道の名称は今日まで約１世紀使用されている。

【注 記】

①　安養院の元の位置は史料により若干異なる。但し移動時期は両者とも承応４年（1655）。なお、承応２年には大猷院廟が完成しているが、着工は承応元年であるから安養院の移転はその前後である可能性が高い。大猷院完成後の移転はあり得ないであろう。
　①「日光満願寺勝成就院堂社建立記」（元禄４年〈1691〉御堂別当四世大僧都天祐著）
　　　⇒「御堂（大猷院）水屋ノ地」と記載。
　②「二荒山神社」（大正６年　二荒山神社社務所著）
　　　⇒「大猷院霊屋の仁王門前辺」と記載。
②　山内中山通りの日光社寺共同事務所の石倉内「保晃会関連文書」より。
③　大正期の本坊東南隅「拝観券交付所」は下図に明確である。
　「二荒山神社」（大正６年発行　二荒山神社）中の挿図（第１図）
　「日光山真景全図」（大正11年　松井天山筆　東照宮蔵
　昭和初期の「東参道」の「共通拝観券受付所」の様子は下図に明確である。
　「日光・中禅寺名所案内」（昭和３年10月発行　著作兼発行　篠原静栃木県立図書館蔵）の挿図。（なお、本図発行の翌年には東武鉄道日光線が全通し来晃者が急増する）
④　引用の「日記」ではこの「社寺参拝献饌料受付所」は東西２カ所であるが、昭和15年の「日光社寺共同事務所保管文書」＜「社寺共同献饌料受払簿」（番号470・471・472）＞に依れば、受付所は東・西・中央と３カ所確認できる。但し中央受付所の設置時期不明。場所は現東照宮表門石段下の現「共通拝観券受付所」の地。二社一寺の「共通拝観券」の制度は紆余曲折を経ながらも近年まで存続してきたが現在停止している。
　「東参道受付所」の建物は現輪王寺三仏堂敷地の東端にあったが平成31年に撤去された。「西参道」の「共通拝観券受付所」は、「共通拝観券西受付所」（山内2280番地）として建物のみ存続していたが、令和２年に撤去された。また、東照宮表門石段下の受付所は、令和２年現在業務は停止中であり建物のみ存在。

⑤　例えば、「日光大観」（大正元年刊）の裏表紙にある「日光電車案内」（第2図）に、「東
　　照宮・二荒山神社・三代霊廟・三仏堂・慈眼大師堂・滝尾神社」への「電車乗降所より
　　の距離」として停留所「神橋」を起点とする「距離」が記載されている。
⑥　「日光付近の地誌」（昭和九年　山口貞夫著　古今書院発行　岸野蔵）
⑦　「日光史」（星野理一郎　昭和12年）は日光ホテル開業を明治30年とするが下野新
　　聞明治21・22年の記事によれば本文の通りである。
　　　　新井ホテルは明治27年に日光ホテルを併合し日光ホテルと改名。旧新井ホテルの建
　　物は別館とし夏季のみ営業。明治中期以降の日光ホテルは繁栄し明治41年には洋室
　　26、和室8を大増築し総客室は61を数える偉容を誇り、内外の賓客が宿泊した。
　　　　「日光市中」（下巻　昭和54年）及び「安川町百年史」（平成10年　安川町）
　　　　賓客の例として例えば二荒山神社「社務日誌」の明治23年4月19日に、「此夕英国
　　皇子コンノート殿下日光ホテルへ御宿泊本日中宮祠へ〜」とある。
　　　　なお、コンノート・ストラサーン公爵(1850〜1942)は4度来日。日英同盟締結(1903)
⑧　「栃木県営業便覧」（明治40年　編集者田口浪三　全国営業便覧発行所　岸野蔵）
　　　　「日光地域の集落地理学的研究」（2007年　拙著　発行随想舎）
⑨　「旅行案内」
　　　　　　　（昭和4年5月号　日本旅行協会・旅行案内社発行　「旅の図書館」蔵　第5図）

【掲載図表等一覧】
第1図　「日光山山内略図　縮尺八千八百分の一」（「二荒山神社」大正6年挿図）
第2図　「日光電車案内」（「日光大観」大正元年刊の挿図　岸野蔵）
第3図　西町地域の「日光電気軌道」の軌道　及び乗降場（「市昭宮中」より）
第4図　「大正末期の安川町概観図」（「安川町百年史」の挿図　平成10年　安川町）
第5図　「旅行案内」（昭和4年5月号　日本旅行協会・旅行案内社発行）
表　1　「各町における商業の詳細」（注8　拙著「日光地域の集落地理学的研究」より）
写真い　写真の掲載は前項③

結語

　世界遺産地区「山内」にある5本の主要道路（表参道・上新道・下新道・中山通り・西参道）の名称について、名称に大きな影響を与えた社会経済状況・道路交通状況・沿道状況等を踏まえながら、江戸～現在に至る変遷を検討してきたが、その概要は下記の通りである。

○表参道

　天正18年（1590）の豊臣秀吉による日光山領の没収により衰退の極に達した日光山は、東照社創建に伴う大造営（「元和創建」元和3年〈1617〉）を契機に繁栄の道を歩むと共に、地域的には山内において堂舎・俗家混在状態（「聖俗混在」）が急速に進展した。そして元和～寛永期における現表参道にあたる道路の名称は、山内に形成されつつある集落を反映し「町表」・「新町中通」であった。

　徳川家光による東照社の大規模造り替え（「寛永大造替」寛永11年〈1634〉～13年〈1636〉。4/17東照社21回神忌）とともに、「町表」の整備（道路両側の石垣や道路中央の水道等）が進み、東照宮の参道としての偉容を整えた。「町表」は今日同様整備当初より一部を除き敷石の類いはないが、今日と異なり道路中央には東照宮「御供水」の「水ばき水道」として、蓋板のない常時開放の石造水路が構築された。「町表」の道路西側には「御殿跡地」（貞享元年〈1684〉の大火により将軍御殿焼失後は空き地・臨時用途に利用）が、東側には将軍御殿（焼失後の貞享2年〈1685〉移転）を兼ねた日光山本坊が位置し近代に至る。「寛永大造替」と2度の大火（寛永3年〈1626〉、15年〈1638〉）を経て、山内地域全体では「寛永町割」（寛永10年〈1633〉～18年頃〈1641〉）が実施され、山内地域の「聖俗分離」の徹底がなされ、俗家は今日の東町地域へ移動し御幸町・石屋町・松原町等の新たな町を形成し、結果的に山内では「町」は消滅した。しかしながら、道路名としては町割以前

の名称である「町表」・「町表通り」（時に「大路」「大路の通」）の名称
が江戸期を通して用いられた。

　明治4年（1871）に日光山に於いても神仏分離が断行され、日光山
は二社一寺として解体される。神仏分離を直接的契機とし又その後の社
会経済状況等の変化を受け、「町表」周囲においても多くの堂舎等の移
転がなされた。道路東側では相輪橖（明治8年〈1875〉）、三仏堂（明
治14〈1881〉年入仏式）、御桟鋪（御物見。元禄4年町表西側より東
側の黒門脇へ移転）及び輪王寺表門（黒門）付随番所撤去（昭和6年
〈1931〉）や護摩堂建立（平成10年〈1998〉）。道路西側では「御殿跡地」
に明治19年（1886）東照宮別当大楽院の建物が移築され（「朝陽館」）、
後26年（1893）日光（山内）御用邸となり、戦後一時期ホテル等に
利用の後輪王寺本坊となり現在に至る。参道中央の水道は、明治38年
（1905）に参道両側の石垣下に移設され今日の姿となる。

　現表参道の名称は明治～大正期は依然として江戸期よりの伝統的名称
である「町表」であった。しかし近代交通（「日光電軌軌道」や自動車の導入）
の進展に伴う社寺参拝ルートの変化等を背景に、昭和2年4月1日より社
寺合同参拝法が実施されるに伴い同年に「社寺参拝献饌料受付所」が「東
参道」と「西参道」に設けられ、両道中間の大道である「町表」の名称は、
昭和2・3年頃「表参道」へと変化し現在に至る。

○上新道　○下新道

　現上新道は中世期末～元和期には三つの役割を担った（当時の道路状
況は不確定）。例えば、地域全体が緩傾斜地の山内にあって当時殆ど唯
一の水平な空間を利用した乗馬練習等の「馬場」としての役割、二荒山
神社新宮及び日光山金堂への参道としての役割、日光修験及び二荒山神
社弥生祭での神輿渡御・還御等の宗教的利用での役割である。東照社「寛

永大造替」時に切り通し構造の道路として整備が進み、道路東北側（東照宮側）石垣は盛り土により東照宮境内に水平地盤を造り、切石整層積みの高石垣上部には籠子塀が載り東照宮を囲続_{いじょう}する。道路南西側石垣は中に杉の戸木やその切り株跡を残し、「元和創建」以前の古い道路の痕跡を残した低い野面乱層積みである。現上新道の中世期以来と推定される名称は、道路が上記の三つの役割を担った事に起因する「新宮馬場」・「新宮之馬場」（時に「御祭祀ノ御馬場通」「御祭祀御馬場通」「御馬場通」）等が用いられた。

　山内西部地域では、正保・慶安・承応期（1644–'55）に堂舎密集状況が形成される《二荒山神社新宮や日光山金堂の修営、二ツ堂（慶安2年〈1649〉）や相輪橖（慶安3年）の移転、慈眼堂（正保2年〈1645〉）や大猷院（承応2年〈1653〉）の創建》。「新宮馬場」には山内西部地域と「町表」地域（東照宮表門）とを結ぶ連絡道路としての新たな役割が加わり、「新宮馬場」の道路としての重要性が倍加した。

　明治となり「新宮馬場」沿道では日光山の神仏分離により相輪橖（明治8年〈1875〉）や三仏堂（明治12〈1879〉年）が現在地に移転した。更に明治中期～大正前期には字「中島」に日光社寺大修繕事務所により「中嶋工場」が設けられ、道路南西側石垣が一部撤去された以外道路周囲には変化がない。

　一方、現下新道は常行堂・法華堂（通称「二ツ堂」）が現在地（「大師堂ノ"坂本"」）に移転した慶安2年（1649）の翌年に、堂宇が集中しつつある山内西部地域と表参道地域を結ぶ全く「新しい道」として造成された。「新しい道」は両側に数段の野面整層積み石垣がある切り通し構造で、全体的に水平・平坦・直線・幅広な「大路」である。この道路は二ツ堂の移転と同時期に造成されたが、道路の延長上に常行堂の庇が食い込み、二ツ堂の向きは日光山金堂正面を向き、且つ後に創建された

大猷院仁王門の向きも道路と齟齬を生じていることから、諸堂と「新しい道」は各々別個の理念に基づいて成ったと推察される。この「新しい道」の名称は、成立当初より江戸期を通して「新道」であった。

　明治となり「新道」沿道は、道路南方の広大な空間の土地所有区分の明確化、保晃会による浩養園の造成、二荒山神社職舎設置等がなされる明治26年（1893）前後迄は、喧噪を離れた静寂な空間として存在した。そして明治前期のこの道の名称は江戸期同様「新道」であった。

　明治とともに現上新道・下新道の名称に関し動きが見られる。明治期地元外出版物では両道の名称はそれぞれ「新宮馬場」・「新道」であったが、大正初期出版物の中には地元での使用状況の変化を背景にか動きが見られ、例えば「日光大観」では戸惑いを隠せず現上新道が「新宮馬場の新道」となる。一方、社寺や保晃会等地元諸機関・民間業者等の史料に依れば、明治中期（確認できる最初の例は輪王寺「日記」明治24年）には、両道の名称として「上新道」・「下新道」が広く使用された。これには混乱も見られ、二荒山神社「社務日誌」（明治26年。社寺稟議書・民間業者作成請求書に散見）では、「新宮馬場」を「上神道」、「新道」を「下神道」とする。しかしこの使用例は民間業者・輪王寺・東照宮等の文書では確認できず、「神道」名称の使用は社寺間で共用されることなく、又一般出版物・地図等でも確認できない。

　現在一般市民・社寺・諸機関・地図等で広く使用される「上新道」・「下新道」の名称は、道路の有す固有の歴史及び呼称において問題を孕む。例えば、「上新道」は山内随一の古い歴史を有する道路であり決して新しい道「新道」ではない。また、「下新道」は山内主要道で最も「新しい道」であり、「下の新しい道」ではない。加えて両道の呼称では「上新道」はウエシンミチ・ウワシンミチ・ウエシンドウか、「下新道」はシタシンミチ・シモシンミチ・シタシンドウか、現時点で統一的呼称は

なく判然としない。

○中山通り

　東照社の「元和創建」や「寛永人造替」による山内地域での多くの社
殿堂宇の創建等に伴い、現中山通りは山内地域と山外地域との接続路と
しての重要性が高まる。加えて現表参道・中山通りは、「寛永大造替」
における建築資材の運搬や一時滞留そして加工場所として重要な役割を
担った。元和～寛永期における現中山通り地域は増加する一般民家と堂
舎が混在した地域（所謂「整俗混在」）であったが、前述の如く「寛永町割」
により一般民家は日光東町に移転し新たな町を形成し、移転跡地は聖な
る地域の直線道路として整備された。江戸期を通して、道路北側には日
光山本坊・将軍御殿が、南側には日光山枝院の観音院・実教院・光樹院
が位置した。明治中期以降は現在のように、道路北側に輪王寺三仏堂が、
南側には輪王寺の5枝院と日光社寺共同事務所が位置する。

　この地域は地形的には山内の所謂「三山」（東山・中山・西山）の中
山中央部に位置し、地形よりの名称である「中山通」・「中山通り」は江
戸期～現在迄一貫したものである。

○西参道

　正保・慶安・承応の約十年間の二ツ堂・慈眼堂・大猷院等の移転や創
建は、山内西部に天台密教伽藍集中地域を形成し、それらを人的・物的
に支える西町地域の拡充を促進させるとともに、山内と西町地域とを結
ぶ道路の必要性を増大させた。両地域を結ぶ確認できる最初の道路らし
きものは、私見では二ツ堂移転の慶安２年（1649）～大猷院造営着工
の承応元年（1652）の間と考えられ、道路としては「安養沢」で名称
としても代替される程の小径であった。時と共に道路として独立し、約

半世紀後の享保期には「安養沢」から独立した「安養坂」の名を確認でき、江戸期を通じこの名称が用いられた。更にこの名称（時に「安養院坂」・「安養寺坂」・「安養院坂路」等）は、明治〜大正末迄使用された。

「安養坂」は道路中程で安養沢が横切り東側を流れるが、沢と道路の高低差が小さくその上急流であり、近代に至っても増水時には道路や周辺地域に種々の災害をもたらした。明治30年代には山内及び日光全体の社会経済・近代交通等諸状況の変化を背景に、道路嵩上げ・安養沢架橋・安養沢暗渠化等が実施され、二荒山神社・大猷院への参道としての整備が進んだ。

一方、田母沢御用邸造営（明治31年〈1898〉）を契機として誕生した安川町では、町北部に賄坂道と並行する道路が新規造成され、これが昭和13〜14年に拡幅され、道路東部に昭和19年には日光電気軌道の直線軌道が敷かれた。江戸期より「安養坂」は賄坂道との合流点で途切れていたが、地主徳川家と地域住民の協力により軌道の通る拡幅道路（現国道120号）迄延伸・直結され（昭和26年）現在の姿となった。

日光地域における近代的交通手段の充実は奥日光地域の開発を進展させ、表日光地域と奥日光地域の二大観光拠点を形成した。この状況は山内の社寺に至る参拝・観光ルートに、従来からの神橋方面（＝東方）からに新たに奥日光（＝西方）からのルートを加え、安川町北部地域は山内への「西の玄関口」としての役割・機能を担う事となった。これらの諸変化に対応し社寺は、昭和2年（1927）4月1日「社寺参拝献饌料受付所」を山内の「東参道」（三仏堂境内東南の「通用門」付近に）・「西参道」（旧東武観光センター北側）とに設置した。

これらの事を契機に江戸期より長く続いた「安養坂」の名称は昭和2・3年には「西参道」と転換され、以後この名称が「表参道」と対をなす形で今日まで使用されている。

おわりに

　本書は、下記に記した様に、日光東照宮機関誌「大日光」に平成26年より都合5回掲載した拙論を、下野新聞社のご厚意により一冊に纏めたものであります。

　「大日光」掲載号名及び発行年は次の通りです。

小生が世界遺産地区“山内”の主要道路の名称等に関し纏めようとした切っ掛けは、“まえがき”にも記した通り、“上新道”“下新道”の呼称が市民の間で異なり、言わば“混乱”した状況にある事に気付いたからでした。そこで，両道の呼称のみならず、日々内外の多くの参拝者・観光客や地元住民が利用している山内主要道路の名称が、何時頃より使用されているのか、そしてその名称に変化はなかったのか探究を進めました。その結果は本論で記した通りですが、かなり以前より使用されていると認識していた名称が意外にも左程でなく、或いは何故この様な名称になったのか疑問を抱かせるような名称であったり、道路名称（＝地名）が沿道地域の状況や時代とその社会・経済状況等により変化して行く事に改めて驚かされました。

　拙論作成並びに拙著上梓に当たり、日光東照宮様・日光二荒山神社様・日光山輪王寺様には、貴重な諸史料の閲覧・利用の便宜を図って下さり篤く御礼申し上げます。

　また、青山隆生氏、山作良之氏、山下留美氏、金子宗生氏、今井昌英氏、鈴木常元氏、川村宏氏、阿部茂樹氏、山澤学氏、須永紀彦氏には、拙論作成に当たり有益なる御助言や御鞭撻を賜り、心より感謝申し上げます。

　更に、本書の出版を快諾されました下野新聞社クロスメディア局編集出版部齋藤晴彦氏、並びに編集・図版制作等に尽力されました株式会社コンパス・ポイント村松隆太氏には大変お世話になりました。

　最後に、拙著を手にされた読者の皆様方が、世界遺産地区“山内の道”に関する事項のみならず、悠久の歴史を刻む二社一寺に蓄積された貴重な多くの文化財等に益々興味・関心を持たれます事を祈念致します。

　　　令和2年11月 吉日

　　　　　　　　　　　　　　　　　　岸　野　　　稔

著者略歴

岸野 稔
きしの・みのる

1946 年　栃木県下都賀郡部屋村（現栃木市藤岡町）に生まれる
1965 年　栃木県立栃木高等学校卒業
1969 年　早稲田大学教育学部卒業（地理学専攻）
栃木県立日光高校、今市高校、宇都宮女子高校、
栃木県教育委員会文化課、栃木県立博物館、県教委総務課、
栃木県立塩谷高校、今市高校、宇都宮南高校校長
宇都宮大学教育学部客員教授、國學院大學栃木短期大学講師
現在　人文地理学会、日光東照宮総代
（主著）「日光地域の集落地理学的研究」（2007 年 随想舎）

世界遺産日光
さん ない
山内の道

〜主要道の沿道状況と名称変遷〜

2020 年 11 月 28 日初版　第 1 刷発行

著　者　　岸野 稔
発　行　　下野新聞社
　　　　　〒 320-8686 栃木県宇都宮市昭和 1-8-11
　　　　　電　話 028-625-1135（編集出版部）
　　　　　F A X 028-625-9619
　　　　　https://www.shimotsuke.co.jp/
装　丁　　㈱コンパス・ポイント
印　刷　　㈱シナノパブリッシングプレス

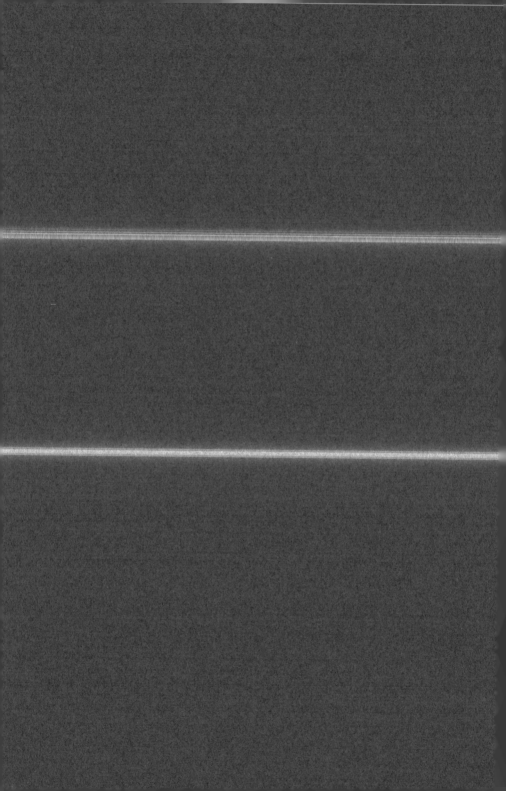